U0772667

全国一级建造师执业资格考试一次通关

建设工程法规及相关知识
一次通关

品思文化专家委员会　组织编写

陈　印　主　编

中国建筑工业出版社

图书在版编目（CIP）数据

建设工程法规及相关知识一次通关／品思文化专家委员会组织编写；陈印主编. -- 北京：中国建筑工业出版社，2025.5. --（全国一级建造师执业资格考试一次通关）. -- ISBN 978-7-112-31224-5

Ⅰ. D922.297

中国国家版本馆 CIP 数据核字第 20251Z36A6 号

责任编辑：李笑然
文字编辑：王子晗
责任校对：张惠雯

全国一级建造师执业资格考试一次通关
建设工程法规及相关知识一次通关
品思文化专家委员会　组织编写
陈　印　主　编
＊
中国建筑工业出版社出版、发行（北京海淀三里河路 9 号）
各地新华书店、建筑书店经销
北京建筑工业印刷有限公司制版
建工社（河北）印刷有限公司印刷
＊
开本：787 毫米×1092 毫米　1/16　印张：20¼　字数：463 千字
2025 年 6 月第一版　　2025 年 6 月第一次印刷
定价：70.00 元（含增值服务）
ISBN 978-7-112-31224-5
（45221）

版权所有　翻印必究
如有内容及印装质量问题，请与本社读者服务中心联系
电话：（010）58337283　QQ：2885381756
（地址：北京海淀三里河路9号中国建筑工业出版社604室　邮政编码：100037）

品思文化专家委员会

（按姓氏笔画排序）

丰朴春　王树京　龙炎飞　许名标

李　想　张　铭　张少华　陈　印

陈　明　赵长歌　胡宗强　侯杏莉

秦臻伟　梅世强　董美英　游　霄

前　言

自 2004 年全国首次举行一级建造师考试以来，已经举行了 20 次。

《建设工程法规及相关知识一次通关》主要包括以下内容：

1. "导学篇"——分析了 2024 年度真题考点及分值分布、命题涉及的核心考点、各个考点的复习难度、命题规律及复习技巧，为考生提供清晰的复习思路，突出重点、把握规律，帮助制定系统全面的复习计划。

2. "核心考点升华篇"——① "考情分析"：归纳各章节近三年核心考点及分值分布，让考生大体了解知识点；② "核心考点分析"：按照章节顺序，提炼每节核心考点提纲，针对各个核心考点，结合真题或模拟题，总结各种典型考法，深入剖析核心考点，使考生全面了解考试命题意图、明晰解题思路；③ "考法题型及预测题"：针对每个核心考点，以单选、多选分别罗列的形式，精选 1～2 道典型真题，使考生做到心中有底；④ "模拟强化练习"：针对每个核心考点，按照教材章节顺序，选取部分典型模拟题，使考生全面扎实掌握各个知识点。

3. "模拟预测试卷（数字资源）"——以最新考试大纲要求和最新命题信息为导向，参考历年试题核心考点分布情况，以配套数字资源的形式精编一套全真模拟试卷，并对难点进行解析。模拟试题力求覆盖全部核心考点，力求预测 2025 年命题新趋势，帮助广大考生准确把握考试命题规律。

本系列丛书具有以下三大特点：

1. "全"——对近年的建造师考试真题进行了全面梳理和精选，对核心考点进行了全面归纳和剖析，点睛考点，总结考法，指明思路；每个核心考点都配套了近年典型真题和模拟题，帮助考生消化考点内容，加深对知识点的理解，拓宽解题思路，提高答题技巧；结合核心考点，精心编写全真模拟试卷并对难点进行解析，帮助考生进一步巩固知识点。

2. "新"——严格依据最新考试用书和考试大纲，充分体现 2025 年考试趋势；体例新颖，每一核心考点均总结各种考法，并对其进行精准剖析，理清解题思路，提炼答题技巧，每节附模拟强化练习并逐一解析，使考生举一反三，尽快适应 2025 年的考试要求。

3. "简"——核心知识点罗列清晰，在涵盖所有考点的前提下，简化考试用书内容，使考生一目了然，帮助考生在短时间内将考试用书由厚变薄，节省时间，掌握考点。为行文简洁，本书对引用法律统一使用简称，如《中华人民共和国民法典》简称为《民法典》，其余法律均作同样处理。

本系列丛书在编写过程中得到了诸多专家学者的指点，在此一并表示感谢！由于时间仓促，虽经反复推敲和校阅，书中难免有疏漏和不当之处，敬请广大考生批评指正。

以匠心，助通关！愿每一位奋斗者执笔为剑，一战功成！

目　录

导 学 篇

一、近一年考点分值统计

表1 2024年考点题型题量分值分析

内容	单选题		多选题		合计（分）
	数量（道）	分值（分）	数量（道）	分值（分）	
建设工程基本法律知识	11	11	3	6	17
建筑市场主体制度	6	6	3	6	12
建设工程许可法律制度	3	3	1	2	5
建设工程发承包法律制度	5	5	2	4	9
建设工程合同法律制度	10	10	3	6	16
建设工程安全生产法律制度	9	9	6	12	21
建设工程质量法律制度	7	7	5	10	17
建设工程环境保护和历史文化遗产保护法律制度	4	4	1	2	6
建设工程劳动保障法律制度	6	6	3	6	12
建设工程争议解决法律制度	9	9	3	6	15
小计	70	70	30	60	130

二、核心考点及出题频率

表2 核心考点及出题频率

核心知识		核心考点	出题频率
第1章 建设工程基本法律知识（分值预估20分）	1.1 建设工程法律基础	法律部门和法律体系	★★★
		法的形式	★★★★★
		法的冲突适用规则	★★★★★
	1.2 建设工程物权制度	物权的设立、变更、转让、消灭和保护	★★★★★
		所有权	★★★★
		用益物权	★★★★
		担保物权	★★★★★
		占有	★★★★
	1.3 建设工程知识产权制度	著作权	★★★★★
		专利权	★★★★★
		商标权	★★★★★
		其他知识产权	★★★

核心知识		核心考点	出题频率
第1章 建设工程基本法律知识（分值预估20分）	1.4 建设工程侵权责任制度	侵权责任主体和损害赔偿	★★★★
		产品责任	★★★★★
		建设工程侵权	★★★★★
	1.5 建设工程税收制度	企业所得税	★★★★
		企业增值税	★★★★★
		环境保护税	★★★
		其他相关税（个人所得税、印花税、契税）	★★★
	1.6 建设工程行政法律制度	行政法基本原则	★★★
		行政许可	★★★
		行政处罚	★★★★★
		行政强制	★★★★★
	1.7 建设工程刑事法律制度	刑罚的基本原则	★★
		刑罚种类和刑罚裁量	★★★★★
		建设工程事故犯罪	★★★★★
第2章 建筑市场主体制度（分值预估12分）	2.1 建筑市场主体的一般规定	法人	★★★★★
		非法人组织	★★★
		建设工程委托代理	★★★★★
	2.2 建筑业企业资质制度	建筑业企业资质条件和等级	★★★
		建筑业企业资质的申请、许可、延续和变更	★★★★★
		企业资质违法行为的法律责任	★★★
	2.3 建造师注册执业制度	考试违纪违规行为处理规定	★★★
		建造师注册和受聘	★★★★★
		建造师执业范围	★★★★★
		建造师基本权利和义务	★★★★
	2.4 建筑市场主体信用体系建设	建筑市场各方主体信用信息分类	★★★★
		建筑市场各方主体信用信息公开和应用	★★★★★
		建筑市场各方主体不良行为记录认定标准	★★★★★
	2.5 营商环境制度	营商环境优化	★★★
		中小企业款项支付保障	★★★★★

核心知识		核心考点	出题频率
第3章 建设工程许可法律制度（分值预估5分）	3.1 建设工程规划许可	规划许可证的申请	★★★
		规划条件的变更	★★★★★
	3.2 建设工程施工许可	施工许可证的适用范围	★★★★
		施工许可证的申请	★★★★★
		开工许可的管理（延期开工、核验施工许可证）	★★★★★
第4章 建设工程发承包法律制度（分值预估10～12分）	4.1 建设工程发承包的一般规定	建设工程总承包	★★★★
		建设工程共同承包	★★
		建设工程分包	★★★★★
	4.2 建设工程招标投标制度	建设工程法定招标的范围、方式	★★★★★
		建设工程招标	★★★★
		建设工程投标	★★★★
		建设工程开标、评标和中标	★★★★★
		招标投标异议、投诉处理	★★★★★
	4.3 非招标采购制度	竞争性谈判和磋商、询价、单一来源采购	★★★★★
		框架协议采购	★★★★★
第5章 建设工程合同法律制度（分值预估15～16分）	5.1 合同的基本规定	合同的订立（要约与承诺、缔约过失责任等）	★★★★
		合同的效力（有效、无效、可撤销、效力待定）	★★★★★
		合同的履行（抗辩权）	★★★
		违约责任	★★★★★
	5.2 建设工程施工合同的规定	无效的施工合同	★★★★★
		建设工程工期、质量和价款	★★★★★
		施工合同的变更	★★★
		施工合同的权利义务终止	★★★★★
	5.3 相关合同制度	买卖合同	★★★★★
		借款合同	★★★
		保证合同	★★★★★
		租赁合同	★★★★
		承揽合同	★★★★★
		运输合同	★★★★★
		仓储合同	★★★★★
		委托合同	★★★
		保险合同	★★★★★

核心知识		核心考点	出题频率
第6章 建设工程安全生产法律制度 （分值预估20分）	6.1 建设单位和相关单位的安全责任制度	建设单位、勘察设计、监理单位安全责任	★★★★★
		机械设备、检验检测等单位的安全责任	★★★★★
	6.2 施工安全生产许可证制度	申领安全生产许可证的程序和条件	★★★★★
		安全生产许可证的有效期和撤销	★★★★★
		安全生产许可证违法行为应承担的法律责任	★★★★
	6.3 施工单位安全生产责任制度	施工单位的安全生产责任	★★★★★
		施工总、分包的安全生产责任	★★★
		施工单位负责人和项目负责人现场带班制度	★★★★★
		施工项目负责人和作业人员安全生产权利和义务	★★★★★
		施工单位安全生产教育培训	★★★★★
	6.4 施工现场安全防护制度	编制和实施安全技术措施、专项施工方案	★★★★
		施工现场安全防范措施和安全生产费用	★★★★★
		施工现场消防安全责任	★★★★★
	6.5 施工生产安全事故的应急救援和调查处理	生产安全事故的等级划分标准	★★★★
		生产安全事故的应急救援预案	★★★★
		生产安全事故报告、调查和处理	★★★★★
	6.6 政府主管部门安全生产监督管理	建设工程安全生产的监督管理体制	★★★
		政府部门实施安全生产行政执法的法定职权	★★★★★
		安全生产举报处理、相关信息系统制度	★★★★★
第7章 建设工程质量法律制度（分值预估16~18分）	7.1 工程建设标准	工程建设标准	★★★★★
		工程建设强制性标准实施	★★★★
		建设工程抗震管理制度	★★★★★
	7.2 无障碍环境建设制度	无障碍设施建设	★★★
		无障碍环境建设保障措施	★★★★★
		无障碍环境建设监督管理	★★★★★

核心知识		核心考点	出题频率
第7章 建设工程质量法律制度（分值预估16～18分）	7.3　建设单位及相关单位的质量责任和义务	建设单位的质量责任和义务	★★★★
		勘察、设计单位的质量责任和义务	★★★★★
		监理单位的质量责任和义务	★★★★★
	7.4　施工单位的质量责任和义务	施工单位对施工质量负责以及总、分包单位的质量责任	★★★★
		建筑材料、设备等的检验检测	★★★★★
		施工质量检验和返修	★★★★★
		建立健全职工教育培训制度	★★★★
	7.5　建设工程竣工验收制度	竣工验收的主体和法定条件	★★★★★
		规划、消防、节能和环保验收	★★★★★
		竣工验收备案	★★★
		应提交的档案资料	★★★★★
	7.6　建设工程质量保修制度	质量保修书和最低保修期限	★★★★★
		缺陷责任期与工程质量保证金	★★★★★
第8章 建设工程环境保护和历史文化遗产保护法律制度（分值预估5～6分）	8.1　建设工程环境保护制度	建设工程大气污染防治	★★★★
		建设工程水污染防治	★★★★★
		建设工程固体废物污染环境防治	★★★
		建设工程噪声污染防治	★★★★★
	8.2　施工中历史文化遗产保护制度	受法律保护的各类历史文化遗产范围	★★★★★
		在各类历史文化遗产保护范围和建设控制地带施工	★★★
		施工发现文物报告和保护	★★★★★
第9章 建设工程劳动保障法律制度（分值预估10～12分）	9.1　劳动合同制度	劳动合同的订立	★★★★★
		劳动合同的履行、变更、解除和终止	★★★★★
	9.2　劳动用工和工资支付保障	劳动用工管理（劳务派遣）	★★★★★
		工资支付保障	★★★★★
	9.3　劳动安全卫生和保护	劳动安全卫生	★★★
		劳动保护	★★★★★
	9.4　工伤保险制度	工伤认定	★★★★★
		工伤保险待遇	★★★★
	9.5　劳动争议的解决	劳动争议调解	★★★
		劳动争议仲裁	★★★★★

核心知识		核心考点	出题频率
第10章 建设工程争议解决法律制度（分值预估8~15分）	10.1 建设工程争议和解、调解制度	和解	★★
		调解	★★★★★
	10.2 仲裁制度	仲裁协议	★★★★★
		仲裁的申请和受理	★★★★
		仲裁庭的组成、开庭和裁决	★★★★★
		申请撤销仲裁裁决和不予执行裁决	★★★★★
	10.3 民事诉讼制度	民事诉讼的法院管辖	★★★★★
		民事审判组织、诉讼参加人	★★★
		民事诉讼证据的种类、保全和应用	★★★★
		民事诉讼时效	★★★★
		民事诉讼的审判程序	★★★★★
		民事诉讼的执行	★★★★
	10.4 行政复议制度	行政复议范围	★★★★★
		行政复议的申请、受理和决定	★★★★★
	10.5 行政诉讼制度	行政诉讼的受案范围	★★★★★
		行政诉讼的法院管辖	★★★★★
		行政诉讼参加人	★★★
		行政诉讼证据	★★★★
		行政诉讼的起诉、受理	★★★
		行政诉讼的审理、判决和执行	★★★★★

三、命题规律及复习方法

全国一级注册建造师执业资格考试，自2004年举办至今，已历经20届。考试范围及考查重点日渐清晰。结合考试的具体情况，提出如下学习路径，考生可根据自身情况取舍：

1. 了解命题原则。严肃的执业资格考试，尤其是标准化考试，为确保命题客观、答案确定唯一，每一道题必定应以考试用书上的具体论述为依据，努力避免超出大纲和指定教材的范围，这是命题的根本原则。只有掌握这一原则才可能防止命题人和答题人各自自由发挥、才可能存在没有争议的"标准答案"。因此，学习自始至终应围绕考试用书进行，答题也必须始终根据考试用书上的具体论述来作答。看到一道题，首先要坚信它是在考你书上某个角落里的某句话，而不是在考你的工作经验和生活经验，如果想不起来它是在考书上哪一句话，这道题做对的可能性基本上就很小了。

2. 切忌盲目用力。考试四个科目，每科考试用书300~500页不等。即使按3个月时间准备，每天 2 小时，总共 180 小时，分到每门课 45 小时，共 2700 分钟。如果书有 300 页，则每页教材 10 分钟必须消化。读完都费劲，何况还必须对相关考点透彻理解，全面掌握各种题型。显然，如果把每一句话都当作重点来学习，是不可能完成上述任务的，也没有必要。

3. 研究核心考点。学习的首要任务是把书读薄，在第一时间找到重点章节和各章节的复习重点，即"核心考点"。从历年真题来看，也存在着"重者恒重，轻者恒轻"的规律，各门课程的考核重点虽不是一成不变，但也是相对稳定的。以法规为例，需要重点学习的核心考点约有 200～300 个，其中许多考点往往又有多种考法，称之为"题型"。学习备考的全部核心内容就是：从核心考点出发熟悉所有相关题型，从题型反过来更深刻地理解核心考点，反复进行，不断深化，而在此范围外的点，则大可以一眼带过。

4. 重视历年真题。对各门课程的重点每个人可能都有自己的理解。但我的理解不重要，你的理解也不重要，只有一个人的理解才是真正重要的，即命题人认为哪里是重点。因此，必须让自己找到的重点尽量客观，或者说尽可能真正接近考试的重点。这就是决定整个复习成败的关键环节：真题研究。常常有人认为，真题没有价值，已经考过的题目不会再考，错！理由是：

（1）许多重要的点往往是年年考次次考、一级考二级考、翻来覆去地考、换汤不换药地考。几年来，真题涉及的考点重复率至少高达 80%，从这个意义来说，做真题就是在做未来的考题。

（2）和市面上、网络上各种模拟题相比，真题水平最高，对考点的把握最透。换一个角度来理解，历年真题是命题人本人出的模拟题，是最权威的模拟题；而市面上的模拟题却一定不是命题人本人出的题。因此，考生万不可本末倒置，缘木求鱼。

四、本书编写特点及使用方法

本书根据对历年真题的梳理，建立相应的知识树和核心考点频率统计表，总结归纳了常见的考法题型，在内容编排上与大纲章节条目顺序保持一致，方便考生根据学习进度对照使用。考生在复习使用过程中应注意以下几点：

（一）循序渐进，抓住重点。考生应结合各章考情分析，始终遵循"先易后难、抓大放小"的原则。先学分数多的章节，后学分数少的章节；先学三门课相通的章节，后学本科目独有的章节。可以将一本书的内容拆开成一个一个的考点，踩点复习。其中有些内容，可能怎么学都不懂，别慌，学会打问号先跳过去。与其半个月时间花在怎么都搞不懂的东西上，不如花在其他考点上，确保有把握的地方多得分。

（二）适当做题，注意归纳。考生应亲自动手做一做每章节后附的题目，尤其是对做错的题目应当随时做好记号。记住：（1）通过真题划出考点是确保把书读薄，（2）针对考点做题熟悉各种题型是把书读厚，（3）把错题整理出来反复练习，是确保将最后的精力集中在薄弱环节。某种意义上说，临考前五天最有价值的复习资料也许就是你从前做错的题目。

（三）高效利用时间。对大多数考生，我们的建议是集中复习，不要一天看一点。集中两三天看完一本书，比零零碎碎看一个月才看完一遍书要强无数倍。当然，对自控能力非常强，学习很有规律的人来说也许这个建议不重要。预祝广大考生在 2025 年全国一级建造师执业资格考试中驭势而上，执笔破局！

核心考点升华篇

第1章 建设工程基本法律知识

本章考情分析

表 1-1 本章近 1 年真题题型分析（分）

第 1 章	核心考点	2024 年	
		单选	多选
1.1	法律部门和法律体系	—	—
	法的形式	—	—
	法的冲突适用规则	—	2
1.2	物权的设立、变更、转让、消灭和保护	—	—
	所有权	—	2
	用益物权	1	—
	担保物权	—	—
	占有	1	—
1.3	著作权	—	—
	专利权	1	—
	商标权	—	—
	其他知识产权	1	—
1.4	侵权责任主体和损害赔偿	—	—
	产品责任	1	—
	建设工程侵权	1	—
1.5	企业所得税	—	—
	企业增值税	1	—
	环境保护税	—	—
	其他相关税（个人所得税、印花税、契税）	1	—
1.6	行政法基本原则	—	—
	行政许可	—	—
	行政处罚	1	—
	行政强制	—	2

第1章	核心考点	2024年	
		单选	多选
1.7	刑罚的基本原则	—	—
	刑罚种类和刑罚裁量	1	—
	建设工程事故犯罪	1	—
合计		11	6
		17	

本章核心考点分析

1.1 建设工程法律基础

核心考点提纲

- 1.1.1 法律部门和法律体系
- 1.1.2 法的形式和效力层级

1.1.1 法律部门和法律体系

【法律体系】

根据所调整的社会关系性质不同，法律体系可以划分为宪法及相关法部门、民商法部门、行政法部门、经济法部门、社会法部门、刑法部门、诉讼和非诉讼程序法部门等法律部门；

根据制定机关和效力层级不同，可以划分为法律、行政法规、地方性法规、部门规章和地方政府规章等形式。

表1.1-1 法律部门的分类

法律部门	调整的社会关系	主要列举（考前背）
宪法及相关法	国家制度、国家政权组织、公民基本权利和义务	《全国人民代表大会和地方各级人民代表大会选举法》《国籍法》《民族区域自治法》《地方各级人大和各级政府组织法》
民商法	平等主体之间的人身关系、财产关系。对民而言：法无禁止即可为	《民法典》《专利法》《著作权法》《商标法》《公司法》《招标投标法》《消费者权益保护法》等
行政法	行政执法、监管、许可、处罚、复议等活动。对官而言：法无授权不可为	《土地管理法》《行政处罚法》《房地产管理法》《城乡规划法》《行政复议法》《环境影响评价法》
经济法	国家使用经济手段主动调控、干预经济活动	《建筑法》《政府采购法》《标准化法》《税收征收管理法》《反垄断法》《节约能源法》《审计法》

法律部门	调整的社会关系	主要列举（考前背）
社会法	劳动关系、社会保障、社会福利保护弱势	《无障碍环境建设法》《劳动法》《职业病防治法》《安全生产法》《残疾人保障法》
刑法	犯罪和刑罚。即：法无明文规定不为罪，法无明文规定不处刑	—
诉讼与非诉讼程序法	各类纠纷解决途径、程序的规范	《刑事诉讼法》《行政诉讼法》《民事诉讼法》《仲裁法》《劳动争议调解仲裁法》《人民调解法》

【例题1·2024年二级真题·多选题】 下列法律中，属于民商法法律部门的有（　　）。

A. 《建筑法》　　　　　　　B. 《土地管理法》

C. 《民法典》　　　　　　　D. 《劳动法》

E. 《公司法》

【答案】 C、E

【解析】 选项A属于经济法部门，选项B属于行政法部门，选项D属于社会法部门。

【例题2·单选题】 一国的法律体系，依照其调整的社会关系不同，划分为不同的法律部门。以下关于民法部门，说法正确的是（　　）。

A. 民法部门调整平等主体之间的财产关系和人身关系

B. 经济法部门是民法部门的特殊组成部分

C. 工程建设活动就是民事活动，仅受民法部门调整

D. 《建筑法》、《安全生产法》都属于民法部门

【答案】 A

【解析】 选项B错误，商法是民法的特别法和组成部分；选项C错误，工程建设活动不仅受到民法部门的调整，还受到经济法、行政法等法律部门的调整；选项D错误，《建筑法》属于经济法部门，《安全生产法》属于社会法部门。

1.1.2　法的形式和效力层级

（1）法的形式是指法律的创制方式和外部表现形式。它包括4层含义：① 法律规范创制机关的性质及级别；② 法律规范的外部表现形式；③ 法律规范的效力等级；④ 法律规范的地域效力。

（2）我国法的形式是制定法（也叫"成文法"）。习惯法、宗教法、判例法均不属于我国法的形式，不具有法的效力。但我国加入的国际条约属于我国法的形式（除声明保留的条款外）。

表1.1-2　我国法的形式

法的形式	外部表现形式	创制机关	备案审查机关
宪法	—	全国人大	—
法律	××法	全国人大及常委会	—

法的形式	外部表现形式	创制机关	备案审查机关
行政法规	××条例	国务院	全国人大常委会
地方性法规	××地方××条例	省级、设区的市级人大及常委会	全国人大常委会+国务院
部门规章	××规定、办法、实施细则	国务院各部委	国务院
地方政府规章	××地××规定、办法、实施细则	省级、设区的市级政府	本级人大常委会+国务院

◆**考法1：法的创制机关与外部表现形式**

【例题1·单选题】下列规范性文件中，由国务院有关部委负责制定并公布的是（　　）。

　　A.《建设工程质量管理条例》

　　B.《北京市建筑市场管理条例》

　　C.《重庆市建设工程造价管理规定》

　　D.《招标公告发布暂行办法》

【答案】D

【解析】我国规范性文件名称的后缀一般有以下规律：

××法 —————— 法律

××条例 —————— 法规 { 行政法规
　　　　　　　　　　　 地方法规（带地名）

××规定/办法 — 规章 { 部委规章
　　　　　　　　　　　 地方政府规章（带地名）

◆**考法2：立法规矩**

表 1.1-3　立法规矩

法律法规	立法权限
法律	不得与宪法相抵触；10件根本大事只能制定法律（称为"法律保留事项"）
行政法规	（1）为执行法律规定需要制定行政法规的事项； （2）宪法规定的国务院行政管理职权事项
省级地方性法规	为本行政区域内事务；不得与宪法、法律、行政法规相抵触
设区的市级地方性法规	（1）仅限于本市的城乡建设与管理、生态文明保护、历史文化保护、基层治理4个事项（其他事项无立法权）；（2）需经省人大常委会批准才能公布生效
规章	无上位法依据时，规章不得设定减损公民、法人权利或增加其义务的规范

【**法律保留事项（绝对保留、相对保留）**】

以下事项，只能制定法律：

（1）国家主权的事项；

（2）各级人民代表大会、人民政府、监察委员会、人民法院和人民检察院的产生、组织和职权；

（3）民族区域自治制度、特别行政区制度、基层群众自治制度；

（4）犯罪和刑罚；

（5）对公民政治权利的剥夺、限制人身自由的强制措施和处罚；

（6）税种的设立、税率的确定和税收征收管理等税收基本制度；

（7）对非国有财产的征收、征用；

（8）民事基本制度；

（9）基本经济制度以及财政、海关、金融和外贸的基本制度；

（10）诉讼制度和仲裁基本制度；

（11）必须由全国人民代表大会及其常务委员会制定法律的其他事项。

其中（4）（5）（10）为绝对保留，其余相对保留。

【例题 2·2024 年二级真题·多选题】根据《立法法》，下列事项中，只能制定法律的有（　　）。

　　A. 民族区域自治制度　　　　　　B. 历史文化保护

　　C. 犯罪和刑罚　　　　　　　　　D. 属于国务院行政管理职权的事项

　　E. 限制人身自由的强制措施和处罚

【答案】A、C、E

◆ 考法 3：法的纵向冲突

【法的纵向冲突（两个规范性文件存在上下位关系）】

表 1.1-4　法的纵向冲突

一般规则	上位的与下位的规定不一致时，以上位的为准
	宪法→法律→行政法规→　→地方性法规→地方政府规章　→部门规章
例外规则 1	根据授权制定的法规，与法律不一致时，不按上下位处理。由全国人大常委会裁决
例外规则 2	民族自治地方的自治条例、单行条例、经济特区法规，对法律、行政法规、地方性法规作变通规定的，在本地适用变通规定

【例题 3·单选题】关于上位法与下位法法律效力的说法，正确的是（　　　）。

　　A.《招标投标法实施条例》高于《招标公告发布暂行办法》

　　B.《建设工程质量管理条例》高于《建筑法》

　　C.《建筑业企业资质管理规定》高于《外商投资建筑业企业管理规定》

　　D.《建设工程勘察设计管理条例》高于《城市房地产开发经营管理条例》

【答案】A

◆ 考法 4：法的横向冲突

【法的横向冲突（两个规范性文件不存在上下位关系）】

表 1.1-5　法的横向冲突

同一机关制定	新的与旧的冲突	按新的
	特别的与一般的冲突	按特别
	新的一般与旧的特别冲突	不按新也不按特别，谁制定谁裁决
不同机关制定	地方性法规与部门规章冲突（国务院提出意见）	国务院认为应适用地方性法规，国务院裁决
		国务院认为应当适用部门规章，提请全国人大常委会裁决
	A 部门规章与 B 部门规章冲突	国务院裁决
	部门规章与地方政府规章冲突	

【例题 4·多选题】下列情形中，需要由全国人民代表大会常务委员会裁决的有（　　）。

　　A. 行政法规之间对同一事项的新的一般规定与旧的特别规定不一致，不能确定如何适用

　　B. 法律之间对同一事项的新的一般规定与旧的特别规定不一致，不能确定如何适用

　　C. 地方性法规与部门规章之间对同一事项的规定不一致，不能确定如何适用

　　D. 部门规章之间对同一事项的规定不一致，不能确定如何适用

　　E. 根据授权制定的法规与法律规定不一致，不能确定如何适用

【答案】B、E

【解析】选项 A 错误，行政法规之间对同一事项的新的一般规定与旧的特别规定不一致，由国务院裁决；选项 C 错误，需特别注意，分两种情况，国务院认为应适用地方性法规的，国务院裁决。

【例题 5·2022 年二级真题·单选题】关于部门规章与地方政府规章效力的说法，正确的是（　　）。

　　A. 没有部门规章的依据，地方政府规章不得设定减损法人权利的规范

　　B. 地方政府规章的效力高于部门规章

　　C. 两者具有同等效力，在各自权限范围内施行

　　D. 两者调整对象不同，无效力冲突

【答案】C

【解析】选项 A 错误，没有法律、行政法规、地方性法规的依据，地方政府规章不得设定减损公民、法人和其他组织权利或者增加其义务的规范；选项 B 错误，部门规章之间、部门规章与地方政府规章之间具有同等效力，在各自的权限范围内施行；选项 D 错误，部门规章之间、部门规章与地方政府规章之间对同一事项的规定不一致时，由国务院裁决。

◆ 考法 5：法的备案和审查

《立法法》规定，行政法规、地方性法规、民族自治条例和单行条例、规章应当在公布后 30 日内报备：

（1）行政法规报全国人大常委会备案。

（2）省级地方性法规报全国人大常委会＋国务院备案；设区的市级地方性法规报省人大常委会批准，通过省人大常委会报全国人大常委会＋国务院备案。

（3）自治州、自治县的自治条例和单行条例，由省人大常委会报全国人大常委会＋国务院备案（报备时，应当说明其对法律、行政法规、地方性法规作出变通的说明）。

（4）部门规章报国务院备案。

（5）地方政府规章报国务院＋本级人大常委会备案。

（6）根据授权制定的法规报授权机关备案（经济特区法规报备时，应当说明对法律、行政法规、地方性法规作出变通的说明）。

【例题 6 · 2022 年二级真题 · 多选题】关于立法备案的说法，正确的有（　　）。

A. 设区的市的地方性法规由省、自治区的人民代表大会常务委员会报送备案

B. 自治条例、单行条例报送备案时，应当说明对上位法作出变通的情况

C. 行政法规由国务院报全国人民代表大会备案

D. 部门规章报国务院备案

E. 根据授权制定的法规应当报授权决定规定的机关备案

【答案】A、B、D、E

【解析】选项 C 错误，行政法规报全国人民代表大会常务委员会备案。

1.2　建设工程物权制度

核心考点提纲

> 1.2.1　物权的设立、变更、转让、消灭和保护
> 1.2.2　所有权
> 1.2.3　用益物权
> 1.2.4　担保物权
> 1.2.5　占有

1.2.1　物权的设立、变更、转让、消灭和保护

◆ 考法 1：不动产物权的设立、转让

【不动产物权】

不动产物权，自记载于不动产登记簿时发生效力。未经登记的，不发生物权效力（一般规则）。但依法属于国家所有的自然资源，所有权可以不登记（例外规则）。

以下不动产权利应办理登记：

（1）集体土地所有权；

（2）房屋等建筑物、构筑物所有权；

（3）森林、林木所有权；

（4）耕地、林地、草地等土地承包经营权；

（5）建设用地使用权；

（6）宅基地使用权；

（7）海域使用权；

（8）地役权；

（9）抵押权；

（10）其他，例如居住权。

【例题1·2024年二级真题·单选题】不动产物权的转让，自（　　）发生效力。

　　A. 物权合同成立时　　　　　　　　B. 物权合同生效时

　　C. 受让人实际占有不动产时　　　　D. 依法登记时

【答案】D

【例题2·2024年二级真题·多选题】下列权利中可以依照规定办理登记的有（　　）。

　　A. 集体土地所有权　　　　　　　　B. 地役权

　　C. 抵押权　　　　　　　　　　　　D. 留置权

　　E. 建设用地使用权

【答案】A、B、C、E

◆**考法2：不动产登记**

【不动产登记】

（1）不动产登记，由不动产所在地登记机构办理。

（2）不动产登记费按件收取，不得按照不动产的面积、体积或者价款的比例收取。

（3）不动产登记机构可以查验申请人提供的权属证书和其他必要材料，并询问与登记相关的事项。但不得有下列行为：要求对不动产进行评估；以年检等名义进行重复登记；超出登记职责范围的其他行为。

（4）不动产权属证书与不动产登记簿记载内容不一致的，除有证据证明登记簿内容确有错误的外，以登记簿为准。

【例题3·单选题】根据《民法典》，不动产登记机构依法履行职责时，可以（　　）。

　　A. 查验申请人提供的权属证明并询问与登记相关事项

　　B. 要求对不动产进行评估或者年检

　　C. 按不动产价款比例收取登记费用

　　D. 发现不动产权属证书与不动产登记簿记载内容不一致的，对登记簿进行更正

【答案】A

◆**考法3：预告登记**

【预告登记】当事人签订买卖房屋或者其他不动产物权的协议，为保障将来实现物权，按照约定可以向登记机构申请预告登记。预告登记后，未经预告登记的权利人同意，处分该不动产的，不发生物权效力。

预告登记后，债权消灭或者自能够进行不动产登记之日起 90 日内未申请登记的，预告登记失效。

【例题 4·2024 年二级真题·单选题】预告登记后，未经预告登记的权利人同意，处分该不动产的，产生的法律效果是（　　）。

　　A. 不发生物权效力

　　B. 预告登记失效

　　C. 权利人善意取得不动产物权

　　D. 通知预告登记人后，可以产生不动产物权变动的效果

【答案】A

【例题 5·多选题】关于不动产的预告登记，说法正确的有（　　）。

　　A. 预告登记后，未经权利人同意，处分该不动产的，不发生合同效力

　　B. 预告登记后，未经权利人同意，处分该不动产的，不发生物权效力

　　C. 预告登记后，相关债权消灭的，预告登记继续有效

　　D. 预告登记后，90 日内未及时申请不动产登记的，预告登记失效

　　E. 预告登记后，自能够进行不动产登记之日起 90 日内未申请登记的，预告登记失效

【答案】B、E

◆ **考法 4：物权效力 vs 合同效力**

【注意区分：物权效力 vs 合同效力】

物权效力，由物权法评价——不动产物权，自登记时生效；不登记，不发生物权效力。

合同效力，由合同法评价——不动产合同，自成立时生效；未办理物权登记，不影响合同效力。

【例题 6·多选题】当事人之间订立有关设立、变更、转让和消灭不动产物权的合同，除法律另有规定或者合同另有约定外，关于合同效力的说法，正确的有（　　）。

　　A. 自合同成立时生效

　　B. 自办理物权登记时生效

　　C. 未办理物权登记的，不影响合同效力

　　D. 未办理物权登记的，合同效力待定

　　E. 合同生效，并且当然发生物权效力

【答案】A、C

◆ **考法 5：动产物权设立、变更**

【动产物权】

动产物权的设立和转让，自交付时发生效力（一般规则），但法律另有规定的除外（例外规则）。船舶、航空器和机动车等的物权的设立、变更、转让和消灭，未经登记，不得对抗善意第三人。

【例题 7·2024 年二级真题·多选题】下列物权效力，未经登记，不得对抗善意第三

人（　　）。

  A. 机动车   B. 船舶

  C. 航空器   D. 房屋

  E. 自行车

【答案】A、B、C

◆ 考法 6：物权的保护

表 1.2-1　物权侵权与保护

解决方式	和解、调解；仲裁或诉讼	
一般规定	权利人可以请求损害赔偿，或追究其他民事责任。侵权人除承担民事责任外，还可能依法承担行政责任。构成犯罪的，还应承担刑事责任	
具体规定	归属、内容发生争议	请求确认权利
	无权占有	请求返还原物
	妨害物权	请求排除妨害
	可能发生侵害	请求消除危险
	造成毁损	请求修理、重作、更换
		请求恢复原状

【例题 8·多选题】某施工单位在工程施工中采取的保护措施不当，致使与该工程毗邻的若干民宅开裂和倾斜，且一围墙倒塌，造成部分居民出行不便。对此，受影响的居民可请求（　　）。

  A. 确认物权   B. 排除妨碍

  C. 恢复原状   D. 返还原物

  E. 赔偿损失

【答案】B、C、E

1.2.2　所有权

◆ 考法 1：所有权的概念和权能

【概念】

所有权是所有人依法对自己财产（包括不动产和动产）所享有的占有、使用、收益和处分的权利。所有权在法律上也受到一定的限制。最主要的限制是，为了公共利益的需要，依照法律规定的权限和程序可以征收集体所有的土地和组织、个人的房屋及其他不动产。

【占有权】

占有权是行使物的使用权的前提条件，是所有人行使财产所有权的一种方式。占有权可以根据所有人的意志和利益分离出去，由非所有人享有。例如，根据货物运输合同，承运人对托运人的财产享有占有权。

【收益权】

收益权本身是一项独立的权能，而使用权并不能包括收益权。有时，所有人并不行使对物的使用权，仍可以享有对物的收益权。

【处分权】

处分权是所有人最基本的权利，是所有权内容的核心。

【例题1·2024年一级、二级真题·多选题】关于所有权的说法，正确的是（　　）。

　　A. 所有权在法律上受到绝对保护，任何权利都不能限制所有权

　　B. 所有权的权能包括占有权、居住权、处分权

　　C. 占有权是行使物的使用权的前提条件，是所有权人行使财产所有权的一种方式

　　D. 使用权包括对所有物的收益权

　　E. 处分权是所有权人最基本的权利，是所有权内容的核心

【答案】C、E

◆**考法2：所有权的种类**

（一）土地公有制，包括国家所有（全民所有）和农民集体所有。城市土地、无居民海岛、矿藏、水流、海域，属于国家所有。国务院代表国家行使无居民海岛所有权。

农村和城市郊区土地、森林、草原、山岭、荒地、滩涂，分两种情况：法律明文规定集体所有的，归集体所有；法律未作明文规定时，归国家所有。

（二）集体所有的不动产和动产包括：

（1）集体所有的建筑物、生产设施、农田水利设施；

（2）集体所有的教育、科学、文化、卫生、体育等设施；

（3）集体所有的其他不动产和动产。

【例题2·2022年二级真题·多选题】下列自然资源中，既可以属于国家所有，也可以属于农村集体经济组织所有的包括（　　）。

　　A. 滩涂　　　　　　　　　　B. 海域

　　C. 山岭　　　　　　　　　　D. 荒地

　　E. 森林

【答案】A、C、D、E

1.2.3　用益物权

◆**考法1：物权的分类**

【分类】

物权分三类：所有权、用益物权、担保物权。

注意：不包括占有，占有属于"准物权"。

表1.2-2　物权的分类

所有权	对自己财产的权利。含占有、使用、收益、处分四项权能

用益物权 （只有5个）	对他人的物的占有、使用、收益权			
	建设用地使用权、宅基地使用权、土地承包经营权、居住权、地役权（4地1居）			
担保物权 （只有3个）	对他人的物的 优先受偿权	抵押权	不转移占有	—	约定（需对方同意）
		质权	转移占有	欠A扣B	约定（需对方同意）
		留置权	转移占有	欠A扣A	法定（无需对方同意）

【例题1·2022年二级真题·多选题】下列权利中属于用益物权的是（　　）。

A. 土地承包经营权 　　　　　　B. 租赁权

C. 建设用地使用权 　　　　　　D. 地役权

E. 居住权

【答案】A、C、D、E

【例题2·单选题】关于物权，说法正确的是（　　）。

A. 物权包括所有权、用益物权和担保物权

B. 用益物权包括建设用地使用权、宅基地使用权、土地抵押权、地役权、房屋租赁权

C. 权利人在债务人不履行到期债务时，对债务人或第三人特定的物享有的优先受偿权，属于用益物权

D. 财产所有人、用益物权人、担保物权人可以是同一人

【答案】A

【解析】选项B错误，用益物权只有4个，特征是带了个"地"字，但土地抵押权属于担保物权；房屋租赁权一般认为是债权，不是用益物权。选项C错误，是担保物权的定义。选项D错误，所有权人是对自己物的权力，用益物权人、担保物权人是对他人物的权力，因此一定是三个不同的人，不可能是同一人。

◆ **考法2：用益物权1——建设用地使用权**

表1.2-3　建设用地使用权

设立	（1）建设用地使用权可以在地表、地上或地下分别设立。设立建设用地使用权，不得损害已设立的用益物权。 （2）设立建设用地使用权可以采取出让（卖）或划拨（送）两种方式。工商业、旅游娱乐、商品住宅等经营性用地，以及同一土地上有两个以上意向用地者的，应当采取招标、拍卖等公开竞价方式出让（卖）。 （3）建设用地使用权自登记时设立
使用	使用权人不得改变土地用途，需要改变的，应当依法经行政机关批准
流转	建设用地使用权可以转让、互换、出资、赠与或抵押（注意不能质押）： （1）使用期限由当事人约定，但不得超过建设用地使用权的剩余期限； （2）应当申请登记； （3）附着于该土地上的建筑物、构筑物和其他附属设施一并处分（房地一体、房地不分离）
到期	住宅用地使用权期限届满的，自动续期。其他用地使用权，到期消灭。建设用地使用权消灭的，出让人应当及时办理注销登记

【例题 3·2022 年二级真题·单选题】关于建设用地使用权设立的说法，正确的是（　　）。

    A. 建设用地使用权仅可以在土地的地表设立

    B. 设立建设用地使用权，可以采取出让或者转让等方式

    C. 工业用地应当采取协商的方式出让

    D. 新设立的建设用地使用权，不得损害已经设立的用益物权

【答案】D

【解析】选项 B 错误，国家划拨（送）、出让（卖）方式设立建设用地使用权是一手概念，而转让是二手概念；选项 C 错误，工业用地应该采取招标、拍卖等公开竞价方式出让。

【例题 4·2021 年一级真题·单选题】关于建设用地使用权流转说法，正确的是（　　）。

    A. 建设用地使用权的流转方式包括转让和互换，不包括出资、赠与或者抵押

    B. 建设用地使用权流转应当采取书面形式订立合同

    C. 当事人不得约定流转后的建设用地使用权期限

    D. 建设用地使用权流转时，附着于该土地上的建筑物、构筑物及其附属设施不随之处分

【答案】B

◆ **考法 3：用益物权 2——土地承包经营权**

表 1.2-4　土地承包经营权

概念	土地承包经营权人依法对承包经营的耕地、林地、草地等享有占有、使用和收益的权利
设立	土地承包经营权自土地承包经营权合同生效时设立。 其中：耕地承包期 30 年，草地 30～50 年，林地 30～70 年
使用	依照合同约定从事种植业、林业、畜牧业等农业生产。不得将承包地用于非农建设
流转	依法有权将土地承包经营权互换、转让
到期	承包期限届满，土地承包经营权人依法继续承包

◆ **考法 4：用益物权 3——宅基地使用权**

表 1.2-5　宅基地使用权

概念	宅基地使用权人依法对集体所有的土地享有占有和使用的权利，有权依法利用该土地建造住宅及附属设施
取得	
流转	适用《土地管理法》等规定。《民法典》不作规定
使用	
灭失	宅基地因自然灾害等原因灭失的，宅基地使用权消灭； 对失去宅基地的村民，应当依法重新分配宅基地

【例题 5·2024 年二级真题·多选题】关于土地承包经营权的说法，正确的有（   ）。

　　A. 土地承包经营权不得互换、转让　　B. 耕地的承包期为 30 年

　　C. 林地的承包期为 30～60 年　　　　D. 草地的承包期为 30～50 年

　　E. 土地承包经营权自登记时设立

【答案】B、D

◆ **考法 5：用益物权 4——居住权**

表 1.2-6　居住权

概念	居住权人（甲）按合同约定，对他人（乙）的住宅享有占有、使用的用益物权，以满足生活居住的需要
设立	（1）甲乙应书面形式订立居住权合同，《民法典》也规定了通过遗嘱设立的方式； （2）向登记机构申请居住权登记，居住权自登记设立； （3）居住权无偿设立（一般规则），但合同另有约定的除外（例外规则）
流转	居住权不得转让、继承
使用	设立居住权的住宅不得出租（一般规则），但是当事人另有约定的除外（例外规则）
灭失	（1）居住权期限届满或者居住权人（甲）死亡的，居住权消灭； （2）居住权消灭的，应及时注销登记

【例题 6·单选题】下列关于居住权的说法，正确的是（   ）。

　　A. 居住权一般有偿设立

　　B. 居住权自居住权合同生效时设立

　　C. 居住权人死亡的，居住权可以继承、转让

　　D. 设立居住权的住宅不得出租，但是当事人另有约定的除外

【答案】D

◆ **考法 6：用益物权 5——地役权**

表 1.2-7　地役权

概念	当事人（甲）为提高自己不动产效益，利用他人（乙）不动产的权利。是甲乙通过合同约定设立的用益物权。需要便利的（甲）土地叫需役地，提供便利的（乙）土地叫供役地
设立	地役权是特殊不动产物权，无需登记，自地役权合同生效时设立（实行自愿登记，但未经登记，不得对抗善意第三人）。 地役权期限由当事人约定，但不得超过土地承包经营权、建设用地使用权的剩余期限
使用	按照合同约定使用，并支付费用
流转	地役权属于从权利，具有从属性、不可分性。 土地承包经营权、建设用地使用权转让，地役权一并转让。 土地承包经营权、建设用地使用权抵押的，在实现抵押权时，地役权一并转让
灭失	地役权到期消灭

【例题 7·单选题】甲在 A 地块开了一家饭店，但门口没有停车位。为满足客人需求，2020 年 3 月 1 日，甲与相邻的乙工厂协商约定，甲每月支付乙工厂 9000 元，将工厂内停车场供其饭店客人免费停车。同年 3 月 20 日，双方在有关部门办理了权利登记。2024 年

6月，甲将饭店转让给丙，关于本案涉及权利，说法正确的是（　　）。

    A. 甲对乙工厂的停车场拥有租赁权

    B. 饭店是供役地，工厂停车场是需役地

    C. 该权利自办理登记时设立

    D. 甲转让饭店给丙，丙可以向乙工厂继续主张该项权利

【答案】D

【解析】选项 A 错误，租赁的特征是转移占有，而地役权的关键特征是利用土地而不对土地进行占有。

1.2.4　担保物权

◆考法 1：担保物权的一般规定

【担保物权】包括：抵押权、质权、留置权。

表 1.2-8　担保物权的一般规定

人的担保	保证	第三人提供	—
物的担保	抵押	可能是债务人本人的物，也可能是第三人提供的物	不转移占有
	质押		转移占有
	留置	债务人本人提供	转移占有
金钱担保	定金		转移占有

【担保的从属性】
主债权债务合同无效，担保合同也无效，但法律另有规定的除外（例如，担保合同可以特别约定，主合同无效时，担保合同独立有效。法律对此予以认可）。
担保合同无效，债权人、债务人、担保人有过错的，依照其过错分担责任。（并不是担保人不担责任）

【担保物权的范围】
主债权及其利息、违约金、损害赔偿金、保管担保财产和实现担保物权的费用

【例题 1·单选题】关于担保合同的说法，正确的是（　　）。

    A. 担保合同无效，则主合同也无效

    B. 主合同的效力不影响担保合同的效力

    C. 担保合同被确认无效后，担保人不承担民事责任

    D. 主合同无效，担保合同可以特别约定为有效

【答案】D

◆考法 2：担保物权 1——抵押权

表 1.2-9　抵押权

概念	债务人或第三人不转移财产占有，将该财产作为债务履行的担保
禁止的抵押物	（1）土地所有权； （2）宅基地、自留地、自留山等集体所有土地的使用权，但是法律规定可以抵押的除外； （3）学校、幼儿园、医疗机构等为公益目的成立的非营利法人的教育设施、医疗卫生设施和其他公益设施；

禁止的抵押物	（4）所有权、使用权不明或有争议的财产； （5）依法被查封、扣押、监管的财产； （6）其他	
抵押物的设立	不动产抵押权	包括建筑物、建设用地使用权、海域使用权、正在建造的建筑物，自登记时设立（＝强制登记）
	动产抵押权	包括正在建造的船舶、航空器等交通运输工具，自抵押合同生效时设立。但未经登记的，不得对抗善意第三人（＝自愿登记）
抵押权的实现	【房地不分离】建设用地使用权抵押的，应当与其上的建筑物或正在建造的建筑物一并抵押，实现抵押权时，应当一并处分	
	【后建工程】建设用地使用权抵押后，该土地上新增的建筑物不属于抵押财产，抵押权人无权优先受偿。但该建设用地使用权实现抵押权时，应将该土地上新增的建筑物与建设用地使用权一并处分	
	【多个抵押权并存】同一财产向两个以上债权人重复抵押的，拍卖、变卖抵押财产所得的价款按： （1）抵押登记的先后清偿； （2）抵押权已经登记的先于未登记的受偿； （3）抵押权未登记的，按照债权比例清偿	

【例题2·单选题】关于抵押的说法，正确的是（　　　）。

　A. 企业可以将建设用地使用权单独进行抵押

　B. 企业可以将现有的及将有的设备、原材料、半成品、产品等进行浮动（打包）抵押

　C. 同一财产向两个以上债权人抵押的，抵押权已经登记的，按照债权比例清偿

　D. 建设用地使用权抵押后，该土地上新增的建筑物属于抵押财产

【答案】B

【解析】选项A错误，建设用地使用权抵押的，该土地上的建筑物一并抵押（房地一体、房地不分离）；选项C错误，抵押权已登记的，按照登记的时间先后确定清偿顺序清偿；选项D错误，建设用地使用权抵押后，该土地上新增的建筑物不属于抵押财产，抵押权人无权优先受偿。

◆ 考法3：担保物权2——质权

表1.2-10　质权

概念	债务人或第三人转移财产占有，将该财产作为债务履行的担保。 分为动产质权和权利质权（不动产只能抵押不能质权）	
禁止的质押物	法律、行政法规禁止流通的物，不允许质押	
质物的设立	动产质权	自交付时设立（转移占用）
	权利质权	生效条件
	汇票、本票、支票； 债券、存款单、仓单、提单	有权利凭证的，交付权利凭证； 无权利凭证的，办理质押登记
	基金份额、股票、股份（可转让部分）	登记

质物的设立	著作权、专利权、商标权（财产权部分）	登记
	应收账款（现有的及将有的打包）	登记
实现	【抵押权与质权并存】同一财产既设立抵押权又设立质权的，拍卖、变卖该财产所得的价款按照登记、交付的时间先后确定清偿顺序	

【例题3·多选题】债务人或者第三人有权处分的下列权利中，可以质押的有（　　）。

　　A. 建设用地使用权　　　　　　　B. 支票

　　C. 债券　　　　　　　　　　　　D. 可以转让的专利权中的财产权

　　E. 现有的以及将有的应收账款

【答案】B、C、D、E

【解析】选项A错误，建设用地使用权为不动产，不动产只能抵押。

◆ 考法4：担保物权3——留置权

表1.2-11　留置权

概念	债务人不履行债务时，债权人对合同标的物（动产）有留置权
禁止的留置物	当事人约定不得留置的物，不允许留置
设立	（1）留置仅适用于动产。 （2）留置的动产应当与债权属于同一法律关系（一般规则）； 但是企业之间留置除外（例外规则）
留置物灭失	留置权人应当妥善保管留置物，因保管不善致使留置物毁损、灭失的，应当赔偿
实现	【债务履行期限届满方可实现】留置权人与债务人应当约定留置财产后的债务履行期限；没有约定或者约定不明确的，留置权人应当给债务人60日以上履行债务的期限，但是鲜活易腐的除外。 【抵押权、质权、留置权并存】同一动产上已设立抵押权或者质权，该动产又被留置的，留置权人优先受偿

【例题4·多选题】关于留置的说法，正确的有（　　）。

　　A. 可以留置的财产仅限于合法占有的财产

　　B. 可以留置的财产包括不动产

　　C. 债权人实施留置后，债务人的债务承担以留置财产的价值为限

　　D. 建设工程合同中不能实施留置

　　E. 留置的动产应当与债权属于同一法律关系，但是企业之间留置除外

【答案】A、D、E

◆ 考法5：多个担保物权并存的处理

【例题5·单选题】甲向乙借款，将自己的汽车抵押给乙，办理了抵押登记。后甲又向丙借款，将该车质押并交付给丙。丙在占有该车期间，发现车辆故障，送到丁厂修理。丁厂因未收到修理费将该车留置。本案的担保物权受偿顺序是（　　）。

　　A. 抵押权，质权，留置权　　　　B. 质权，留置权，抵押权

C. 留置权，抵押权，质权　　　　　　D. 留置权，质权，抵押权

【答案】C

【例题 6·多选题】关于同一财产存在多个担保物权时，拍卖、变卖所得的清偿顺序，说法正确的有（　　）。

A. 多个抵押权并存，抵押权均已登记的，按照登记的先后顺序清偿

B. 多个抵押权并存，抵押权均未登记的，按照抵押合同签订的先后顺序清偿

C. 同一财产既有抵押权，又设立质权的，质权优先于抵押权清偿

D. 同一财产既有抵押权，又设立质权的，按照登记、交付的先后顺序清偿

E. 同一动产既有抵押权或质权，该动产又被留置的，留置权人最优先清偿

【答案】A、D、E

1.2.5　占有

表 1.2-12　占有的概念及分类

概念	占有不是物权之一种，既不是用益物权，也不是担保物权，而是准物权
分类	自主占有（占有人以所有的意思进行占有） 他主占有（占有人以非所有的意思对他人财产从事的占有）
	有权占有（基于合同约定或法律规定） 无权占有（又分为善意占有、恶意占有）
	施工企业对施工场地的占有属于：有权占有、他主占有

表 1.2-13　占有保护 VS 物权保护

适用条件	占有保护	物权保护
受到妨害的	请求排除妨害、消除危险	请求排除妨害、消除危险
受到损失的	请求赔偿损失	请求赔偿损失
被侵占的	请求返还原物 （自侵占发生之日起 1 年内未行使的，该请求权消灭）	请求返还原物 没有时效限制（《民法典》196 条（二））

【例题 1·单选题】老张所住小区，有一块闲置的地，老张在上面种了些辣椒和葱姜蒜。后来，老张去外地带了 2 年孙子，回来后发现这块菜地已经被邻居小李铲除，小李在这里浇了地坪、搭了个简易棚子停放电瓶车。关于本案，说法正确的是（　　）。

A. 老张对这块地的占有属于自主占有

B. 小李对这块地的占有属于有权占有

C. 老张占有的菜地被小李侵占，老张可随时要求小李返还

D. 业委会将来如果需要这块用地，随时有权要求小李返还

【答案】D

【例题 2·2024 年一级真题·单选题】关于占有的说法，正确的是（　　）。

A. 在施工过程中，施工企业对施工场地的占有属于自主占有

B. 在施工过程中，建设单位对施工场地的占有属于他主占有

C. 在施工过程中，施工企业对施工场地的占有属于恶意占有

D. 占有的不动产或者动产被侵占的，占有人有权请求返还原物

【答案】 D

1.3 建设工程知识产权制度

核心考点提纲

> 1.3.1 著作权制度
> 1.3.2 专利权制度
> 1.3.3 商标权制度
> 1.3.4 其他知识产权制度

【知识产权客体】

知识产权客体包括（1）作品（包括计算机软件）；（2）发明、实用新型、外观设计（专得）；（3）商标；（4）地理标志；（5）商业秘密；（6）集成电路布图设计；（7）植物新品种。

【例题 1·单选题】 知识产权包括著作权、专利权、商标权、商业秘密和地理标志等。关于建设工程中相关知识产权的说法，正确的是（　　）。

A. 设计院使用的绘图软件受专利权保护

B. 施工企业独创的工法可以申请著作权

C. 佛山瓷砖的原产地标志属于注册商标

D. 投标报价、标底开标前属于商业秘密

【答案】 D

表 1.3-1　知识产权的保护客体、期限、起点及展期

知识产权类型	保护客体	保护期限	起点	展期
著作权（版权）	文学、艺术、科学作品、计算机软件作品	署名权、修改权、保护作品完整权（人身权）	作品完成日	永久保护
		发表权、许可使用权、稿酬（财产权） 自然人作品：作者终生及死后 50 年 单位作品：首次发表后 50 年		不予展期
专利权	工业领域的发明创造	发明 20 年、实用新型 10 年 授予条件：新颖性、创造性、实用性	申请日	不予展期
		外观设计 15 年 授予条件：新颖性、富有美感、适于工业用		
商标权	注册商标	10 年	核准注册日	可展期（前 12 月＋后 6 月）

1.3.1 著作权制度

表 1.3-2 建设工程活动中"三类作品"

类别	特征	著作权归属
单位作品	由法人主持,代表法人意志创作,并由法人承担责任。如招、投标文件	单位
职务作品	自然人为完成法人工作任务所创作的作品	一般情况归作者,法人在业务范围内有2年优先使用权;特殊情况(主要利用法人的物质条件,并由法人承担责任或合同约定)作者有署名权,其他权利归法人享有
委托作品	如:勘察设计文件	合同有约定的,按照约定;未约定的归受托人

【例题 1·2024 年二级真题·单选题】关于著作权的说法,正确的是( )。

A. 单位作品的著作权归单位全体职工所有

B. 受委托创作的作品,著作权归受托人所有

C. 单位作品,其署名权的保护期为首次发表后 50 年

D. 自然人作品,其发表权、许可使用权、获得报酬权的保护期为作者终生及死后 50 年

【答案】D

【例题 2·2024 年二级真题·单选题】工程师张某在本职工作范围内,利用单位的物质技术条件,创作完成一项由单位承担责任的工程设计图。根据《著作权法》,关于该设计图著作权的说法,正确的是( )。

A. 由单位单独享有

B. 由张某与单位协商决定

C. 由张某享有,单位在业务范围内有 2 年优先使用权

D. 由张某享有署名权,单位享有著作权的其他权利

【答案】D

1.3.2 专利权制度

【例题 1·2024 年二级真题·单选题】对于专利的说法,正确的是( )。

A. 发明人可以是自然人、单位或课题组

B. 实用新型专利权的期限为 15 年

C. 专利权的保护对象包括发现自然规律

D. 授予专利权的实用新型应当具备新颖性,创造性和实用性

【答案】D

1.3.3　商标权制度

（1）《商标法》保护的是注册商标的商标专用权，商标专用权的内容仅包括财产权。商标设计人身权受《著作权法》保护。（例如：甲的商标未经注册，不享有商标专用权。乙抄袭甲的商标，该纠纷属于著作权纠纷而不属于商标权纠纷。）

（2）商标专用权包括使用权和禁止权两方面。

（3）商标有效期为10年，自核准注册之日起算。

（4）注册商标有效期满，需要继续使用的，应当在期满前12个月申请续展注册；在此期间未能提出申请的，可以给予6个月的宽展期。宽展期仍未提出申请的，注销注册。每次续展注册的有效期为10年。

【例题1·2022年二级真题·单选题】关于注册商标转让的说法，正确的是（　　　）。

　　A. 转让注册商标的，由转让人向商标局备案

　　B. 注册商标的转让包括注册商标的使用许可

　　C. 转让注册商标的，商标注册人对其在同一种商品上注册的近似的商标，应当一并转让

　　D. 商标专用权人不得将注册商标与企业分离而单独转让

【答案】C

【解析】选项A错误，转让注册商标的，转让人和受让人应当共同向商标局提出申请，不是备案；选项B错误，注册商标的转让是指商标专用人将其所有的注册商标依法转移给他人所有并由其专用的法律行为；注册商标使用许可是指商标注册人通过签订商标使用许可合同，许可他人使用其注册商标的法律行为，即一个是卖一个是租；选项D错误，选项C正确，商标专用权人可以将商标连同企业或者商誉同时转让，也可以将商标单独转让。转让注册商标的，商标注册人对其在同一种商品上注册的近似的商标，或者在类似商品上注册的相同或者近似的商标，应当一并转让。

1.3.4　其他知识产权制度

【商业秘密】

表 1.3-3　商业秘密

概念	不为公众所知悉、能为权利人带来经济利益并且权利人采取了保密措施的技术信息和经营信息
侵犯商业秘密情形	（1）以盗窃、贿赂、欺诈、胁迫、电子侵入或其他不正当手段获取权利人的商业秘密； （2）披露、使用或允许他人使用以前项手段获取的权利人的商业秘密； （3）违反保密义务或违反权利人有关保守商业秘密的要求，披露、使用或者允许他人使用其所掌握的商业秘密； （4）教唆、引诱、帮助他人违反保密义务或者违反权利人有关保守商业秘密的要求，获取、披露、使用或者允许他人使用权利人的商业秘密； （5）经营者以外的其他自然人、法人和非法人组织、第三人明知或者应知商业秘密权利人的员工、前员工或者其他单位、个人实施上述所列违法行为，仍获取、披露、使用或者允许他人使用该商业秘密的，视为侵犯商业秘密

【地理标志】

表 1.3-4　地理标志

概念	是指标示某商品来源于某地区，该商品的特定质量、信誉或者其他特征，主要由该地区的自然因素或者人文因素所决定的标志
保护产品	（1）来自本地区的种植、养殖产品； （2）原材料来自本地区，并在本地区按照特定工艺生产和加工的产品

【例题 1・2024 年一级真题・单选题】关于侵犯商业秘密的说法，正确的是（　　）。

　　A. 第三人明知商业秘密权利人的前员工以盗窃手段获取权利人商业秘密仍获取该商业秘密的，不构成侵犯商业秘密

　　B. 经营者违反保密义务，披露其所掌握的商业秘密属于侵犯商业秘密

　　C. 受到损害的商业秘密权利人的赔偿数额，应当按照侵权人因侵权所获得的利益确定

　　D. 在侵犯商业秘密案件的民事审判程序中，商业秘密权利人就对方侵权承担全部举证责任

【答案】B

1.4　建设工程侵权责任制度

核心考点提纲

　　1.4.1　侵权责任主体和损害赔偿
　　1.4.2　产品责任
　　1.4.3　建筑物和物件损害责任

1.4.1　侵权责任主体和损害赔偿

【定义（赔不赔?）】

不法侵害他人的财产权利或人身权利的行为。作为和不作为，都可以构成侵权。

【归责原则】

包括：过错责任、无过错责任、推定过错责任、公平责任共 4 种。

表 1.4-1　归责原则

过错责任	有错才赔，无错不赔
无过错责任	不管有错没错，只要受害人找你赔，你就要赔
推定过错责任	需要行为人自证清白。如果能够证明自己确实没有错，不用赔。反之，证明不了，就要赔
公平责任	当事人肯定没有错，或者大概率没有错，但基于某种公平理念，需要对受害人损失进行合理补偿

◆ 考法 1：数人侵权中责任主体

表 1.4-2　侵权行为及赔偿原则

侵权行为		谁来赔？
（1）共同侵权		连带赔偿
（2）教唆、帮助侵权	他人 无 / 限制民事行为能力人	连带赔 由教唆人、帮助人赔
（3）共同危险		谁造成的：谁赔；无法确定谁造成：连带赔
（4）分别侵权	若每一人的行为都足以导致全部损害发生 二人以上分别实施侵权行为造成同一损害	行为人连带赔 能分清责任大小：按份赔；分不清：平均赔
（5）执行单位工作任务的		单位赔
（6）第三人过错造成的		第三人赔
（7）受害人自己有过错的		行为人可以减轻责任
（8）受害人故意造成的 （9）受害人自甘风险的文体活动 （10）行为人的自助行为（自力救济）		行为人可以免除责任

【例题 1·单选题】以下关于侵权责任承担，说法正确的是（　　　）。

　　A. 二人以上共同实施侵权行为造成他人损害的，应当平均承担责任

　　B. 二人以上分别实施侵权行为造成同一损害，应当承担连带责任

　　C. 教唆、帮助他人实施侵权行为的，由教唆、帮助人承担全部责任

　　D. 受害人对损害发生也有过错的，可以减轻行为人的责任

【答案】D

【例题 2·单选题】某公共道路夜间维修，由甲施工单位施工。因该路段灯光昏暗，李某驾车很近才看清施工警示标志，立刻打急转进行避让，并造成后面骑摩托车的王某摔伤。王某的损失应当由（　　　）承担。

　　A. 甲施工单位　　　　　　　　　　B. 李某

　　C. 甲施工单位与李某连带　　　　　D. 甲施工单位与李某按过错大小分别

【答案】A

【解析】本案中，甲单位与李某既不是共同侵权，也不是分别侵权。李某并无过错，是行使紧急避险。因紧急避险，造成损失的，由"引起险情的人"承担。

◆ 考法 2：侵权损害的赔偿

表 1.4-3　侵权损害的赔偿

侵害权益		赔多少？
（1）财产损失		按照损失发生时的市场价格或者其他合理方式计算财产损失
（2）人身损害	①一般情况	（1）为治疗和康复支出的合理费用（医疗费、护理费、交通费、营养费、住院伙食补助费）＋（2）因误工减少的收入

侵害权益		赔多少？
（2）人身损害	②造成他人残疾的	＋（3）辅助器具费＋（4）残疾赔偿金
	③造成他人死亡的	＋（5）丧葬费＋（6）死亡赔偿金
（3）侵害他人人身权益造成财产损失		按照被侵权人因此受到的损失或者权人因此获得的利益赔偿；损失或利益难以确定，当事人协商不成的，由法院确定赔偿额
（4）侵害自然人人身权益；或故意、重大过失侵害自然人具有人身意义的特定物		造成严重精神损害的，有权请求精神损害赔偿（注意：仅适用于自然人）
（5）故意侵害他人知识产权，情节严重的		惩罚性赔偿

【例题3·单选题】关于侵权行为造成人身损害赔偿的说法，正确的是（　　）。

A. 被侵权人死亡的，其所有亲属均有权请求侵权人承担侵权责任

B. 因同一侵权行为造成多人死亡的，应当以不同数额确定死亡赔偿金

C. 侵害他人造成他人死亡的，仅需赔偿死亡赔偿金

D. 劳务派遣人员王某，在施工中造成行人李某受伤，由用工的施工单位承担侵权责任

【答案】D

【解析】选项A错误，"近亲属"范围：【配偶、父母、子女】；【兄弟姐妹、祖父母、外祖父母、孙子女、外孙子女】。死亡赔偿金、精神损害赔偿，不是死者遗产，而是对生者的赔偿和抚慰。所有近亲属都可以主张，应当结合死者生前与各人的供养关系、亲疏关系、生活密切程度，公平合理确定比例。选项B错误，因同一侵权行为造成多人死亡的，可以以相同数额确定死亡赔偿金。

【例题4·单选题】关于侵权赔偿，说法正确的是（　　）。

A. 侵害他人造成人身损害的，赔偿额应当包括被侵权人因误工而减少的收入

B. 侵害他人财产的，财产损失按照买入时的实际价格计算

C. 故意侵害他人知识产权，情节严重的，被侵权人有权请求精神损害赔偿

D. 赔偿费用的支付方式，由侵权人选择，可以一次性支付或者分期支付

【答案】A

【解析】选项D错误，确有困难＋提供担保＝可以分期。

1.4.2　产品责任

【产品侵权责任】

（1）因产品存在缺陷造成他人损害的，生产者应当承担侵权责任（无过错责任），（了解：如果仅仅是产品质量不合格，无法使用，只能向销售方提出赔偿请求。）

被侵权人可以向产品的生产者请求赔偿，也可以向产品的销售者请求赔偿。因运输者、仓储者等第三人的过错使产品存在缺陷，造成他人损害的，产品生产者、销售者赔偿

后，有权向第三人追偿。

（2）产品投入流通后发现存在缺陷的，生产者、销售者应当及时采取停止销售、警示、召回等补救措施。

（3）明知产品存在缺陷仍然生产、销售，或者没有采取上述有效补救措施，造成他人"死亡或者健康严重损害"的，被侵权人有权请求相应的惩罚性赔偿。

【例题1·多选题】甲因其购买使用的建筑装饰材料质量缺陷，受到一定财产损失。以下说法正确的有（　　）。

　　A. 生产者仅承担过错责任

　　B. 甲可以向生产方，也可以向销售方提出赔偿请求

　　C. 因仓储原因造成的产品缺陷，甲不可以直接向仓储方提出赔偿请求

　　D. 产品投入流通后发现存在缺陷的，生产者、销售者应当负责退货

　　E. 明知产品存在缺陷，仍然生产、销售的，甲有权提出惩罚性赔偿

【答案】B、C

【例题2·多选题】某施工企业购买20台施工机器人，作业中，有机器人因技术缺陷发生生产事故，其中工人金某受重伤不治身亡。金某近亲属后来得知，该批机器人之前已经有过多起类似事故报告，但厂家、销售方未予重视，没有采取补救措施。关于本案，说法正确的有（　　）。

　　A. 金某属于工伤，其近亲属只能主张工伤社保赔偿

　　B. 金某近亲属也可以追究机器人生产厂家、销售方的民事侵权责任

　　C. 施工企业可以追究机器人销售方的违约责任

　　D. 厂家、销售方收到事故报告后，对该批机器人应及时采取停止销售、警示、召回措施

　　E. 金某近亲属可以向厂家、销售方主张惩罚性赔偿

【答案】B、C、D、E

【如何主张？】

替代模式、选择模式、补充模式、双赔模式？

《安全生产法》（2021）第五十六条：因生产安全事故受到损害的从业人员，除依法享有工伤保险外，依照有关民事法律尚有获得赔偿的权利的，有权提出赔偿要求。

最高法院《人身损害赔偿司法解释》（法释〔2022〕14号）第三条：依法应当参加工伤保险统筹的用人单位的劳动者，因工伤事故遭受人身损害，劳动者或者其近亲属向人民法院起诉请求用人单位承担民事赔偿责任的，告知其按《工伤保险条例》的规定处理。

因用人单位以外的第三人侵权造成劳动者人身损害，赔偿权利人请求第三人承担民事赔偿责任的，人民法院应予支持。

【小结】

从这两条文均无法确定，我国立法究竟采取了何种模式。因此，理论上和实践中，都还有很多争议。

1.4.3 建筑物和物件损害责任

表 1.4-4 建筑物和物件损害责任

建设工程侵权行为	谁来赔？——一般实行"推定过错责任"
建筑物等：倒塌、塌陷	由建设＋施工连带赔（除非能够证明不存在质量缺陷）
	因所有人、管理人或使用人原因导致的，谁造成的，谁赔
建筑物等及其搁置物、悬挂物：脱落、坠落	所有人、管理人或使用人不能证明尽到管理职责的，应当承担
不明抛掷物、坠落物	（1）谁扔的，谁承担； （2）难以确定具体侵权人的，由可能加害的建筑物使用人给予补偿
堆放物倒塌、滚落、滑落	（1）堆放人不能证明自己没有过错的，应当赔； （2）公共道路管理人不能证明已经尽到清理、防护、警示义务的，承担相应责任
公共场所或道路上施工	施工人不能证明已经设置明显标志和采取安全措施的，应当承担
窖井等地下设施	管理人不能证明尽到管理职责的，应当承担

【例题 1·单选题】在恶劣冰冻天气中，房屋建筑、斜拉索桥、高架桥、架空电线等发生冰锥脱落导致过往车辆损害，相关建筑物、构筑物、设施等管理人如不能证明自己尽到管理职责、及时排查治理安全事故隐患的，则应依照《民法典》的规定承担侵权责任。该责任属于（　　）。

　　A. 过错责任　　　　　　　　　　B. 无过错责任

　　C. 推定过错责任　　　　　　　　D. 公平责任

【答案】C

【例题 2·2024 年二级真题·多选题】关于建筑物倒塌致人损害责任承担的说法，正确的有（　　）。

　　A. 由施工单位独立承担责任

　　B. 由建设单位独立承担责任

　　C. 由建设单位与施工单位承担连带责任

　　D. 建设单位与施工单位能够证明建筑物不存在质量缺陷的，不承担责任

　　E. 因建筑物所有人的原因造成建筑物倒塌的，由所有人承担责任

【答案】C、D、E

【例题 3·2024 年二级真题·单选题】关于从建筑物中抛掷物品致人损害责任承担的说法，正确的是（　　）。

　　A. 由物业服务企业承担侵权责任

　　B. 由侵权人和物业服务企业共同承担侵权责任

　　C. 由建筑物的所有使用人共同给予补偿

　　D. 难以确定具体侵权人的，由可能加害的建筑物使用人给予补偿

【答案】D

【例题 4 · 单选题】关于建筑物和物件损害责任的说法，正确的是（   ）。

    A. 窨井等地下设施造成他人损害，管理人不能证明尽到管理职责的，应当承担侵权责任

    B. 堆放物倒塌造成他人损害，堆放人应承担无过错责任

    C. 房屋在地震中倒塌、桥梁在洪水中坍塌造成他人损害的，建设单位和施工单位不承担侵权责任

    D. 公共道路上施工，未设置明显警示标志和安全防护措施致人损害的，由工程发包人承担侵权责任

【答案】A

1.5 建设工程税收制度

核 心 考 点 提 纲

    1.5.1 企业所得税
    1.5.2 企业增值税
    1.5.3 环境保护税
    1.5.4 其他相关税（个人所得税、印花税、契税）

1.5.1 企业所得税

【纳税人】在我国境内的企业和其他取得收入的组织，但个人独资企业、合伙企业不适用，这两类交个税。

表 1.5-1 企业所得税

第一类居民企业	境内成立的企业。例如，在中国注册成立的沃尔玛（中国）公司和通用汽车（中国）公司	就来源于中国境内＋境外（全球）的所得缴税
第二类居民企业	境外成立，例如 A 公司注册在开曼群岛，但实际管理机构在中国的	
第一类非居民企业	境外成立、实际管理机构也不在中国境内，但在中国境内有机构、场所的企业	就来源于中国境内的所得＋境外但与机构场所有关的所得缴税
第二类非居民企业	境外企业，在中国境内没有实际管理机构，也未设立机构、场所的	就来源于中国境内的所得缴税

【应纳税收入】

（1）销售货物收入；（2）提供劳务收入；（3）转让财产收入；（4）股息、红利等权益性投资收益；（5）利息收入；（6）租金收入；（7）特许权使用费收入；（8）接受捐赠收入；（9）其他收入。

【不征税收入】

包括（1）财政拨款；（2）行政事业性收费、政府性基金；（3）其他。

【免税收入】

（1）国债利息收入；（2）符合条件的居民企业之间的股息、红利等权益性投资收益；（3）在中国境内设立机构、场所的非居民企业从居民企业取得与该机构、场所有实际联系的股息、红利等权益性投资收益；（4）符合条件的非营利组织的收入。

【应纳税所得额】

应纳税所得额＝收入总额－不征税收入－免税收入－各项扣除－弥补以前年度亏损（注意：≠年度净利润）

【税率】

一般为25%，符合条件的小型微利企业，减按20%的税率征收，国家需要重点扶持的高新技术企业，减按15%的税率征收。

【例题1·2022年二级真题·多选题】根据《企业所得税法》，我国境内的下列企业中，应当缴纳企业所得税的有（　　）。

　　A. 国有独资公司　　　　　　　B. 个人独资企业

　　C. 有限责任公司　　　　　　　D. 股份有限公司

　　E. 合伙企业

【答案】A、C、D

【例题2·2023年一级真题·单选题】根据《企业所得税法》，关于居民企业的说法，正确的是（　　）。

　　A. 外国企业不属于居民企业

　　B. 按照外国法律成立且有来源于中国境内所得的企业是居民企业

　　C. 依法在中国境内成立的企业是居民企业

　　D. 依照外国法律成立的企业不是居民企业

【答案】C

1.5.2 企业增值税

表 1.5-2　企业增值税

纳税人	计税方法	应纳税额	税率（%）：13、9、6、0
一般纳税人	抵扣法	当期销项税额－当期进项税额（不足抵扣，可结转）	税率（%）：13、9、6、0
小规模纳税人	简易法	销售额 × 征收率（不得抵扣进项税额）	征收率：3%

表 1.5-3　增值税发票的管理及增值税的减免

增值税发票	分为普通发票和专用发票。下列情形，不得开具增值税专用发票：（1）应税销售行为的购买方为消费者个人的；（2）发生应税销售行为适用免税规定的
允许抵扣的销项税额	（1）《增值税专用发票》（不包括普票）；（2）《海关进口增值税专用缴款书》；（3）《代扣代缴税款的完税凭证》

不允许抵扣的销项税额	（1）简易计税方法计税项目、免增值税项目； （2）集体福利或者个人消费的购进； （3）非正常损失的购进； （4）其他
免税	（1）农业生产者销售的自产农产品； （2）避孕药品和用具； （3）古旧图书； （4）直接用于科学研究、科学试验和教学的进口仪器、设备； （5）外国政府、国际组织无偿援助的进口物资和设备； （6）由残疾人的组织直接进口供残疾人专用的物品； （7）销售的自己使用过的物品

【例题1·2024年一级真题·单选题】计算增值税应纳税额时，下列项目的进项税额不得从销项税额中抵扣的是（　　）。

A. 自境外单位购进无形资产，从税务机关或者扣缴义务人取得的代扣代缴税款的完税凭证上注明的增值税额

B. 非正常损失的在产品、产成品所耗用的购进货物（不包括固有资产）、劳务和交通运输服务

C. 从海关取得的海关进口增值税专用缴款书上注明的增值税额

D. 从销售方取得的增值税专用发票上注明的增值税额

【答案】B

【例题2·多选题】工程建设行业中，关于增值税税率（征收率），说法正确的有（　　）。

A. 施工机械设备出租、建材销售，增值税税率13%

B. 建筑施工服务，增值税税率为9%

C. 工程设计、监理服务，增值税税率为6%

D. 项目管理、招标代理咨询服务，增值税税率为13%

E. 小规模纳税人实行简易计税，增值税征收率为3%

【答案】A、B、C、E

【解析】2019年起，增值税税率主要分为四档（了解、不需要记）：

（1）13%：适用于销售货物、劳务、有形动产租赁服务或者进口货物，除非另有规定。

（2）9%：适用于销售交通运输、邮政、基础电信、建筑、不动产租赁服务，销售不动产，转让土地使用权，以及销售或者进口特定的货物，如粮食等农产品、食用植物油、自来水、暖气等。

（3）6%：适用于销售服务、无形资产，除了上述提到的13%和9%的情况。

（4）0：适用于纳税人出口货物，以及境内单位和个人跨境销售国务院规定范围内的服务、无形资产。

【例题 3·2024 年二级真题·单选题】下列项目中，不能免征增值税的是（　　　）。

A. 古旧图书

B. 直接用于科学研究的进口仪器

C. 外国政府无偿援助的进口物资

D. 粮油公司销售的农产品

【答案】D

1.5.3 环境保护税

表 1.5-4 环境保护税

纳税人	在中华人民共和国领域和其他管辖海域，直接向环境排放应税污染物的企事业单位和生产经营者
应税污染物	大气污染物（当量数）、水污染物（当量数）、固体废物（排放量）和噪声（超标准分贝数），共 4 项
缴税	纳税义务发生在排放的当日，按月计算，按季缴纳。在"费改税"后，由税务部门征收，生态环境保护部门配合，确定"企业申报、税务征收、环保监测、信息共享"的税收征管模式
免税	（1）农业生产（不包括规模化养殖）排放应税污染物的； （2）机动车、铁路机车、非道路移动机械、船舶和航空器等流动污染源排放应税污染物的； （3）依法设立的城乡污水集中处理、生活垃圾集中处理场所排放相应应税污染物，不超过国家和地方规定的排放标准的； （4）纳税人综合利用的固体废物，符合国家和地方环境保护标准的
减税	纳税人排放大气污染、水污染物浓度值低于国家或地方规定标准的 30% 的，减按 75% 征收环境保护税；浓度值低于国家或地方规定标准的 50% 的，减按 50% 征收环境保护税

【例题 1·单选题】下列有关环境保护税应税污染物计税依据的确定方法，正确的是（　　　）。

A. 应税大气污染物按照大气污染物的排放量确定

B. 应税水污染物按照水污染物的排放量确定

C. 应税固体废物按照污染物排放量折合的污染当量数确定

D. 应税噪声按照超过国家规定标准的分贝数确定

【答案】D

【例题 2·单选题】下列有关环境保护税的说法，正确的是（　　　）。

A. 凡是排放应税污染物的企事业单位，均应缴纳环境保护税

B. 规模化农业养殖排放污染物的，暂免征收环境保护税

C. 机动车等流动污染排放应税污染物的，暂免征收环境保护税

D. 税务机关负责税收征管以及应税污染物的监测管理

【答案】C

1.5.4 其他相关税种（个人所得税、印花税、契税）

◆考法1：个人所得税

表1.5-5 个人所得税

序号	征税范围		税率
1	工资、薪金所得	按年度合并为"综合所得"	综合所得，适用3%至45%的超额累进税率
2	劳务报酬所得		
3	稿酬所得		
4	特许权使用费所得		
5	经营所得	分别计算个人所得税	经营所得，适用5%至35%的超额累进税率
6	利息、股息、红利所得		适用比例税率，税率为20%
7	财产租赁所得		
8	财产转让所得		
9	偶然所得		
免税	国家给的（退休金、军人转业费、省军级以上科技奖励等）＋保险赔的		
减税	孤、残、烈、灾		

【个人所得税专项附加扣除】

子女教育、继续教育、大病医疗、住房贷款利息或者住房租金、赡养老人等6项。

【例题1·多选题】下列情形中，属于居民个人所得税纳税人应当办理纳税申报的有（　　）。

　　A. 取得应税所得没有扣缴义务人

　　B. 在中国境内从两处以上取得工资、薪金所得

　　C. 因移居境外注销中国户籍

　　D. 年所得12万元以上的

　　E. 取得境外所得

【答案】A、C、E

【解析】本题考核个人所得税的纳税扣缴和申报。有下列情形之一的，纳税人应当依法办理纳税申报：（1）取得综合所得需要办理汇算清缴；（2）取得应税所得没有扣缴义务人；（3）取得应税所得，扣缴义务人未扣缴税款；（4）取得境外所得；（5）因移居境外注销中国户籍；（6）"非居民个人"在中国境内从两处以上取得工资、薪金所得；（7）国务院规定的其他情形。

【例题2·单选题】根据《个人所得税法》，关于个人所得税税率说法正确的是（　　）。

　　A. 财产租赁所得，适用20%比例税率

　　B. 综合所得，适用5%至35%的超额累进税率

　　C. 经营所得，适用3%至45%的超额累进税率

D. 财产转让所得享受税率减免优惠

【答案】A

◆考法2：印花税

表 1.5-6　印花税

纳税人	在中华人民共和国境内书立应税凭证、进行证券交易的单位和个人，为印花税的纳税人
	在境外书立在境内使用的应税凭证，应当依法缴纳印花税
应税凭证	本法列明的各类《合同》、《产权转移书据》、《营业账簿》
计税依据	（1）应税《合同》的计税依据，为合同所列金额，不包括列明的增值税税款； （2）应税《产权转移书据》的计税依据，为产权转移书据所列金额，不包括列明的增值税税款； （3）应税《营业账簿》的计税依据，为账簿记载的实收资本（股本）、资本公积合计； （4）证券交易的计税依据，为成交金额
免税	（1）应税凭证的副本或者抄本； （5）无息或者贴息借款合同、国际金融组织向中国提供优惠贷款书立的借款合同； （6）财产所有权人将财产赠与政府、学校、社会福利机构、慈善组织书立的产权转移书据； （8）个人与电子商务经营者订立的电子订单

【例题3·单选题】关于印花税，以下表述正确的是（　　）。

A. 印花税的纳税人仅包括在国境内书立应税凭证的单位和个人

B. 建设工程合同印花税的计税依据为合同额，包括列明的增值税

C. 某建设工程施工合同，一式四份，各持两份（正本一份副本一份）。则施工企业共应缴纳4份印花税

D. 个人与电子商务经营者订立的电子订单，免征印花税

【答案】D

◆考法3：契税

表 1.5-7　契税

纳税人	在中国境内取得土地、房屋权属的企业和个人，应当依法缴纳契税
	包括下列方式：国有土地使用权出让，土地使用权转让（包括出售、赠与和交换），房屋买卖、赠与和交换。 也包括：以土地、房屋权属作价投资、入股，抵偿债务，或者以获奖的方式承受土地、房屋权属。 但不包括：土地承包经营权的转移
税率	3%～5%
免税	（1）国家机关、事业单位、社会团体、军事单位承受土地、房屋权属用于办公、教学、医疗、科研、军事设施； （2）非营利性的学校、医疗机构、社会福利机构承受土地、房屋权属用于办公、教学、医疗、科研、养老、救助； （3）承受荒山、荒地、荒滩土地使用权用于农、林、牧、渔业生产； （4）婚姻关系存续期间夫妻之间变更土地、房屋权属； （5）法定继承人通过继承承受土地、房屋权属； （6）外国驻华使馆、领事馆和国际组织驻华代表机构承受土地、房屋权属

【例题4·2022年二级真题·多选题】根据《契税法》，下列转移土地、房屋权属行为中，应当缴纳契税的有（　　　）。

　　A. 土地使用权转让

　　B. 土地使用权出让

　　C. 房屋买卖、赠与、互换

　　D. 以作价投资、偿还债务、划转、奖励等方式转移土地

　　E. 土地经营权的转移

【答案】A、B、C、D

【例题5·2024年一级真题·单选题】关于契税的说法，正确的是（　　　）。

　　A. 契税的具体税率，由省、自治区、直辖市人民政府决定

　　B. 房屋互换的，契税的计税依据为所互换的房屋价格的差额

　　C. 以偿还债务方式转移土地、房屋权属的，免征契税

　　D. 婚姻关系存续期间夫妻之间变更房屋权属的，征收契税

【答案】B

【解析】选项B正确，如甲乙房屋互换，甲的房产价值70万元，乙的房产价值90万元，契税应当由甲缴纳，按照补差20万元计征。

表1.5-8　契税的减免政策

减免政策	提出	决定	备案
3%~5%之间的具体适用	省、自治区、直辖市政府	省、自治区、直辖市人大常委会	全国人大常委会＋国务院
法定税率下的减免： （1）居民住房需求保障； （2）企业改制重组； （3）灾后重建	—	国务院	全国人大常委会
法定税率下的减免： （1）土地、房屋被征收征用后重新买房； （2）不可抗力灭失住房后重新买房	—	省、自治区、直辖市政府	全国人大常委会＋国务院

1.6　建设工程行政法律制度

核心考点提纲

　　1.6.1　行政法的特征和基本原则

　　1.6.2　行政许可

　　1.6.3　行政处罚

　　1.6.4　行政强制

1.6.1 行政法的特征和基本原则

【行政法的基本原则】

表 1.6-1 行政法的基本原则

依法行政原则	是首要原则。法已规定不可违，法无授权即禁止
合理行政原则	包括比例原则、平等对待原则
程序正当原则	包括行政公开、程序公正、公众参与等
诚实信用原则	包括诚实守信和信赖保护两个方面。不能钓鱼执法、出尔反尔。保护公众的信赖。行政法律规范应当具有稳定性、不可溯及既往
高效便民原则	—
监督与救济原则	—

【例题 1·2024 年二级真题·单选题】行政法中，比例原则的含义是（　　　）。

A. 行政主体的职权必须由法律予以规定

B. 行政主体不得为了自身的利益欺骗行政相对人

C. 行政主体应当平等、无私地行使职权

D. 实施行政行为应当兼顾行政目标的实现和适当性手段的选择

【答案】D

【解析】选项 A 是依法行政原则，选项 B 是诚实信用原则，选项 C、D 是合理行政原则（合理行政包括平等对待原则 C，比例原则 D）

【例题 2·多选题】关于行政法基本原则，下列说法正确的有（　　　）。

A. 行政机关拟定权力清单和责任清单并遵照执行，体现了依法行政原则的基本要求

B. 2024 年 1 月，住建部发布《建设工程消防设计审查验收技术服务管理办法》（征求意见稿）公开征求意见的通知，要求技术负责人具有注册资格证书。这是行政法程序正当、公众参与原则的直接体现

C. "深入推进告知承诺等改革，推动行政许可减环节、减材料、减时限、减费用。简化各类证明事项，凡是通过政府部门间共享可以获取的证明材料，不再要求企业提供。"这体现了行政法高效便民原则

D. 东方天涯驿站总部基地是某市重点招商引资项目，当地四套班子曾参加开工奠基典礼。但该项目建成后，却因为没有取得用地手续被认定为违建，被责令退还土地和罚款。该公司不服，向法院起诉，是基于政府招商引资活动应当诚实守信、保护投资者的合理信赖

E. 某住建部门 1 月 1 日至 6 月 30 日对全区住建领域在建项目开展扬尘污染专项整治。对未严格落实扬尘污染防治"6 个 100%"措施的不达标工地，一律予以顶格处罚，一律责令停工整改，对施工单位及项目经理一律给予 2 个月黄色警示；该行为体现了行政执法平等对待原则

【答案】A、B、C、D

1.6.2　行政许可

表 1.6-2　行政许可 vs 行政确认 vs 行政登记

行政许可	行政机关根据当事人申请,通过颁发许可证或者执照等形式,依法赋予特定人从事某种活动或者实施某种行为的资格
	例如:企业资质许可、施工许可、建造师注册、特种作业操作资格证书等
行政确认(补充了解)	行政机关根据当事人申请,依法对当事人法律地位、法律关系或有关法律事实进行甄别,给予确定、认定、证明并予以宣告
	例如:官方出具的消防验收合格(或不合格)证明、竣工验收备案、人社局作出工伤认定(或不认定工伤)等
行政登记(补充了解)	行政机关根据当事人申请,对符合法定条件的涉及当事人人身权、财产权等方面的法律事实予以书面记载
	例如:不动产登记、婚姻登记、户口登记等

表 1.6-3　行政处罚 vs 行政强制措施 vs 行政强制执行

行政处罚	指行政机关依法对违反行政管理秩序的公民、法人或者其他组织,以减损权益或者增加义务的方式予以惩罚
	包括:(1)警告、通报批评;(2)罚款、没收违法所得、没收非法财物;(3)暂扣许可证件、降低资质等级、吊销许可证件;(4)限制开展生产经营活动、责令停产停业、责令关闭、限制从业;(5)行政拘留;(6)其他
行政强制措施(动→静)	行政机关为制止违法行为、防止证据损毁、避免危害发生、控制危险扩大,对相关人员的人身或相关财产进行暂时性控制
	包括:限制公民人身自由;查封、扣押;冻结存款汇款 3 种
行政强制执行(静→动)	对拒不履行行政决定的相对人,依法强制其履行。行政机关有执行权的,自己依法执行;无强制执行权的,申请法院执行
	包括:代履行(对违建进行强制拆除);加处罚款或者滞纳金;划拨存款、汇款;拍卖;排除妨碍;恢复原状 6 种

表 1.6-4　行政许可、行政处罚、行政强制的设定权

设定权	法律	行政法规	地方性法规	地方政府规章	部门规章
行政许可	√	√	资格、资质× 企业设立登记前置条件×	省政府可以设临时性许可(最多1年)	—
行政处罚	√	限制人身自由×	限制人身自由× 吊销营业执照×	警告、通报批评、一定数额罚款	警告、通报批评、一定数额罚款
行政强制措施	√	限制人身自由× 冻结存款汇款×	查封、扣押√	—	—
行政强制执行	√	—	—	—	—

◆ **考法 1：行政许可的设定**

行政许可是政府为了保护国家利益、公众利益、健康、生命与财产安全，对一些有限资源分配（例如采矿、渔业捕捞许可、出租车牌照），或者是人命关天的活动（例如施工许可证、特种作业、驾照、行医资格等），前置性地设一个准入门槛。是政府有形的手对市场不能自发解决的问题进行主动干预。

因此，设定行政许可的原理是"不得已而为之"：

（1）可设可不设的，不设；必须设的，才设。

（2）市场能解决的，不设；市场解决不了的，才设。

（3）事后监管能解决的，不必事前就设门槛。仅靠事后监管无法保证人民生命财产安全的，才不得已一开始就设个进入门槛。

表 1.6-5　行政许可的设定

可以设定行政许可	不得设定行政许可
（1）直接涉及国家安全、公共安全、经济宏观调控、生态环境保护以及直接关系人身健康、生命财产安全等特定活动，需要按照法定条件予以批准的事项	（1）公民、法人或者其他组织能够自主决定的
（2）有限自然资源开发利用、公共资源配置以及直接关系公共利益的特定行业的市场准入等，需要赋予特定权利的事项	（2）市场竞争机制能够有效调节的
（3）提供公众服务并且直接关系公共利益的职业、行业，需要确定具备特殊信誉、特殊条件或者特殊技能等资格、资质的事项	（3）行业组织或者中介机构能够自律管理的
（4）直接关系公共安全、人身健康、生命财产安全的重要设备、设施、产品、物品，需要按照技术标准、技术规范，通过检验、检测、检疫等方式进行审定的事项	（4）行政机关采用事后监督等其他行政管理方式能够解决的
（5）企业或者其他组织的设立等，需要确定主体资格的事项	2017 年以来，先后取消了"招标代理""造价咨询""园林绿化""人防设计、人防监理"等资质
（6）其他	

【行政许可的法定程序】

（1）行政许可采取统一办理或者联合办理、集中办理的，办理的时间不得超过 45 日；45 日内不能办结的，经本级人民政府负责人批准，可延长 15 日。

（2）涉及公共利益的重大行政许可事项，行政机关应当向社会公告，并举行听证。行政机关应当在 20 日内组织听证。申请人、利害关系人不承担行政机关组织听证的费用。

【例题 1·单选题】关于行政许可设定权限的说法，正确的有（　　）。

　　A. 地方性法规一般情况不得设定行政许可

　　B. 省、自治区、直辖市人民政府规章不得设定行政许可

　　C. 国务院不可以采用发布决定的方式设定行政许可

　　D. 地方性法规不得设定企业或者其他组织的设立登记及其前置性行政许可

【答案】D

◆考法 2：行政许可的申请处理

【例题 2·2022 年二级真题·单选题】关于行政机关对申请人提出的行政许可申请的处理，正确的是（　　）。

　　A. 申请事项依法不属于本行政机关职权范围的，应当即时作出驳回申请的决定

　　B. 申请事项依法不需要取得行政许可的，应当即时告知申请人不受理

　　C. 申请材料存在可以更正的错误的，应当要求申请人当场更正

　　D. 申请材料不齐全的，应当当场或者在 7 日内一次告知申请人需要补正的全部内容

【答案】B

【解析】行政机关对申请人提出的行政许可申请，应当根据下列情况分别作出处理：（1）申请事项依法不需要取得行政许可的，应当即时告知申请人不受理；（2）申请事项依法不属于本行政机关职权范围的，应当即时作出"不予受理"的决定，并告知申请人向有关行政机关申请；（3）申请材料存在可以当场更正的错误的，应当"允许申请人当场更正"；（4）申请材料不齐全或者不符合法定形式的，应当当场或者在 5 日内一次告知申请人需要补正的全部内容，逾期不告知的，自收到申请材料之日起即为受理；（5）申请事项属于本行政机关职权范围，申请材料齐全、符合法定形式，或者申请人按照本行政机关的要求提交全部补正申请材料的，应当受理行政许可申请。行政机关受理或不予受理行政许可申请，应当出具加盖本行政机关专用印章和日期的书面凭证。

1.6.3　行政处罚

◆考法 1：行政处罚的设定

【行政处罚种类（由轻到重）】

（1）警告、通报批评；

（2）罚款、没收违法所得、没收非法财物；

（3）暂扣许可证件、降低资质等级、吊销许可证件；

（4）限制开展生产经营活动、责令停产停业、责令关闭、限制从业；

（5）行政拘留；

（6）其他。

【例题 1·多选题】根据《行政处罚法》，行政法规可以设定的行政处罚有（　　）。

　　A. 限制人身自由　　　　　　　　B. 吊销营业执照

　　C. 降低资质等级　　　　　　　　D. 罚款

　　E. 警告

【答案】B、C、D、E

【例题 2·2024 年一级真题·单选题】尚未制定法律、行政法规的，国务院部门规章对违反行政管理秩序的行为，可以设定的行政处罚是（　　）。

　　A. 行政拘留　　　　　　　　　　B. 责令停产停业

　　C. 警告　　　　　　　　　　　　D. 没收违法所得

【答案】C

◆ 考法 2：行政处罚的基本规定

表 1.6-6　行政处罚的基本规定

无害不罚	违法行为轻微并及时改正，没有造成危害后果的，不予行政处罚
首违不罚	初次违法且危害后果轻微并及时改正的，可以不予行政处罚
无错不罚	当事人有证据足以证明自己没有主观过错的，不予行政处罚
过时不罚	违法行为发生之日起 2 年内未被发现的，不予行政处罚。 违法行为有连续或继续状态的，从行为终了之日起计算。 涉及公民生命健康安全、金融安全且有危害后果的，上述期限延长至 5 年
一行为不两罚	对同一个违法行为，不得给予两次以上罚款的行政处罚。 同一个违法行为违反多个法律规范应当给予罚款处罚的，按照罚款数额高的规定处罚
幼、弱、病不罚	不满 14 周岁的未成年人、精神病人、智力残疾人在不能辨认或者不能控制自己行为时有违法行为的，不予行政处罚
从轻或减轻罚	（1）已满 14 周岁不满 18 周岁的未成年人有违法行为的； （2）主动消除或减轻违法行为危害后果的； （3）受他人胁迫或者诱骗有违法行为的； （4）主动供述行政机关尚未掌握的违法行为的； （5）配合行政机关查处违法行为有立功表现的

【例题 3·单选题】根据《行政处罚法》，以下适用行政处罚的说法，正确的是（　　）。

A. 同一违法行为已经被其他行政机关处罚过的，不得再给予处罚

B. 同一违法行为违反两个以上法律规范应当进行罚款处罚的，按照数额较低的规定进行处罚

C. 持续性的违法行为，自发生之日起超过 2 年没有被发现的，不得给予处罚

D. 违法行为轻微并及时改正，没有造成危害后果的，应当从轻或减轻行政处罚

【答案】A

【解析】选项 C 错误，持续性的违法行为，从行为终了之日起计算；选项 D 错误，没有造成危害后果的，不予处罚。

【例题 4·单选题】根据《行政处罚法》，下列属于不予行政处罚的情形有（　　）。

A. 不满 14 周岁的人有违法行为的

B. 违法行为涉及公民生命健康安全、金融安全在 2 年内未被发现的

C. 受他人胁迫而有违法行为的

D. 配合行政机关查处违法行为有立功表现的

【答案】A

◆ 考法 3：行政处罚程序

表 1.6-7　行政处罚程序

简易程序	对小额罚款（公民罚款≤200元，单位罚款≤3000元）或者警告的处罚，可以由执法人员当场出示执法证件、当场作出处罚决定、填写处罚决定书并当场交付当事人（3个当场，但不包括当场收缴罚款）
普通程序	包括立案、调查、行政机关应自立案之日起90日内作出行政处罚决定、送达等
听证程序	对于大额罚款（如：广东个人≥5000元，单位≥5万元）等较重的行政处罚，行政机关在作出行政处罚决定前，应当告知当事人有申请听证的权利。当事人要求听证的，应当组织听证。当事人不承担听证费用。听证结束后，行政机关应当根据听证笔录，依照规定作出决定

【例题5·2024年二级真题·单选题】下列行政处罚，适用简易程序的是（　　　）。

　　A. 降低资质等级

　　B. 对建设单位通报批评

　　C. 对施工企业罚款5000元

　　D. 对项目经理孙某警告

【答案】D

1.6.4　行政强制

【例题1·2022年二级真题·多选题】下列行为中，属于行政强制执行的包括（　　　）。

　　A. 冻结存款、汇款　　　　　　　　B. 扣押财物

　　C. 加处罚款或者滞纳金　　　　　　D. 排除妨碍、恢复原状

　　E. 限制公民人身自由

【答案】C、D

【例题2·2023年二级真题·单选题】关于行政强制的说法，正确的是（　　　）。

　　A. 行政法规不得设定行政强制措施

　　B. 地方性法规可以设定"冻结存款"的行政强制措施

　　C. "查封场所"属于行政强制措施

　　D. "加处罚款"属于行政强制措施

【答案】C

【例题3·2024年二级真题·单选题】根据《行政强制法》，关于行政强制，说法正确的是（　　　）。

　　A. 行政强制包括行政强制措施和行政强制执行

　　B. "限制人身自由"的行政强制措施可以长期实施

　　C. "代履行"属于一种行政强制措施

　　D. 行政机关作出强制执行决定前无需事先催告当事人履行义务

【答案】A

1.7 建设工程刑事法律制度

核心考点提纲

1.7.1 刑罚的特征和基本原则
1.7.2 犯罪概念和犯罪构成
1.7.3 刑罚种类和刑罚裁量
1.7.4 建设工程常见犯罪行为及罪名

1.7.1 刑罚的特征和基本原则

表 1.7-1 刑罚的基本原则

罪刑法定原则	法无明文规定不为罪，法无明文规定不处罚
平等适用原则	对任何人犯罪，在适用法律上一律平等
罪责刑相适应原则	刑罚的轻重，应当与犯罪分子所犯罪行和承担的刑事责任相适应

【例题1·多选题】"罪刑法定原则"的含义包括（　　　）。

A. 法无明文规定不为罪

B. 法无明文规定不处罚

C. 任何人犯罪，在适用法律上一律平等

D. 刑罚的轻重，应当与犯罪分子所犯罪行和承担的刑事责任相适应

E. 构成犯罪必定承担刑罚

【答案】A、B

表 1.7-2 建设工程领域中罪刑法定原则的理解和适用

罪	非罪
串通投标	在竞争性谈判、询价、拍卖中串通
未取得安全生产许可证，从事建筑施工等高度危险作业	转包、违法分包、挂靠借用资质
	未取得规划许可证、施工许可证开工
违反安全管理规定或降低质量标准，造成"1人死亡、3人重伤或100万元直接经济损失以上"的事故	违反安全管理规定或降低质量标准，未发生伤亡事故
在"法律规定的国家考试"例如建造师考试中组织舞弊	在"法律规定的国家考试"中抄袭、参加舞弊
代替他人或让他人代替自己参加"法律规定的国家考试"	在"法律规定的国家考试"以外的考试中，代替他人或让他人代替自己考试

【例题2·多选题】根据"罪刑法定原则"，以下行为情节严重的，可能构成犯罪（　　　）。

A. 串通投标

B. 在竞争性谈判、询价采购、拍卖活动中串通

C. 转包、违法分包、挂靠

D. 偷工减料造成直接经济损失 90 万元

E. 代替他人参加建造师资格考试

【答案】A、E

【例题 3·单选题】某施工项目招标时，甲投标单位注册建造师张某在《未担任正在施工项目经理的承诺函》上签字。经评标，甲单位中标，张某为本项目的项目经理。但后来发现，张某投标时，有一个施工项目尚未竣工。本案中，甲单位和张某的虚假承诺行为构成（　　）。

A. 串通投标罪　　　　　　　　　　B. 弄虚作假骗取中标罪

C. 提供虚假证明文件罪　　　　　　D. 刑法未规定为犯罪

【答案】D

【例题 4·2024 年二级真题·单选题】依据罪责刑相适应原则，刑罚的轻重，应当与犯罪分子（　　）和承担的刑事责任相适应。

A. 所犯罪行　　　　　　　　　　　B. 人身危险性

C. 社会危害性　　　　　　　　　　D. 犯罪态度

【答案】A

1.7.2　犯罪概念和犯罪构成

本节内容略。

1.7.3　刑罚种类和刑罚裁量

【刑罚种类】

表 1.7-3　刑罚种类

主刑（5 个）	管制；拘役；有期徒刑；无期徒刑；死刑
附加刑（4 个）	罚金；剥夺政治权利；没收财产；驱逐出境

【重点掌握区分以下 3 对概念】

表 1.7-4　行政处罚及刑罚的区分

行政处罚（违法）	刑罚（犯罪）
拘留	拘役
罚款	罚金
没收违法所得	没收（合法）财产

◆ 考法 1：刑罚的种类

【例题 1·2024 年二级真题·单选题】下列关于附加刑的说法，正确的是（　　）。

    A. "驱逐出境"也适用于中国人

    B. "管制"属于附加刑之一种

    C. "禁止从事相关职业"属于附加刑之一种

    D. 附加刑可以附加适用，也可以单独适用

【答案】D

【解析】"禁止从事相关职业"，不属于刑罚种类，而是属于"惩戒措施"。

◆ 考法 2：刑罚裁量

表 1.7-5　刑罚裁量

累犯	同时满足三个条件： （1）前后两罪须皆为故意犯罪； （2）须皆为有期徒刑以上； （3）须间隔不超过 5 年。 不包括过失犯罪和不满 18 岁的人犯罪
	累犯"应当从重"（不得缓刑、假释）
缓刑	缓刑仅适用于"轻刑犯"（3 年以下有期徒刑或者拘役）
	【可以缓】 （1）犯罪情节较轻； （2）有悔罪表现； （3）没有再犯罪危险； （4）对所居住社区没有重大不良影响
	【应当缓】在满足上述 4 个条件的基础上，对于不满 18 周岁的、怀孕的、年满 75 周岁的犯罪分子，应当宣告缓刑
数罪并罚	数罪并罚的，应当在总和刑期以下，数刑中最高刑期以上，酌定执行的刑期；附加刑属于同一种类的，合并执行。不同种类的，分别执行。如：张某因行贿罪，被判处有期徒刑 3 年，罚金 20 万元；犯串通投标罪，判处有期徒刑 2 年，罚金 30 万元。数罪并罚的情况下，应当执行刑期为 3 年以上 5 年以下，罚金 50 万元
减刑	【可以减】有悔改表现或立功表现
	【应当减】有重大立功表现

【例题 2·单选题】某建筑施工企业内训，学员就学习工程建设领域的犯罪与刑罚问题进行讨论，观点正确的是（　　）。

    A. 王某曾因重大责任事故罪被判有期徒刑 2 年，释放后次年又犯交通肇事罪，属于累犯，应当从重处罚

    B. 刘某（女）犯虚开增值税专用发票罪，数额较大，被判 5 年有期徒刑，有悔罪表现且正怀孕，可以宣告缓刑

    C. 周某因单位行贿罪，被判处有期徒刑 1 年，罚金 20 万元；犯串通投标罪，判处有期徒刑 2 年，罚金 30 万元。数罪并罚的情况下，应当执行刑期为 3 年，

罚金 30 万元

  D. 某工地发生安全事故造成多人伤亡，项目负责人赵某自动投案并如实供述自己罪行，可以从轻或者减轻处罚

【答案】 D

【解析】 选项 A 错误，"累犯"的前后两罪须皆为故意犯罪；须皆为有期徒刑以上；须间隔不超过 5 年。累犯"应当从重"（不得缓刑、假释）。选项 B 错误，缓刑仅适用于"轻刑犯"（3 年以下有期徒刑或者拘役）。注意：缓刑（暂缓执行）≠暂予监外执行。选项 C 错误，数罪并罚的，应当在总和刑期以下，数刑中最高刑期以上，予以酌定执行的刑期。附加刑，属于同一种类的，合并执行。不同种类的，分别执行。对周某应当执行 3～5 年有期徒刑；罚金按 50 万元执行。

【例题 3·单选题】 关于缓刑，说法正确的是（ ）。

  A. 缓刑适用于所有被判处拘役、有期徒刑的犯罪分子

  B. 对于不满 18 周岁的、怀孕的、年满 75 周岁的犯罪分子，应当宣告缓刑

  C. 被宣告缓刑的犯罪分子，被判处附加刑的，对附加刑一并暂缓执行

  D. 对于累犯和犯罪集团的首要分子，不适用缓刑

【答案】 D

【例题 4·2024 年二级真题·单选题】 下列情形中，应当对犯罪分子予以减刑的是（ ）。

  A. 犯罪情节较轻的   B. 遵守监规，确有悔改表现的

  C. 阻止他人重大犯罪活动的   D. 已满 75 周岁的

【答案】 C

【解析】 选项 B 为可以减刑，选项 A、D 与缓刑有关。

1.7.4 建设工程常见犯罪行为及罪名

【几种工程事故犯罪】

表 1.7-6 建设工程常见犯罪行为及罪名

罪名	罪状	犯罪主体	处刑
重大责任事故罪	在生产、作业中违反有关安全管理规定（违章操作或违章指挥）	自然人（负责人、管理人、作业人员）	3 年以下（基本犯）3～7 年（加重犯）
强令、组织他人违章冒险作业罪	（1）以威逼、胁迫、恐吓等手段，强制他人违章作业的；（2）利用组织、指挥、管理职权，强制他人违章作业的；（3）故意掩盖事故隐患，组织他人违章作业的	自然人（负责人、管理人）	5 年以下（基本犯）5 年以上（加重犯）
重大劳动安全事故罪	劳动安全设施、劳动条件不符合国家规定（单位安全保障体系失控）	单位（直接负责的主管人员＋其他直接责任人员承担刑罚）	3 年以下（基本犯）3～7 年（加重犯）

罪名	罪状	犯罪主体	处刑
工程重大安全事故罪	永久工程 （降低工程质量标准、偷工减料，单位质量保证体系失控）	建设、设计、施工、监理单位 （由直接责任人员承担刑罚）	5年以下（基本犯） 5~10年（加重犯） 并处罚金

事故犯罪均属于过失犯、结果犯。

【基本犯】

死亡1人，重伤3人或直接经济损失100万元以上，构成犯罪。

【结果加重犯】

死亡3人，重伤10人或直接经济损失在500万元以上，并且对事故发生负主要责任的，属于"后果特别严重""情节特别恶劣"。

【例题1·单选题】 关于工程重大安全事故罪的说法，正确的是（   ）。

A. 工程勘察单位可以成为本罪的犯罪主体

B. 造成重伤2人或直接经济损失50万元的，应当认定为"造成重大安全事故"

C. 该罪属于单位犯罪，但由直接责任人员承担刑事责任

D. 该罪惩罚的是安全生产设施或安全生产条件不符合国家标准，造成重大安全事故的行为

【答案】 C

【例题2·2024年二级真题·单选题】 明知存在重大事故隐患而不排除，仍冒险组织作业，因而发生重大伤亡事故，构成（   ）。

A. 重大责任事故罪   B. 工程重大安全事故罪

C. 重大劳动安全事故罪   D. 强令、组织他人违章冒险作业罪

【答案】 D

本章模拟强化练习

1. 一国的法律体系，依照其调整的社会关系不同，划分为不同的法律部门。以下属于民商法部门的是（　　）。

    A.《招标投标法》、《公司法》、《著作权法》

    B.《节约能源法》、《建筑法》、《政府采购法》

    C.《民事诉讼法》、《仲裁法》、《人民调解法》

    D.《劳动合同法》、《安全生产法》、《职业病防治法》

【答案】A

【解析】选项 B 属于经济法部门，选项 C 属于程序法部门，选项 D 属于社会法部门。

2. 下列规范性文件中，法律效力最高的是（　　）。

    A.《建设工程质量管理条例》

    B.《北京市建筑市场管理条例》

    C.《重庆市建设工程造价管理规定》

    D.《招标公告发布暂行办法》

【答案】A

【解析】选项 A 是行政法规，选项 B 是地方性法规，选项 C 是地方政府规章，选项 D 是部委规章。

3. 根据《立法法》，下列（　　）属于我国法的形式。

    A. 法律　　　　　　　　　　B. 习惯法

    C. 判例　　　　　　　　　　D. 单行条例

    E. 行政法规

【答案】A、D、E

4. 根据《立法法》，以下关于法的形式和效力层级，说法正确的是（　　）。

    A. 行政法规与地方性法规效力相同

    B. 行政法规的效力仅低于宪法

    C. 地方政府规章的效力低于部委规章

    D.《保障农民工工资支付条例》属于行政法规

【答案】D

5. 以下不动产物权中，可以不办理登记的是（　　）。

    A. 国有土地所有权　　　　　　B. 集体土地所有权

    C. 海域使用权　　　　　　　　D. 居住权

【答案】A

6. 甲开发商与乙于 2022 年 5 月 31 日签订商品房买卖合同，并向登记机构申请预告登记。在房屋建设过程中，甲因为资金紧张又将该套房屋出卖给不知情的丙。2023 年 8 月 5 日工程办理竣工备案。同年 12 月 10 日甲向丙交房，并办理了不动产登记手续。关于本案，说法正确的是（　　）。

A. 甲乙之间合同无效，甲丙之间合同有效

B. 两份合同均有效

C. 由于乙在能够进行不动产登记之日起 90 日内未申请登记，所以预告登记已失效

D. 丙取得房屋所有权

E. 甲对乙承担不超过已付购房款 1 倍的违约赔偿责任

【答案】B、C、D、E

【解析】选项 E 补充了解的内容，详见最高法《商品房司法解释》第八条。

7. 关于施工行为侵害他人物权的说法，正确的是（　　）。

A. 施工行为侵害他人物权的，当事人可以和解、调解、诉讼，但不可以约定仲裁

B. 施工行为产生噪声超标，或妨碍他人出行的，附近居民可以要求停止施工

C. 施工行为造成毗邻建筑物毁损，施工单位仅承担民事责任，不承担行政或刑事责任

D. 因施工需要不得已使用相邻场地通行、排水的，不构成侵权，权利人应当提供必要便利

【答案】D

【解析】

表 1　相邻关系 vs 地役权

地役权	为提高自己不动产效益（可以不）	约定	有偿
相邻关系	为生产、生活必需（不得不）	法定	无偿

8. 关于土地承包经营权的说法，正确的是（　　）。

A. 土地承包经营权自登记时设立

B. 耕地、草地、林地的承包期相同

C. 土地承包经营权可以依法转让、互换

D. 承包期满，土地承包经营权由集体收回

【答案】C

9. 下列关于居住权的说法，正确的是（　　）。

A. 居住权可以设立在各类型的房产上

B. 居住权一般有偿设立

C. 居住权人死亡的，居住权可以继承、转让

D. 居住权自登记时设立

【答案】D

10. 2014 年 11 月 21 日，甲公司与相邻土地的建设用地使用权人乙公司签订书面合同，合同约定：甲公司在乙公司的土地上修筑一条机动车道，以利于交通方便；使用期限为 30 年；甲公司每年向乙公司支付 8 万元费用。该合同所设立的权利没有办理登记手续。

以下说法正确的是（　　）。

    A. 甲公司未办理登记，地役权没有设立

    B. 甲公司未办理地役权登记，不得对抗善意第三人

    C. 地役权自地役权合同生效时设立

    D. 地役权自甲公司第一年向乙公司支付费用时设立

    E. 地役权自供役地交付时设立

【答案】B、C

11. 下列用益物权中，自合同生效时设立的有（　　）。

    A. 建设用地使用权　　　　　　　B. 居住权

    C. 宅基地使用权　　　　　　　　D. 地役权

    E. 土地承包经营权

【答案】D、E

【解析】选项 A、B 在登记时设立，选项 D、E 在合同生效时设立。《民法典》中未对 C 选项作规定。

12. 下列关于质权的说法中，正确的是（　　）。

    A. 质押分为动产质押、不动产质押和权利质押

    B. 设立动产质押，出质人可以不移交该动产

    C. 汇票、本票、支票出质的，应当办理登记

    D. 应收账款出质的，应当办理登记

【答案】D

13. 关于施工现场的占有，说法正确的是（　　）。

    A. 施工单位对施工现场的占有属于用益物权之一种

    B. 施工现场因毁损、灭失取得的保险赔偿，或者被政府征收征用取得的补偿金，归施工单位所有

    C. 施工现场被他人侵占的，施工单位可随时要求侵占人返还

    D. 施工现场被他人侵占的，建设单位可随时要求侵占人返还

【答案】D

14. 建筑施工企业，增值税一般纳税人的税率和小规模纳税人的征收率分别为（　　）。

    A. 13%，6%　　　　　　　　　　B. 9%，6%

    C. 6%，3%　　　　　　　　　　　D. 9%，3%

【答案】D

15. 关于个人所得税的说法，正确的是（　　）。

    A. 居民个人从中国境外取得的所得，不必缴纳个人所得税

    B. 因自然灾害遭受重大损失的，免征个人所得税

    C. 个人红利所得和财产租赁所得，适用 20% 的比例税率

    D. 个人六项专项扣除中，应当包括房贷

【答案】C

【解析】六项专项扣除：子女教育、继续教育、大病医疗、住房贷款利息（注意是利息，不是本金）、住房租金、赡养老人，所以选项 D 错误。

16. 某施工企业位于市区，其承建的一项水利工程，项目地址在山区。该项目完成后，施工企业实际缴纳的增值税为 100 万元，则同时缴纳的城市维护建设税和教育费附加应当为（   ）。

    A. 4 万元   B. 5 万元

    C. 7 万元   D. 10 万元

【答案】D

【解析】城建税＝增值税 ×7%；教育费附加＝增值税 ×3%

17. 关于契税的说法，正确的是（   ）。

    A. 以作价投资入股、偿还债务或奖励等方式转移土地、房屋权属的，免征契税

    B. 父母赠与子女房产，免征契税

    C. 甲乙房屋互换，甲的房产价值 70 万元，乙的房产价值 90 万元，契税应当由甲缴纳，按照补差 20 万元计征

    D. 契税的法定税率为 3%～5%。某省会城市为保障居民住房需求，拟规定首套房面积不超过 90 平方米的，税率按照 1% 执行，由省政府决定

【答案】C

18. 行政法中，"诚实信用"原则的含义是（   ）。

    A. 行政主体的职权必须由法律予以规定

    B. 行政主体作出涉及公众利益的行政决定，应当广泛征求公众意见

    C. 实施行政行为应当兼顾行政目标的实现和适当性手段的选择

    D. 行政机关不得钓鱼执法，行政法律规范应当具有稳定性、法不溯及既往

【答案】D

【解析】选项 A 为依法行政原则，选项 B 为程序正当原则，选项 C 为比例原则，选项 D 为诚实信用原则。

19. 以下构成工程重大安全事故罪的是（   ）。

    A. 关闭、破坏直接关系生产安全的监控、报警、防护、救生设备、设施，或者篡改、隐瞒、销毁其相关数据、信息，具有发生重大安全事故的现实危险的

    B. 明知存在重大事故隐患而不排除，仍冒险组织作业，因而发生重大伤亡事故的

    C. 安全生产设施或安全生产条件不符合国家标准，造成重大安全事故的

    D. 建设单位、设计单位、施工单位、监理单位降低工程质量标准，因而发生重大安全事故的

【答案】D

【解析】选项 A 属于危险作业罪；选项 B 属于强令、组织他人违章冒险作业罪；选项 C 属于重大劳动安全事故罪；选项 D 属于工程重大安全事故罪。

20. 某建筑工地脚手架存在严重安全隐患，监理工程师及时向现场负责人王某提出停止施工要求，但王某没有及时采取措施，导致施工中脚手架局部倒塌，造成2名工人重伤，直接经济损失30万元的安全事故。此事件中，王某的行为（   ）。

  A. 构成重大责任事故罪

  B. 构成重大劳动安全事故罪

  C. 构成工程重大安全事故罪

  D. 不构成刑事犯罪，不追究刑事责任

【答案】D

【解析】刑事犯罪标准：死亡1人、重伤3人或直接经济损失100万元以上。

第 2 章　建筑市场主体制度

本章考情分析

表 2-1　本章近 1 年真题题型分析（分）

第 2 章	核心考点	2024 年	
		单选	多选
2.1	法人	—	—
	非法人组织	—	—
	建设工程委托代理	1	—
2.2	建筑业企业资质条件和等级	—	—
	建筑业企业资质的申请、许可、延续和变更	—	2
	企业资质违法行为的法律责任	1	—
2.3	考试违纪违规行为处理规定	—	—
	建造师注册和受聘	1	—
	建造师执业范围	—	2
	建造师基本权利和义务	1	—
2.4	建筑市场各方主体信用信息分类	—	—
	建筑市场各方主体信用信息公开和应用	1	—
	建筑市场各方主体不良行为记录认定标准	—	2
2.5	营商环境优化	—	—
	中小企业款项支付保障	1	—
合计		6	6
		12	

本章核心考点分析

2.1　建筑市场主体的一般规定

核心考点提纲

　2.1.1　自然人、法人和非法人组织

　2.1.2　建设工程委托代理

2.1.1　自然人、法人和非法人组织

建筑市场主体一般指：

（1）建设单位、施工单位、勘察单位、设计单位、监理单位；

（2）招标代理、造价咨询、施工图审查、工程检测等中介机构；

（3）参建单位与中介机构中的相关注册执业人员等。

但不包括监管主体。

表 2.1-1　法人的定义、条件、分类

法人的定义	法人是具有民事权利能力和民事行为能力，依法独立享有民事权利和承担民事义务的组织（单位）
法人的条件	（1）法人应当依法成立：法人不能自动产生，须经法定程序成立（公司企业，经登记成立；机关事业单位，经批准成立），法人应当有自己的名称、组织机构、住所、财产或者经费。法人以其主要办事机构所在地为住所。有财产或经费是法人进行民事活动的物质基础。 （2）法人以其全部财产独立承担民事责任（注意：这是"无限责任"的特征）。 （3）法人必须有法定代表人
法人的分类	营利法人（公司）、非营利法人（事业单位、社会团体、基金会、社会服务机构）、特别法人（机关、农村集体经济组织、城镇农村的合作经济组织、基层群众自治组织）
法定代表人	法定代表人的职务行为、以法人名义从事的民事活动，一律由法人承担民事责任。法人章程对法定代表人代表权有限制的，不得对抗善意相对人。 法定代表人执行职务有过错造成他人损害的，法人对外承担责任后，对内可依法向其追偿
项目经理部	（1）项目经理部是施工企业法人非常设、一次性的生产组织。 （2）施工企业应当确定项目经理部的职责、任务、组织形式。 （3）大中型施工项目，应在施工现场设项目经理部；小型项目，可设可不设。 （4）由于项目经理部不具有独立法人资格，无法独立承担民事责任，因此，其行为的法律后果由企业法人承担
项目经理	（1）每个施工项目上都必须有一个经施工企业法人授权的项目经理； （2）项目经理是施工企业内部的管理岗位，全面领导项目部的工作

◆**考法 1：法人的概念具备的条件**

【例题 1·单选题】施工企业是法人，关于该施工企业应当具备条件的说法，正确的是（　　）。

　　A. 该施工企业能够自然产生

　　B. 该施工企业能够独立承担民事责任

　　C. 该施工企业的法定代表人是法人

　　D. 该施工企业不必有自己的住所、财产

【答案】B

◆**考法 2：法定代表人**

【例题 2·单选题】关于法定代表人，正确的是（　　）。

　　A. 法定代表人应当对企业法人的债务承担连带责任

B. 法定代表人超越公司章程限制，对外签订的合同，公司可以拒绝履行

C. 法定代表人不当执行职务造成他人损害的，法人承担民事责任后，可以向其进行追偿

D. 法定代表人的任何民事行为，都由法人承担民事责任

【答案】C

◆考法 3：企业法人与项目经理部的法律关系

【例题 3·多选题】以下有关法人制度的案例中，说法正确的有（　　）。

A. 某新设立的建筑公司，2024 年 4 月 12 日工商行政管理部门签发营业执照，4 月 15 日领取营业执照。11 月 3 日建设行政主管部门核准资质证书，11 月 25 日核发安全生产许可证。则该建筑公司取得法人资格的时间和能够承揽工程从事建筑活动的时间分别为 4 月 12 日和 11 月 25 日

B. 甲施工企业与乙公司共同出资设立了丙公司，丙公司欠付丁公司一笔到期货款且无力偿还，丁可以要求甲或乙承担还款责任

C. 某公司章程规定，公司签订单项合同额超过 1 亿元，应当经股东会批准同意。该公司法定代表人刘某，违反公司章程规定擅自签订一份合同额为 1.3 亿元的工程发包合同，该合同为无效

D. 甲公司向乙公司借款 300 万元，由赵某（丙公司法定代表人）提供还款保证。经查，该保证合同中只有赵某个人签名，并无"丙公司"字样，也未经丙公司盖章。则该行为属于赵某个人行为，与丙公司无关

E. 某材料采购合同上盖章为"××建筑公司××项目部（项目专用章）"，由项目经理王某签名。材料供应商被拖欠材料款 60 万元，可以以项目部和王某为被告提起诉讼

【答案】A、D

【解析】选项 B 错误，法人以其全部财产对外承担民事责任，所以丁公司只可以要求丙公司承担还款责任，不能找股东甲施工企业或乙公司；选项 C 错误，公司章程规定的效力只能对内部有效，不得对抗善意的第三人，因此法定代表人擅自签订 1.3 亿元的工程发包合同为有效合同。

◆考法 4：法人和非法人组织的区别

表 2.1-2　法人 vs 非法人组织

法人	营利法人（各类公司）
	非营利法人（事业单位、社会团体、基金会、社会服务机构）
	特别法人（机关法人、基层群众性自治组织法人、农村集体经济组织法人、城镇农村的合作经济组织法人）
责任承担	法人是独立承担民事责任的组织、单位
非法人组织	个人独资企业
	合伙企业

非法人组织	不具有法人资格的专业服务机构，如：律师事务所、会计师事务所、测量师事务所等专业机构
责任承担	非法人组织不具有法人资格，不能独立承担民事责任； 非法人组织的财产不足以清偿债务的，其出资人、设立人承担无限责任

【例题 4·单选题】关于建筑市场主体，说法正确的是（　　　）。

　　A. 建筑市场主体包括自然人、法人和非法人组织

　　B. 机关、事业单位、社会团体均属于特别法人

　　C. 合伙企业具有法人地位，能够独立承担民事责任

　　D. 个人独资企业的财产不足以清偿债务时，其设立人以出资额为限承担有限责任

【答案】A

【例题 5·单选题】某施工项目部与材料供应商签订供货合同，该供货商为个人独资企业，设立人为李某。关于该合同的签订和履行，说法正确的是（　　　）。

　　A. 由于合同双方均不具备独立法人资格，所以该供货合同无效

　　B. 项目部拖欠材料款的，材料供应商可以以项目部为被告起诉

　　C. 供应商提供材料不合格造成返工的，项目部只能要求该个人独资企业赔偿损失

　　D. 个人独资企业财产不足以赔偿施工企业损失的，施工企业可以要求李某承担无限责任

【答案】D

2.1.2　建设工程委托代理

◆考法 1：代理的法律特征

【定义】

代理人在代理权限内，以被代理人名义实施民事法律行为。被代理人对代理行为，承担民事责任。

【法律特征】

（1）代理人一般是以被代理人名义而不是自己名义实施代理行为；

（2）代理行为的后果由被代理人承担，代理人不承担；

（3）代理人在授权范围内处理委托事务，有独立进行意思表示的权利；

（4）代理行为必须是民事法律行为，不包括事实行为。

【例题 1·2023、2024 年一级真题·单选题】关于代理法律特征的说法，正确的是（　　　）。

　　A. 代为传达当事人的意思表示或者接受意思表示可以构成代理

　　B. 代理行为必须是具有法律意义的行为

　　C. 代理人实施代理活动的直接依据是法律规定

　　D. 被代理人与代理人对代理行为承担连带责任

【答案】B

◆考法 2：建设工程代理

表 2.1-3　建设工程代理的基本知识

建设工程代理	（1）工程招标、采购、诉讼等活动均可以委托代理（一般规则），但法律要求本人亲自进行的民事活动，不得委托代理（例外规则）。 （2）被代理人自行选任代理人，代理人的资质、资格条件，一般无特别要求（一般规则），但法律有明确规定的，必须满足（例外规则）
委托代理的设立	（1）可以书面委托，也可以口头委托。法律规定书面的，应当书面。 （2）书面委托书应当载明代理人姓名／名称、代理事项、权限和期限。委托书授权不明的，被代理人应当向第三人承担民事责任，代理人负连带责任。 （3）代理人为数人的，应当共同行使代理权（一般规则），但另有约定的除外（例外规则）
委托代理的终止	（1）代理期限届满或者代理事务完成。 （2）被代理人取消委托或者代理人辞去委托。 （3）代理人丧失民事行为能力（注意：不包括被代理人丧失）。 （4）代理人或被代理人，任何一方死亡或终止

【例题 2·单选题】关于建设工程代理，说法正确的是（　　　　）。

A. 建设工程代理主要是法定代理

B. 建设工程招标必须委托代理

C. 建设工程诉讼只能委托律师代理

D. 建设工程中应由本人实施的民事法律行为，不得代理

【答案】D

◆考法 3：委托代理的终止

【例题 3·2024 年二级真题·单选题】根据《民法典》，下列情形中，建设工程委托代理终止的是（　　　　）。

A. 被代理人丧失民事行为能力　　B. 代理人怠于履行受托事务

C. 代理人作为法人停业整顿的　　D. 代理期限届满

【答案】D

◆考法 4：特殊代理形式（转代理、无权代理、表见代理）

表 2.1-4　转代理 vs 无权代理 vs 表见代理

转代理	代理人（乙）需要转委托第三人（丙）代理的，应当取得被代理人（甲）的同意或者追认。 【经甲同意或追认的转委托】被代理人（甲）可以就代理事务直接指示转委托的第三人（丙），代理人（乙）仅就第三人（丙）的选任以及自己对第三人（丙）的指示承担责任。 【未经甲同意或追认的转委托】代理人（乙）应当对转委托的第三人（丙）的行为承担责任（一般规则）。但情况紧急，为保护被代理人（甲）利益而转委托的，由被代理人（甲）承担责任（例外规则）
无权代理	包括 3 种方式：自始未经授权、超越代理权或代理权终止后继续代理。 未经被代理人（甲）追认，对（甲）不发生效力。相对人（丙）可以催告被代理人（甲）自收到通知之日起 30 日内予以追认。被代理人（甲）未作表示的，视为拒绝追认。 无权代理不是无效，而是效力待定

表见代理	行为人（乙）虽然为无权代理，但相对人（丙）有理由相信其有代理权的，构成"表见代理"，该行为有效，由被代理人（甲）承担责任。被代理人（甲）向相对人（丙）承担责任后，其因此遭受的损失可以向无权的行为人（乙）追偿。 要点：（1）无权；（2）有效

【例题 4 · 单选题】某单位甲委托乙代为采购 10t 早强水泥，乙持授权委托书向供应商丙采购，但供应商恰好缺货，在向乙说明情况后，乙同意购买普通水泥代替。则针对本案事实，说法错误的是（　　）。

　　A. 乙的行为属于表见代理　　　　B. 甲有权拒绝接受这批普通水泥

　　C. 如甲拒绝，应由乙承担付款义务　　D. 如甲同意，应由甲承担付款义务

【答案】A

【解析】本题考核无权代理和表见代理概念的区分，本案中由于丙明知乙超越代理权，因此不构成表见代理。在无权代理的情况下，被代理人拥有选择权：（1）被代理人追认，被代理人承担；（2）被代理人拒绝，行为人自行承担。

【例题 5 · 单选题】甲单位与本单位采购员乙因矛盾解除代理关系，但有两份盖有甲公章的空白授权书未收回。乙为泄愤，持授权书向供应商丙、丁高价采购材料。丙、丁均及时发货至施工现场。经查，签合同时丙不知乙离职，而丁明知乙离职。关于本案，说法正确的是（　　）。

　　A. 甲有权拒绝向丙、丁承担责任

　　B. 由于甲单位存在过失，两份合同均属于表见代理

　　C. 由于乙行为违法，两份合同均属于无效合同

　　D. 甲对丙应承担付款义务

【答案】D

【解析】丙不知乙离职，构成表见代理，甲应对丙承担付款义务。但丁明知乙离职，还与乙实施民事行为给甲造成损害，则由丁与乙负连带责任。

◆**考法 5：代理过错责任承担**

合法有效的代理，被代理人承担全部责任，代理人不承担。但代理人存在过失时：

（1）代理人不履行职责而给被代理人造成损害的，应当承担民事责任。代理人和相对人恶意串通，损害被代理人的利益的，由代理人和相对人负连带责任。

（2）相对人知道行为人没有代理权、超越代理权或者代理权已终止还与行为人实施民事行为给他人造成损害的，由相对人和行为人负连带责任。

（3）代理人知道被委托代理的事项违法仍然进行代理活动的，或者被代理人知道代理人的代理行为违法不表示反对的，由被代理人和代理人负连带责任。

简记为：一个人有错，一个人承担责任；两个人有错，两个人负连带责任。

【例题 6 · 单选题】关于承担代理责任的做法，正确的是（　　）。

　　A. 代理行为的法律后果由被代理人和代理人共同承担

　　B. 被代理人应当知道代理人的代理行为违法未作反对表示的，由被代理人承担

责任

C. 代理人不完全履行职责，造成被代理人违约的，应当承担民事责任

D. 代理人和相对人恶意串通，损害被代理人合法权益的，代理人和相对人应当承担按份责任

【答案】C

2.2 建筑业企业资质制度

核心考点提纲

$$\left\{\begin{array}{l}\text{2.2.1 建筑业企业资质条件和等级}\\\text{2.2.2 建筑业企业资质的申请、许可、延续和变更}\\\text{2.2.3 违法行为的法律责任}\end{array}\right.$$

2.2.1 建筑业企业资质条件和等级

◆考法1：企业资质的条件

【资质条件】

施工企业应按照其拥有的资产（企业的"净资产"是资产－负债，是属于企业所有并可自由支配的资产，即所有者权益）、专业技术人员（除各类最低资质等级外，取消关于注册建造师、中级职称、持证现场管理人员和技术工人的指标考核）、技术装备（可以采用租赁或融资租赁方式取得）和已完成工程业绩（对申请建筑工程、市政公用工程总承包特级、一级资质的企业，未进入全国建筑市场平台发布的业绩，不作为有效业绩认定）等条件申请资质。

【例题1·2023年一级真题·多选题】关于建筑业企业资质标准中净资产的说法，正确的有（　　）。

A. 企业净资产是指企业的资产总额减去负债以后的净额

B. 净资产是属于企业所有并由股东自由支配的资产

C. 净资产即所有者权益

D. 净资产应当大于注册资本

E. 企业申请资质时，净资产以前一年度或者当期合法的财务报表中净资产指标为准

【答案】A、C、E

【解析】选项B错误，净资产是属于企业所有并可以自由支配的资产，即所有者权益；选项D错误，（超纲），净资产＝注册资本＋资本公积＋盈余公积＋未分配利润，净资产可能大于注册资本（企业盈利），也可能小于注册资本（企业严重亏损）。

◆ 考法 2：企业资质的类别和等级

表 2.2-1　企业资质的类别和等级的划分

改革前		改革后	
—	—	综合资质	原 10 个行业施工总承包特级合并而来（打破行业壁垒、实现资质互认）
施工总承包资质	12 类 特、一、二、三级	施工总承包资质	13 类 设甲级、乙级
专业承包资质	36 类 一、二、三级	专业承包资质	18 类 设甲级、乙级
劳务作业资质	13 个类别、甲乙丙级 （审批制）	专业作业资质	不分类别与等级 （备案制）

【例题 2·2024 年二级真题·单选题】根据《建设工程企业资质管理制度改革方案》，关于施工企业资质类别和等级的说法，正确的是（　　）。

A. 施工总承包甲级资质可以承担各行业、各等级施工总承包业务

B. 专业承包资质和专业作业资质不分等级

C. 专业作业资质由审批制改为备案制

D. 施工总承包乙级资质承包业务规模不受限制

【答案】C

【解析】选项 A 错误，施工综合资质，可承担各行业、各等级施工总承包业务；选项 B 错误，施工总承包、专业承包资质等级压减为甲、乙两级（部分专业承包资质不分等级）；选项 D 错误，施工总承包甲级资质在本行业内承揽业务规模不受限制。

【例题 3·2024 年二级真题·单选题】根据《住房和城乡建设部办公厅关于做好建筑业"证照分离"改革衔接有关工作的通知》（建办市〔2021〕30 号）规定，建筑劳务企业完成（　　）后，即承接施工劳务作业。

A. 工商登记　　　　　　　　　　B. 备案手续并取得资质证书

C. 审核手续并取得资质证书　　　D. 核准手续并取得资质证书

【答案】B

2.2.2　建筑业企业资质的申请、许可、延续和变更

◆ 考法 1：企业资质的申请、变更、延续

表 2.2-2　资质许可与资质管理

申请	企业可以申请一项或多项资质。首次申请的，按照最低等级申请
条件	（1）净资产；（2）专业技术人员；（3）技术装备；（4）已完成工程业绩
不予批准	企业提出资质升级、增项的申请，经四库一平台查询其最近 1 年有严重违法失信记录的，不予批准

换证	（1）资质证书有效期5年。企业应当在到期前3个月，向原发证机关提出延续申请。资质机关逾期未决定的，视为同意续期（简单换证）。 （2）企业名称、地址、注册资本、法定代表人等发生变更的，应当办理资质证书变更手续（简单换证）。 （3）企业发生合并、分立、重组、改制，需承继原企业资质的，应当申请重新核定资质等级（核定换证）
补证	资质纸质证书遗失的，由申请人告知资质许可机关，资质许可机关在官网发布信息，2个工作日内补办。 各有关部门和单位在企业跨地区承揽业务活动中，不得要求企业提供资质证书原件。企业资质情况可以通过扫描资质证书复印件的二维码查询

【例题1·2022、2023年二级真题·多选题】根据《建筑业企业资质管理规定》，关于企业资质变更的说法，正确的是（　　）。

A. 企业合并的，可以直接承继合并各方中最高的资质等级

B. 企业分立的，应当申请重新核定资质等级

C. 企业注册资本发生变更的，应当办理资质变更手续

D. 企业资质证书的变更，应当由国务院建设主管部门负责办理

E. 企业资质证书的变更，应当报国务院住房城乡建设主管部门备案

【答案】B、C

【解析】选项D、E错误，由住建部颁发的建筑业企业资质证书的变更，企业应当向企业工商注册所在地省级住建部门提出变更申请，省级住建部门应当自受理申请之日起2日内将有关变更证明材料报住建部，住建部在2日内办理变更手续。上述规定以外的资质证书的变更，由企业工商注册所在地的省级住建部门或设区的市建管部门依法另行规定。变更结果应当在资质证书变更后15日内，报国务院住房城乡建设主管部门备案。

◆**考法2：不予批准企业资质升级申请和增项申请的规定**

【最近1年有严重违法失信记录的，不批准其资质升级和增项申请】

（1）超越本企业资质等级，允许其他企业或个人以本企业名义承揽工程的；

（2）相互串通投标，或以行贿谋取中标的；

（3）未取得施工许可证擅自施工的；

（4）将承包工程转包或违法分包的；

（5）违反国家工程建设强制性标准的；

（6）发生过较大质量安全事故或者发生过两起以上一般质量安全事故的；

（7）恶意拖欠分包企业工程款或者农民工工资的；

（8）隐瞒或谎报、拖延报告工程质量安全事故；

（9）需要持证上岗的技术工种的作业人员未取得证书上岗，情节严重的；

（10）未依法履行或拖延履行保修义务，造成严重后果的；

（11）涂改、倒卖、出租、出借或者以其他形式非法转让建筑业企业资质证书；

（12）其他。

【例题 2·2024 年一级真题·多选题】根据《建筑业企业资质管理规定》，企业申请建筑业企业资质升级，资质许可机关不予批准其建筑业企业资质升级申请的情形有（　　）。

A. 未依法纳税
B. 未按照规定缴纳社会保障资金
C. 超越本企业资质等级承揽工程
D. 不及时履行工程质量保修义务
E. 未取得施工许可证擅自施工

【答案】C、E

◆考法 3：企业资质证书的撤回、撤销和注销

表 2.2-3　资质证书的撤回 vs 撤销 vs 注销

撤回	合法取得资质后，企业因净资产或人员变动等原因，不能保持相应资质条件。由主管机关责令限期资质整改，3 个月后仍未能满足资质要求条件的，可以撤回其资质。资质被撤回后，企业可以在 3 个月内，申请核定低于原等级的资质等级
撤销	原本不具备相应资质条件而"非法取得"或"非法发放"
吊销	合法取得后，因严重违法行为而受到吊销的行政处罚
注销（作废）	被撤销、吊销、关闭后，或有效期届满后不续期
不批准升级、增项	申请前 1 年有严重违法失信记录

【例题 3·单选题】施工企业的资质被撤销的情形包括（　　）。

A. 1 年内发生 2 起一般质量安全事故的
B. 资质有效期满未申请延续的
C. 动态核查中发现注册建造师数量不满足资质要求的
D. 发证机关违反法定程序发放资质证书的

【答案】D

【解析】选项 A 属于 1 年内不批准资质升级、增项，选项 B 是注销，选项 C 是限期资质整改或撤回，选项 D 属于非法取得是撤销。

【例题 4·2022 年二级真题·单选题】根据《建筑业企业资质管理规定》，关于建筑业企业资质证书撤回的说法，正确的是（　　）。

A. 取得资质的建筑业企业，不再符合资质标准要求的相应资质条件，可以直接撤回其资质证书
B. 资质许可机关作出撤回决定前，应当责令企业限期整改，整改期间不得申请资质升级、增项，不可以承揽新的工程
C. 被撤回资质证书的建筑业企业可以在资质被撤回后 6 个月内，向资质许可机关提出恢复资质的申请
D. 资质证书有效期届满，未依法申请延续的，资质许可机关应当撤回其资质证书

【答案】B

2.2.3 违法行为的法律责任

【资质违法行为及行政处罚】

表 2.2-4　资质违法行为及行政处罚

超越资质	责令改正，没收违法所得；处以罚款；可以责令停业整顿、降低资质等级。情节严重的，吊销资质证书
出借和挂靠资质	责令改正，没收违法所得；处以罚款；可以责令停业整顿、降低资质等级。情节严重的，吊销资质证书。对工程质量不合格造成的损失，出借方和借用方承担连带责任
转包、违法分包	责令改正，没收违法所得；处以罚款；可以责令停业整顿、降低资质等级。情节严重的，吊销资质证书。对工程质量不合格造成的损失，建筑企业和接受转包、违法分包人承担连带责任

2.3　建造师注册执业制度

核心考点提纲

　2.3.1　建造师考试
　2.3.2　建造师注册和受聘
　2.3.3　建造师执业范围
　2.3.4　建造师基本权利和义务

2.3.1 建造师考试

【考试违纪违规行为】

表 2.3-1　考试违纪违规行为

当次该科目考试成绩无效	当次全部科目考试成绩无效
（1）携带通讯工具、规定以外的电子用品或者与考试内容相关的资料进入座位，经提醒仍不改正的； （2）经提醒仍不按规定书写、填涂本人身份和考试信息的； （3）在试卷、答题纸、答题卡规定以外位置标注本人信息或者其他特殊标记的； （4）未在规定座位参加考试，或者未经考试工作人员允许擅自离开座位或者考场，经提醒仍不改正的； （5）未用规定的纸、笔作答，或者试卷前后作答笔迹不一致的； （6）在考试开始信号发出前答题，或者在考试结束信号发出后继续答题的； （7）将试卷、答题卡、答题纸带出考场的； （8）故意损坏试卷、答题纸、答题卡、电子化系统设施的； （9）未按规定使用考试系统，经提醒仍不改正的； （10）其他	（1）抄袭、协助他人抄袭试题答案或者与考试内容相关资料的； （2）互相传递试卷、答题纸、答题卡、草稿纸等的； （3）持伪造证件参加考试的； （4）本人离开考场后，在考试结束前，传播考试试题及答案的； （5）使用禁止带入考场的通讯工具、规定以外的电子用品的； （6）其他。 以上6条严重违纪违规行为记入专业技术人员资格考试诚信档案库，记录期限为5年
	（1）串通作弊或者参与有组织作弊的； （2）代替他人或者让他人代替自己参加考试的； （3）其他。 以上3条特别严重违纪违规行为记入专业技术人员资格考试诚信档案库，长期记录

【例题 1・2024 年二级真题・多选题】根据《专业技术人员资格考试违纪违规行为处理规定》，应试人员在考试过程中的下列行为，仅给予其当次该科目考试成绩无效处理的有（　　）。

　　A. 携带通讯工具进入座位的

　　B. 在试卷规定以外位置标注本人信息的

　　C. 互相传递试卷的

　　D. 将答题纸带出考场的

　　E. 在考试开始信号发出前答题的

【答案】A、B、D、E

【解析】简记为：一般违纪，单科无效；确定作弊，全科无效。

2.3.2　建造师注册和受聘

表 2.3-2　建造师注册

概念	《资格证书》是通过考试后就有。而《注册证书》属于执业凭证，具备执业条件时申请
初始注册	可自《资格证书》签发之日起 3 年内，通过聘用单位向省级建设行政主管部门提出申请（一般规则）。超过 3 年申请的，应当提交参加继续教育合格的证明（例外规则）。 建造师可以申请在施工、勘察、设计、监理、招标代理、造价咨询 6 类单位注册和执业。担任施工单位项目负责人的，应当受聘并注册于一个具有施工资质的企业
延续注册	注册有效期 3 年，期满需要继续执业的，应当在到期前 30 日申请延续注册
变更注册	变更执业单位的，应当办理变更注册。变更注册后仍延续原有效期。 因申报不及时导致项目损失的，由建造师所在聘用企业承担责任
不予批准注册	（1）不具有完全民事行为能力的； （2）申请在两个或者两个以上单位注册的； （3）未达到继续教育要求的； （4）受到刑事处罚尚未执行完毕的； （5）因执业活动受到刑事处罚，自刑事处罚执行完毕之日起至申请注册之日止不满 5 年的； （6）因前项规定以外的原因受到刑事处罚，自处罚决定之日起至申请注册之日止不满 3 年的； （7）被吊销注册证书，自处罚决定之日起至申请注册之日止不满 2 年的； （8）在申请注册之日前 3 年内担任项目经理期间，所负责项目发生过重大质量和安全事故的； （9）聘用单位不符合注册单位要求的； （10）年龄超过 65 周岁的

◆ 考法 1：初始注册

【例题 1・2024 年二级真题・单选题】根据《专业技术人员资格考试违纪违规行为处理规定》，关于申请建造师初始注册的说法，正确的是（　　）。

　　A. 应当通过聘用单位提出申请

　　B. 初始注册的条件与建造师资格考试的条件相同

　　C. 取得证书的人员可以受聘于 2 个相关单位

　　D. 建造师初始注册通过备案完成

【答案】A

◆**考法 2：变更注册**

【例题 2·单选题】关于建造师变更注册的说法，正确的是（　　）。

    A. 变更注册后，注册有效期重新计算

    B. 因变更注册申报不及时导致工程项目出现损失的，由注册建造师承担责任

    C. 变更注册只能由原聘用企业申请

    D. 申请变更注册应当提交工作调动证明

【答案】D

【解析】选项 A 错误，变更注册后仍延续原注册有效期。建造师注册申请，均通过聘用单位向省级住房和城乡建设部门提出，因此选项 B、C 错误，不是由注册建造师承担责任，是属于聘用单位责任，并且是新聘用企业签订聘用合同后的 1 个月内，通过新聘用企业申请办理变更手续。

◆**考法 3：不予注册**

【例题 3·单选题】关于一级建造师不予注册的说法，正确的是（　　）。

    A. 年龄超过 60 周岁的

    B. 申请在两个或者两个以上单位注册的

    C. 因执业活动之外的原因受到刑事处罚，自刑事处罚执行完毕之日起至申请注册之日不满 5 年的

    D. 被吊销注册证书，自处罚决定之日起至申请注册之日止不满 3 年的

【答案】B

◆**考法 4：注册证书、执业印章失效及注销**

【例题 4·2024 年二级真题·单选题】关于注册建造师注册证书失效及注销的说法，正确的是（　　）。

    A. 注册建造师聘用单位破产的，其注册证书应依法被吊销

    B. 注册建造师年龄超过 60 周岁的，其注册证书应依法被注销

    C. 注册建造师受到刑事处罚的，其注册证书和执业印章由注册机关收回并办理注销手续

    D. 注册建造师注册有效期满未延续注册的，其注册证书应依法被吊销

【答案】C

表 2.3-3　注册证书和执业印章失效及注销

注册证书和执业印章失效	注册证书和执业印章注销（公告证章作废）
（1）聘用单位破产的； （2）聘用单位被吊销营业执照的； （3）聘用单位被吊销或者撤回资质证书的； （4）已与聘用单位解除聘用合同关系的； （5）注册有效期满且未延续注册的； （6）年龄超过 65 周岁的； （7）死亡或不具有完全民事行为能力的	（1）左边 1～7 注册证书和执业印章失效情形； （8）依法被撤销注册的； （9）依法被吊销注册证书的； （10）受到刑事处罚的

2.3.3 建造师执业范围

表 2.3-4　建造师执业范围

一般规则	注册建造师不得同时担任两个及以上建设工程施工项目负责人
例外规则	下列情形除外： （1）同一工程"相邻"分段发包或"分期"施工的； （2）合同约定的工程"验收合格"的； （3）因"非承包方原因"致使工程项目停工"超过 120 天（含）"，经"建设单位同意"的
一般规则	注册建造师在担任项目负责人期间不得更换
例外规则	下列情形除外： （1）承包合同已经依法解除； （2）发包方同意更换； （3）不可抗力等必须更换的（指建造师因故不能执业）

◆考法 1：不得同时担任两个及以上项目负责人，但三种情况例外

【例题 1·多选题】注册建造师不得同时担任两个及以上建设工程施工的项目经理，但下列选项中的（　　）情况例外。

　　A. 同一工程相邻分段发包或分期施工的

　　B. 因非承包方原因使工程停工 120 天以上且建设单位同意的

　　C. 合同约定的工程进入收尾阶段而新的工程刚刚破土动工的

　　D. 因工作需要经工程发、承包双方协商同意的

　　E. 合同约定的工程验收合格的

【答案】A、B、E

◆考法 2：施工项目负责人不得更换，三种例外

【例题 2·单选题】担任施工项目负责人的注册建造师，在所负责的工程项目竣工验收或交接手续办结前，不得变更注册到另一企业，除非该项目（　　）。

　　A. 发包方同意更换项目负责人

　　B. 承包方同意更换项目负责人

　　C. 发包方与承包方产生了合同纠纷

　　D. 因不可抗力暂停施工

【答案】A

【解析】施工项目负责人更换的必要条件是发包方同意更换，因此选项 A 正确，选项 B 错误。合同纠纷不等于合同解除，选项 C 错误。不可抗力暂停施工不等于不可抗力必须更换项目负责人，选项 D 错误。

2.3.4 建造师基本权利和义务

◆考法 1：建造师基本权利和义务

表 2.3-5 建造师基本权利和义务

建造师基本权利	建造师基本义务
（1）使用注册建造师名称； （2）在规定范围内从事执业活动； （3）在本人执业活动中形成的文件上签字并加盖执业印章； （4）保管和使用本人注册证书、执业印章； （5）对本人执业活动进行解释和辩护； （6）接受继续教育； （7）获得相应的劳动报酬； （8）对侵犯本人权利的行为进行申诉	（1）遵守法律法规和有关管理规定，恪守职业道德； （2）执行技术标准、规范和规程； （3）保证执业的质量，并承担相应责任； （4）接受继续教育，努力提高执业水准； （5）保守在执业中知悉的国家秘密和他人的商业、技术等秘密； （6）与当事人有利害关系的，应当主动回避； （7）协助注册管理机关完成相关工作

【例题 1·2024 年一级真题·单选题】根据《注册建造师管理规定》，关于建造师基本权利和义务的说法，正确的是（　　　）。

A. 接受继续教育是其权利而非义务

B. 在本人执业活动中形成的文件上签字是其义务而非权利

C. 协助注册管理机关完成相关工作是其义务

D. 本人的注册证书应当交由聘用单位保管

【答案】C

◆考法 2：执业文件的签章

表 2.3-6 建造师签字盖章

一般规则	分包工程的《施工管理文件》由分包企业注册建造师签章（一个人签）
例外规则	分包工程的《质量合格文件》必须由担任总包项目负责人的注册建造师签章（2 个人签）
一般规则	专业分包工程的项目负责人，必须由执业范围涵盖本专业工程的注册建造师担任（专业对口）
例外规则	一个项目合同内包含多个专业工程的施工管理文件，由担任该项目负责人的注册建造师在施工管理文件上签章（专业不严格对口）
一般规则	修改建造师签字盖章过的文件，应当由所在企业同意后建造师本人修改
例外规则	建造师本人不能进行修改的，应当由企业指定同等资格条件的注册建造师修改，并由其签字并加盖执业印章

【例题 2·2022 年二级真题·单选题】关于施工管理文件签章的说法，正确的是（　　　）。

A. 分包单位签署质量合格的文件上，必须由担任总承包项目负责人的注册建造师签章

B. 分包工程的施工管理文件，应当由总承包单位的注册建造师签章

C. 修改注册建造师已经签章的施工管理文件，可以由其本人自行修改

D. 修改注册建造师已经签章的施工管理文件，注册建造师本人不能进行修改的，所在单位可以直接修改

【答案】A

◆考法 3：建造师证书挂证及法律责任

表 2.3-7　建造师挂证

定义	证书只能注册在本人实际工作单位。 实际工作在 A 单位，证书注册在 B 单位，即为"挂证"
查挂证的方法	联网查询社保。社保异常的（包括未缴纳社保的，有两份以上社保的，社保缴纳单位与申请注册单位不一致的），应当说明情况，并提交佐证，证明自己申请注册执业的单位就是实际工作单位
法律责任	对"挂证"的专业技术人员撤销其注册许可，自撤销注册之日起 3 年内不得再次申请注册，记入不良行为记录并列入建筑市场主体"黑名单"，向社会公布

【例题 3·2022 年二级真题·多选题】根据《住房城乡建设部办公厅等关于开展工程建设领域专业技术人员职业资格"挂证"等违法违规行为专项整治的通知》，下列关于"挂证"的说法，正确的有（　　　　）。

A. 建造师注册证书不可以租借使用

B. 人力资源服务机构可以提供建造师租借信息服务

C. 建造师注册单位与实际工作单位不一致的属于"挂证"

D. 违规使用"挂证"人员的单位，将被予以通报，记入不良行为记录，并列入建筑市场主体"黑名单"

E. 人力资源服务机构因工作需要扣押建造师注册证书属于"挂证"

【答案】A、C、D

2.4　建筑市场主体信用体系建设

核 心 考 点 提 纲

2.4.1　建筑市场各方主体信用信息分类
2.4.2　建筑市场各方主体信用信息公开和应用
2.4.3　建筑市场各方主体不良行为记录认定标准

2.4.1　建筑市场各方主体信用信息分类

【建筑市场主体】

建设单位、施工单位、勘察单位、设计单位、监理单位；招标代理、造价咨询、施工图审查、工程检测等中介机构；参建单位与中介机构中的相关注册执业人员等。

建筑市场信用信息：由"基本信息、优良信用信息、不良信用信息"三部分构成。通过省级和全国四库一平台 App 向社会公布。

2.4.2 建筑市场各方主体信用信息公开和应用

表 2.4-1 建筑市场主体信用信息

信息种类	内容	公布期限
基本信息	注册登记信息、资质信息、工程项目信息、注册执业人员信息等。（不得涉及国家秘密、商业秘密、个人隐私）	长期
优良信息	在工程建设活动中获得的县级以上行政机关或群团组织表彰奖励等信息。（不包括乡镇政府奖励和部队奖励，不包括"十佳明星企业"、慈善公益奖励等）	3 年
不良信息	在工程建设活动中受到县级以上行业主管部门行政处罚的信息，包括警告、罚款、没收违法所得、暂停或取消资格等	6 个月～3 年
信用修复	省级建设行政主管部门负责审查整改结果，整改确有实效的，经企业申请，可缩短其不良行为记录信息公布期限，但最短不得少于 3 个月。对于拒不整改或整改不力的单位，信息发布部门可延长其不良行为记录信息公布期限	

◆考法 1：建筑市场信用信息分类

【例题 1·单选题】建筑施工企业的建筑市场信用信息在"四库一平台 App"发布，每个企业的信息均由基本信息、优良信用信息和不良信用信息三部分构成。这些信息是招标投标和政府采购活动中，进行资格评审的重要依据。其中，基本信息长期可查询。以下属于基本信息的是（   ）。

    A. 企业注册执业人员信息

    B. 企业获得荣誉奖励记录

    C. 企业受到行政处罚记录

    D. 企业诉讼、经营风险、经营异常信息

【答案】A

◆考法 2：建筑市场信用信息公开的内容和范围

【例题 2·多选题】关于建筑市场各方主体信用信息及公布，说法正确的有（   ）。

    A. 建筑市场各方主体仅包括工程勘察、设计、施工、监理单位

    B. 属于国家认定标准范围的不良行为记录，只能由住房和城乡建设部在全国平台公布

    C. 建筑市场各方主体信用信息由基本信息、优良信息和不良信息构成

    D. 对罚款以上行政处罚，应当及时推送到平台，但警告处罚不需要推送

    E. 通过与工商、税务等部门信息共享获取的各方主体不良信用信息，省、自治区、直辖市建设行政主管部门应及时推送到平台

【答案】C、E

◆考法 3：建筑市场信用信息公开期限

【例题 3·多选题】关于建筑市场各方主体信用信息公开期限的说法，正确的是（   ）。

77

A. 建筑市场各方主体的基本信息永久公开

B. 建筑市场各方主体的优良信用信息公布期限一般为 1 年

C. 不良信用信息公开期限一般为 6 个月至 3 年，不得低于相关行政处罚期限

D. 对于拒不整改，或者整改不力的单位，信息发布部门可以延长其整改期限

E. 对整改确有实效的，可缩短其不良记录信息公布期限，但最短不得少于 3 个月

【答案】C、E

◆ 考法 4：黑名单

【建筑市场主体"黑名单"（建市〔2017〕241 号）】

表 2.4-2　建筑市场主体"黑名单"

对象	惩戒措施	期限	信用修复
（1）利用虚假材料、以欺骗手段取得企业资质的； （2）发生转包、出借资质，受到行政处罚的； （3）发生重大及以上工程质量安全事故，或 1 年内累计发生 2 次及以上较大工程质量安全事故，或发生性质恶劣、危害性严重、社会影响大的较大工程质量安全事故，受到行政处罚的； （4）经法院判决或仲裁机构裁决，认定为拖欠工程款，且拒不履行生效法律文书确定的义务的	（1）作为重点监管对象，加大监督检查的频度和力度； （2）不得将其作为评选表彰对象，已获得的表彰不再纳入市场行为信用评价； （3）通报其他部门实施联合惩戒，在市场准入、资质资格管理、招标投标等方面依法给予限制	1 年	可修复失信行为：经修复且公示满 6 个月并作出守信承诺后，可以提前移出。 不可修复失信行为：公示期为 12 个月，不可以提前移出

【拖欠农民工工资"黑名单"（人社〔2021〕45 号令）】

表 2.4-3　拖欠农民工工资"黑名单"

对象	惩戒措施	期限	信用修复
（1）克扣、无故拖欠农民工工资达到认定拒不支付劳动报酬罪数额标准的； （2）因拖欠农民工工资违法行为引发群体性事件、极端事件造成严重不良社会影响的	由相关部门在各自职责范围内依法依规实施联合惩戒。 在政府资金支持、政府采购、招标投标、生产许可、资质审核、融资贷款、市场准入、税收优惠、评优评先等方面予以限制	3 年	列入期间偿还拖欠工资的，自改正之日起满 6 个月，且作出守信承诺，可申请提前移出黑名单

【例题 4·多选题】根据《建筑市场信用管理暂行办法》，建筑市场各方主体存在的下列情形中，应当被列入建筑市场主体"黑名单"的有（　　）。

A. 利用虚假材料取得企业资质的

B. 出借资质，受到行政处罚的

C. 发生工程质量安全事故的

D. 转包，但已超过行政处罚追溯时效的

E. 经人民法院判决认定为拖欠工程款的

【答案】A、B

2.4.3 建筑市场各方主体不良行为记录认定标准

◆考法1：施工单位的不良行为记录认定标准（5大类、41条）

表2.4-4　施工单位的不良行为记录认定标准

资质不良	（1）未取得资质证书承揽工程的，或超越本单位资质等级承揽工程的； （2）以欺骗手段取得资质证书承揽工程的； （3）允许其他单位或个人以本单位名义承揽工程的； （4）未在规定期限内办理资质变更手续的； （5）涂改、伪造、出借、转让《建筑业企业资质证书》的； （6）按照国家规定需要持证上岗的技术工种的作业人员未经培训、考核，未取得证书上岗，情节严重的
承揽业务不良	（1）通过行贿、提供回扣或者给予其他好处等不正当手段承揽业务的； （2）串通投标或与招标人串通投标的，以向招标人或评标委员会成员行贿的手段谋取中标的； （3）以他人名义投标或以其他方式弄虚作假，骗取中标的； （4）不按照与招标人订立的合同履行义务，情节严重的； （5）将承包的工程转包或违法分包的
质量不良	（1）偷工减料，使用不合格建筑材料、建筑构配件和设备的，或者不按照工程设计图纸施工的； （2）未按照节能设计进行施工的； （3）未对建筑材料、建筑构配件、设备和商品混凝土进行检测，或未对涉及结构安全的试块、试件以及有关材料取样检测的； （4）工程竣工验收后，不向建设单位出具质量保修书的，或质量保修的内容、期限违反规定的； （5）不履行保修义务或者拖延履行保修义务的
安全不良	24条
拖欠工程款或工人工资不良	

【例题1·单选题】根据《全国建筑市场各方主体不良行为记录认定标准》，下列情形中，属于施工企业承揽业务不良行为的是（　　）。

A. 以欺骗手段取得资质证书承揽工程的

B. 涂改、伪造、出借、转让《建筑业企业资质证书》的

C. 利用向建设单位及其工作人员行贿、提供回扣等不正当手段承揽业务的

D. 在施工中偷工减料，使用不合格建筑材料的

【答案】C

◆考法2：注册建造师不良行为记录认定标准

注册建造师有下列行为之一，经有关监督部门确认后由工程所在地建设主管部门或有关部门记入注册建造师执业信用档案：

（1）《注册建造师执业管理办法（试行）》第22条所列行为；

（2）未履行注册建造师职责造成质量、安全、环境事故的；

（3）泄露商业秘密的；

（4）无正当理由拒绝或未及时签字盖章的；

（5）未按要求提供注册建造师信用档案信息的；

（6）未履行注册建造师职责造成不良社会影响的；

（7）未履行注册建造师职责导致项目未能及时交付使用的；

（8）不配合办理交接手续的；

（9）不积极配合有关部门监督检查的。

【例题2·单选题】注册建造师的下列行为中，可以记入注册建造师执业信用档案的是（　　）。

A. 泄露商业秘密的　　　　　　　　B. 对设计变更有异议的

C. 经常外出参会的　　　　　　　　D. 拒绝执行监理工程师指令的

【答案】A

2.5 营商环境制度

核心考点提纲

$\left\{\begin{array}{l}\text{2.5.1 营商环境优化}\\ \text{2.5.2 中小企业款项支付保障}\end{array}\right.$

2.5.1 营商环境优化

◆考法1：《优化营商环境条例》的相关规定

【例题1·2023年一级真题·单选题】根据《优化营商环境条例》，关于工程建设项目审批事项行政许可的说法，正确的是（　　）。

A. 通过事中事后监管能够解决的事项，一律不得设立行政许可

B. 可以以年检、年报的形式设定或者实施行政许可

C. 对相关管理事项尚未制定法律、行政法规的，地方不得就该事项设定行政许可

D. 已经取消的行政许可，可以转由行业协会组织实施

【答案】A

【解析】选项B错误，对通过事中事后监管或者市场机制能够解决以及行政许可法和国务院规定不得设立行政许可的事项，一律不得设立行政许可，严禁以备案、登记、注册、目录、规划、年检、年报、监制、认定、认证、审定以及其他任何形式变相设定或者实施行政许可；选项C错误，对相关管理事项尚未制定法律、行政法规的，地方可以依法就该事项设定行政许可；选项D错误，对已取消的行政许可，行政机关不得继续实施或者变相实施，不得转由行业协会商会或者其他组织实施。

【例题2·2024年二级真题·单选题】以下关于"双随机、一公开"说法正确的是（　　）。

A. 随机进行检查、随机选派执法检查人员、查处结果及时向被检查单位公开

B. 随机抽取检查对象、随机选派执法检查人员、抽查事项及查处结果及时向社

会公开

C. 随机抽取检查对象、随机进行检查、抽查事项及查处结果及时向社会公开

D. 随机抽取检查对象、随机进行检查、抽查事项及查处结果及时向被检查单位公开

【答案】B

【解析】推行"双随机、一公开"监管。除直接涉及公共安全和人民群众生命健康等特殊行业、重点领域外，市场监管领域的行政检查应当通过随机抽取检查对象、随机选派执法检查人员、抽查事项及查处结果及时向社会公开的方式进行。针对同一检查对象的多个检查事项，应当尽可能合并或者纳入跨部门联合抽查范围。

◆ 考法 2：优化营商环境专项整治工作

重点掌握《工程项目招投标领域营商环境专项整治工作方案》中列出的"负面行为清单"：

（1）违法设置限制、排斥不同所有制企业参与招投标的规定；对不同所有制投标人采取不同的资格审查标准。

（2）违法设定企业股东背景、年平均承接项目数量或者金额、从业人员、纳税额、营业场所面积等规模条件；设置超过项目实际需要的企业注册资本、资产总额、净资产规模、营业收入、利润、授信额度等财务指标。

（简记为：财务风险指标可以设，无关的规模条件不能设。）

（3）违法设定明显过高的资质资格、技术、商务条件或者业绩、奖项要求。

（4）违法将国家已经明令取消的资质资格作为投标条件、加分条件、中标条件；或者在国家已经明令取消资质资格的领域，将其他资质资格作为投标条件、加分条件、中标条件。

（5）违法将特定行政区域、特定行业的业绩、奖项作为投标条件、加分条件、中标条件；将政府部门、行业协会商会或者其他机构对投标人作出的荣誉奖励和慈善公益证明等作为投标条件、中标条件。

（6）没有法律法规依据地设定投标报名、招标文件审查等环节；违法采用抽签、摇号方式直接确定中标候选人。

（7）违法要求提供各类纸质证书原件，要求法定代表人必须在开标会到场。

（8）限定投标保证金、履约保证金只能以现金形式提交……

总结：先看门槛是否合法，再看门槛是否合理（是否太高）。

【例题3·2024年二级真题·单选题】根据《工程项目招投标领域营商环境专项整治工作方案》，属于重点整治问题的是（　　）。

A. 设置企业资产总额、净资产规模、营业收入、授信额度等财务指标

B. 违法限定潜在投标人或者投标人的所有制形式或者组织形式

C. 资质资格作为投标条件、加分条件、中标条件

D. 在开标环节要求投标人的法定代表人或者经授权委托的投标人代表到场

【答案】A

2.5.2　中小企业款项支付保障

表 2.5-1　企业付款期的强制规定

甲方（狮子）	乙方（兔子）	付款期的强制规定
机关、事业单位	中小企业	自货物、工程、服务交付之日起 30 日内支付款项（一般规则），合同另有约定的，约定付款期最长不得超过 60 日（例外规则）
		合同约定采取履行进度结算、定期结算等结算方式的，付款期限应当自双方确认结算金额之日起算
		约定以验收或检验作为付款条件，但甲方拖延检验或验收的，付款期限自约定的检验或者验收期限届满之日起算
大型企业	中小企业	依照行业习惯，合理确定付款期限 （建设工程领域，大型企业与中小企业约定"背靠背"条款的，该条款无效——2024 年 8 月 27 日司法解释）
大型企业（狮子）vs 中小型企业（兔子）的划分，详见工信部联企业〔2011〕300 号文		

【账款拖欠的负面行为清单及惩戒措施】

表 2.5-2　账款拖欠的负面行为清单及惩戒措施

负面行为 1	强制中小企业接受商业汇票等非现金支付方式，利用商业汇票等非现金支付方式变相延长付款期限
负面行为 2	以法定代表人或者主要负责人变更，履行内部付款流程，或在合同未约定的情况下以等待竣工验收批复、决算审计等为由，拒绝或者迟延支付中小企业款项
负面行为 3	强制要求以审计机关的审计结果作为结算依据
逾期利息	机关、事业单位和大型企业迟延支付中小企业款项的，应当支付逾期利息。双方对逾期利息的利率有约定的，约定利率不得低于合同订立时 1 年期贷款市场报价利率；未作约定的，按照每日利率万分之五支付逾期利息
惩戒措施	情节严重的，受理投诉部门可以依法对失信单位实施失信惩戒。在公务消费、办公用房、经费安排等方面采取必要的限制措施

【例题 1·单选题】根据《保障中小企业款项支付条例》，以下说法正确的是（　　）。

A. 机关、事业单位从中小企业采购工程、货物、服务，因负责人变更等原因不能在交付 30 日内支付款项的，可以采用商业汇票方式支付

B. 合同约定采用按进度结算方式的，自进度完成之日起计算付款期

C. 合同约定以验收作为付款条件，但机关、事业单位拖延验收的，付款期限自约定的验收期限届满之日起算

D. 审计机关的审计结果与合同约定价款不一致的，以审计为准

【答案】C

本章模拟强化练习

1. 关于建设工程中施工项目部和项目经理的说法，正确的是（　　）。

    A. 小型施工项目可以不设项目经理

    B. 项目部的职责、任务、组织形式由项目经理自主确定

    C. 项目经理是施工企业内部的管理岗位，其职务行为由施工企业承担民事责任

    D. 由项目经理签字的工程材料款未及时支付，材料供应商可以以项目经理为被告起诉

【答案】C

2. 关于代理人"必须在代理权限内实施代理"的说法，正确的是（　　）。

    A. 代理人行使代理权时，必须事事向被代理人提前请示

    B. 被代理人授权不明的时候，由代理人自主确定

    C. 代理人超越代理权限的行为必然无效

    D. 代理人在授权范围内，有独立进行意思表示的权利

【答案】D

3. 关于建设工程中代理的说法，正确的是（　　）。

    A. 建设工程合同诉讼只能由律师代理

    B. 表见代理属于无权代理，对本人不发生法律效力

    C. 代理人可以视情况直接转委托他人代理

    D. 委托书授权不明的，被代理人应当向第三人承担民事责任，代理人负连带责任

【答案】D

【解析】民事诉讼代理，分为律师代理和公民代理，所以选项A错误。同时注意：公民代理人应当在法律允许的范围内选定（基层法律服务工作者、当事人的近亲属或工作人员，所在单位、社区、社会团体推荐的公民）。

4. 某行为人无代理权，实施了代理行为。关于该代理行为的效力，说法正确的是（　　）。

    A. 相对人可以催告被代理人，被代理人30日内未做否认表示的，即视为有效

    B. 若被代理人对该代理行为进行了追认，则由被代理人与行为人对该行为承担连带责任

    C. 若相对人知道行为人无代理权仍与之实施法律行为，并造成他人损失的，行为人和相对人承担按份责任

    D. 若相对人有理由相信行为人有代理权，则该行为有效

【答案】D

【解析】选项A错误，被代理人未做否认表示的视为拒绝；选项B错误，被代理人进行了追认，则代理人的代理行为由被代理人承担；选项C错误，行为人和相对人应该承担连带责任。

5. 关于施工企业申请资质的条件，说法正确的是（　　）。

　　A. 企业"净资产"指标，即"所有者权益"，以企业提供的最近 3 年合法财务报表中的平均值为准

　　B. 企业"技术人员"指标，主要指企业的注册建造师数量，现场管理人员和技术工人数量指标仅在申请最低资质等级时进行考核

　　C. 企业"技术装备"须提供购买合同和发票证明

　　D. 企业"工程业绩"指标，是指已签约合同额

【答案】B

6. 关于建筑企业资质管理的说法，正确的是（　　）。

　　A. 企业仅地址发生变更的，无需办理资质证书变更手续

　　B. 企业合并、分立应当申请重新核定资质等级；重组、改制的，直接承继原资质等级

　　C. 企业遗失纸质资质证书的，挂失补办即可，不影响投标承揽工程

　　D. 企业申请资质升级、增项，经四库一平台查询其最近 3 年有严重违法失信行为记录的，即不予批准

【答案】C

7. 建筑企业资质需要重新核定资质等级的情况包括（　　）。

　　A. 法定代表人变更　　　　　　　B. 合并、分立

　　C. 发生质量安全事故　　　　　　D. 重组、改制

　　E. 注册资本变更

【答案】B、D

8. 建筑业企业提出资质升级、增项的申请，经四库一平台查询其最近 1 年有（　　），资质许可机关不予批准。

　　A. 拖欠项目管理人员工资的　　　B. 发生质量安全事故的

　　C. 不及时履行保修义务的　　　　D. 出借资质证书的

【答案】D

9. 关于建造师的注册，下列说法正确的是（　　）。

　　A. 申请人周某的聘用单位为房地产开发企业，不符合注册单位要求，不予批准注册

　　B. 注册建造师王某有机电和市政两个专业，其中机电专业注册期满仍需以该专业继续执业的，应及时办理增项注册

　　C. 刘某在资格证书签发之日起超过 3 年提出初始注册申请，不予批准

　　D. 注册建造师赵某申请变更执业单位，变更注册后有效期重新计算

【答案】A

【解析】建造师只能注册在施工、勘察、设计、监理、招标代理或造价咨询 6 类企业。不包括房地产开发资质企业或物业管理企业；选项 B 错误，增加执业专业是增项注册。注册有效期满，应当办理的是延续注册；选项 C 错误，超过 3 年才申请初始注册的，应

当提供继续教育证明；选项 D 错误，变更执业单位的，应当办理变更注册。变更注册后仍延续原有效期。

10. 关于一级建造师执业范围的说法，正确的是（　　）。

　　A. 可以在建设监理企业从事管理活动

　　B. 只能担任大型工程施工项目负责人

　　C. 只能在特级或一级资质建筑企业注册执业

　　D. 担任施工项目负责人期间一律不得更换

【答案】A

11. 根据《建筑市场诚信行为信息管理办法》，建筑市场诚信行为记录信息应当停止公告的情形是（　　）。

　　A. 行政处罚决定在被行政复议期间的

　　B. 行政处罚决定被依法停止执行的

　　C. 行政处罚决定经行政诉讼被变更的

　　D. 企业整改经审查确有实效的

【答案】B

12. 根据《工程项目招投标领域营商环境专项整治工作方案》，属于招标人"负面行为清单"的行为是（　　）。

　　A. 设置企业资产总额、净资产规模、营业收入、授信额度等财务指标

　　B. 限定履约保证金以银行保函提交，不接受担保公司的保函

　　C. 投标企业法定代表人或授权的代理人须凭有效身份证件参加开标会

　　D. 采用抽签、摇号方式确定中标候选人

【答案】D

第3章 建设工程许可法律制度

本章考情分析

表 3-1 本章近 1 年真题题型分析（分）

第3章	核心考点	2024 年	
		单选	多选
3.1	规划许可证的申请	1	—
	规划条件的变更	—	2
3.2	施工许可证的适用范围	—	—
	施工许可证的申请	1	—
	开工许可的管理（延期开工、核验施工许可证）	1	—
合计		3	2
		5	

本章核心考点分析

3.1 建设工程规划许可

核 心 考 点 提 纲

　　3.1.1 规划许可证的申请
　　3.1.2 规划条件的变更

3.1.1 规划许可证的申请

　　【规划申请】在城市、镇规划区进行工程建设，由建设单位向县级以上规划部门申请《建设工程规划许可证》。乡村规划区内，申请《乡村建设规划许可证》。

表 3.1-1 建设工程规划许可证 vs 乡村建设规划许可证

对比条件	《建设工程规划许可证》	《乡村建设规划许可证》
适用范围	城市规划区、镇规划区进行工程建设	乡、村庄规划区内进行乡镇企业、乡村公共设施和公益事业建设等
申请主体	建设单位	建设单位或建设个人

对比条件	《建设工程规划许可证》	《乡村建设规划许可证》
发证机关	县级以上规划部门或者省政府确定的镇人民政府	通过乡、镇政府报县及县级以上规划部门
发证条件	经审核、确认建设工程设计符合"控制性详规和规划条件"的，予以发证	

【临时建设】

在城市、镇规划区内进行临时建设的，应当经县级以上规划部门批准。

临时建设（1）影响控制性详规实施的，（2）影响近期建设规划的，（3）影响交通、市容、安全等，不得批准（3个不批）。临时建设应当在批准的使用期限内自行拆除。

【例题1·单选题】城乡规划主管部门在核发《建设工程规划许可证》时，审核的重点是（　　）。

    A. 是否符合消防设计规范

    B. 是否具有安全施工措施

    C. 是否符合城乡总体规划

    D. 是否符合控制性详细规划和规划条件

【答案】D

【例题2·2024年二级真题·单选题】关于临时建设批准的说法，正确的是（　　）。

    A. 临时建设影响控制性详规实施的，应当经城市、县人民政府规划部门批准

    B. 临时建设不影响近期建设规划的，不需要主管部门批准

    C. 临时建设影响交通、市容、安全等，不得批准

    D. 临时建设应当在批准的使用期满后自行拆除

【答案】C

3.1.2　规划条件的变更

表3.1-2　规划条件的变更

规划变更	建设单位应当按照规划条件进行建设，确需变更的，必须向县级以上规划部门提出申请。变更内容不符合控制性详细规划的，城乡规划主管部门不得批准。 规划主管部门应当及时将依法变更后的规划条件通知同级土地主管部门并公示。 建设单位应当及时将依法变更后的规划条件报有关人民政府土地主管部门备案
变更后的补偿	经依法审定的修建性详细规划、建设工程设计方案的总平面图不得随意修改；确需修改的，城乡规划主管部门应当采取听证会等形式，听取利害关系人的意见；因修改给利害关系人合法权益造成损失的，应当依法给予补偿
规划验收	建设工程竣工，规划主管部门对工程是否符合规划条件予以核实。未经核实或者经核实不符合规划条件的，建设单位不得组织竣工验收

【例题1·2024年二级真题·多选题】某大学拟新建一栋实验楼。在领取规划许可证后，需要增加建筑层数和建筑总高。但因该实验楼沿街，根据城乡规划法，关于规划变

更，说法正确的有（　　　）。

    A. 提出申请变更的主体为施工单位

    B. 变更内容如果不符合控制性详规的，规划主管部门不得批准

    C. 该大学应当组织听证会，听取利害关系人的意见

    D. 变更内容如果造成利害关系人损失的，规划主管部门不得批准

    E. 该大学应当依法将变更后的规划条件报有关土地主管部门进行备案

【答案】B、E

【解析】选项 A 错误，提出申请的变更主体为建设单位；选项 C 错误，城乡规划主管部门应当采取听证会等形式，听取利害关系人的意见；选项 D 错误，变更内容不符合控制性详细规划的，城乡规划主管部门不得批准；因修改给利害关系人合法权益造成损失的，应当依法给予补偿。

3.2　建设工程施工许可

核心考点提纲

    3.2.1　施工许可证的适用范围

    3.2.2　施工许可证的申请

    3.2.3　开工许可的管理（延期开工、核验施工许可证）

3.2.1　施工许可证的适用范围

表 3.2-1　施工许可证的适用范围

适用范围	开工许可方式与许可机关
一般规则	各类房屋建筑及配套管道、线路、设备安装等，建设单位在开工前，应当向工程所在地县级以上建设行政主管部门申请《施工许可证》
例外规则	（1）政府重大投资项目，实行《开工报告》审批方式； （2）文物建筑和古建修复工程，由文物行政部门许可； （3）军事建筑工程，《建筑法》授权由国务院和中央军委具体规定开工许可办法
排除规则	满足以下条件的均不需要办理任何形式的开工许可： （1）投资额 ≤ 30 万元或建筑面积 ≤ 300m² 的小型工程； （2）抢险救灾； （3）临时建筑； （4）农民自建低层住宅

【例题 1 · 单选题】以下工程开工，不需要办理开工许可的是（　　　）。

    A. 军事建筑工程　　　　　　　　B. 临时建筑

    C. 农民在宅基地上建房　　　　　D. 古建筑修复

【答案】B

3.2.2 施工许可证的申请

表 3.2-2 施工许可证的申请

申请主体	建设单位
申请方式	线上申请，发电子证书；或窗口申请，发纸质证书
申请条件	（1）已经办理该建筑工程用地批准手续； （2）依法应当办理建设工程规划许可证的，已经取得建设工程规划许可证； （3）需要拆迁的，其拆迁进度符合施工要求； （4）已经确定建筑施工企业； （5）有满足施工需要的资金安排、施工图纸及技术资料； （6）有保证工程质量和安全的具体措施

表 3.2-3 施工许可证发证

【一般规则】 审批制	发证机关应当自收到申请7日内，对符合条件的项目发证。对于证明文件不齐全或者失效的，发证机关应当场或者5日内一次性告知建设单位需要补正的材料内容。对于项目不符合开工条件的，应当自收到申请之日起7日内书面通知建设单位，并说明理由
【例外规则】 告知承诺制	对于社会投资的低风险房屋建筑工程，实行告知承诺制。建设单位不需要提交任何证明材料，只要书面承诺满足全部开工条件，即直接发证

【例题1·多选题】根据《建筑工程施工许可管理办法》，申请领取施工许可证应当具备的条件有（　　）。

　　A. 施工场地需要拆迁的，拆迁工作应当全部完成

　　B. 施工图设计文件已经按规定审查合格

　　C. 中标通知书已发出

　　D. 有保证工程质量和安全的具体措施

　　E. 在乡、村庄规划区内进行建设的，须取得建设工程规划许可证

【答案】B、D

【例题2·单选题】某政府投资项目建设单位在线上申领施工许可证，发证机关发现其提交的证明材料不全或者有失效的情形，应当（　　）。

　　A. 容缺受理

　　B. 驳回申请

　　C. 书面通知申请人该项目不符合开工条件

　　D. 一次性告知申请人需要补正的材料内容

【答案】D

【例题3·单选题】根据《建筑工程施工许可管理办法》，关于施工许可证的说法，正确的是（　　）。

　　A. 施工许可证由施工单位申请领取

　　B. 施工许可证是电子证书，不必在施工现场公示

　　C. 建设单位或施工单位变更的，原施工许可证继续有效

D. 施工许可证载明的工程内容、地点、规模，应当与施工承包合同一致

【答案】D

【解析】建筑工程在施工过程中，建设单位或者施工单位发生变更的，应当重新申请领取施工许可证。建设单位申请领取施工许可证的工程名称、地点、规模，应当符合依法签订的施工承包合同。施工许可证应当放置在施工现场备查，并按规定在施工现场公开。

3.2.3　开工许可的管理（延期开工、核验施工许可证）

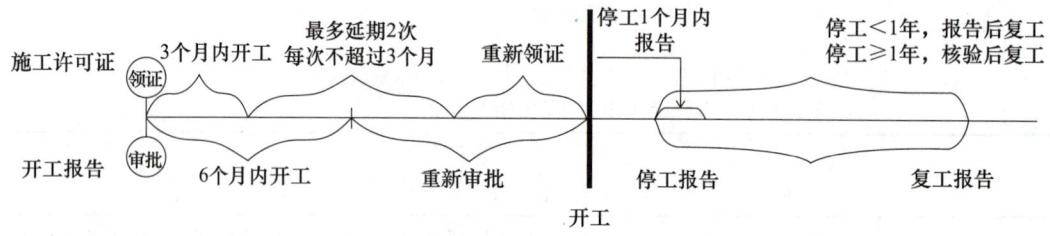

【领取施工许可证的工程】

（1）建设单位应当自领取施工许可证之日起三个月内开工。因故不能按期开工的，应当申请延期；延期以两次为限，每次不超过三个月。既不开工又不申请延期或者超过延期时限的，施工许可证自行废止。

（2）在建工程因故中止施工的，建设单位应当自中止施工之日起一个月内，向发证机关报告，并按照规定做好建筑工程的维护管理工作；恢复施工时，也应当向发证机关报告（需报告两次）。

中止施工满一年工程恢复施工前，建设单位应当报发证机关核验施工许可证。

【批准开工报告的工程】

因故不能按期开工超过六个月的，应当重新办理开工报告的批准手续。

【例题1·单选题】某大型体育馆工程，建设单位领取施工许可证后满1年才开工，则开工时（　　）。

A. 建设单位应当向发证机关报告

B. 应当报发证机关核验施工许可证

C. 应当报发证机关申请延期

D. 施工许可证已自行作废

【答案】D

【解析】本题容易误选B选项，应特别注意核验制度的前提是已开工项目停工超过1年，而本案中属于未开工项目，应在3个月内开工，最多两次延期，每次3个月，施工许可证最长9个月即已废止，应重新领取施工许可证方可开工。

本章模拟强化练习

1. 关于施工许可证适用范围的说法，正确的是（　　）。

    A. 老旧小区平改坡或加装电梯工程，可以不申请办理施工许可证

    B. 房屋建筑的幕墙工程、消防工程分包的，应当另行申请施工许可证

    C. 同一建设工程分期施工、分标段施工的，只领一个施工许可证

    D. 实行开工报告批准制度的建设工程，不再领取施工许可证

【答案】D

2. 有关施工许可证的申请和颁发，说法正确的是（　　）。

    A. 应当由建设单位和施工单位共同提出申请

    B. 发证机关应当在收到申请之日起7日内，对符合条件的发证

    C. 对于证明材料不全、失效的，发证机关应当当场一次性告知需要补正的全部内容

    D. 对于不符合发证条件的，发证机关应当在7日内书面或口头通知，但不必说明理由

【答案】B

3. 下列关于施工许可证有效期的说法，正确的是（　　）。

    A. 领取施工许可证之日起3个月内未开工，应当重新申领

    B. 因故中止施工的，施工单位应当自中止施工之日起1个月内向建设单位报告

    C. 中止施工满1年的工程，恢复施工前，施工单位应当报发证机关核验施工许可证

    D. 因故不能按期开工的，建设单位最多可以向发证机关申请两次延期

【答案】D

4. 根据《建筑法》，下列情形中，符合施工许可证办理和报告制度的是（　　）。

    A. 某工程因故不能按时开工，向发证机关报告后施工许可证自动延期3个月

    B. 某工程因政策原因中止施工，3个月内向发证机关报告

    C. 某工程因洪水中止施工，1个月内向发证机关报告，3个月后可自行恢复施工

    D. 某工程因投资不到位中止施工满1年，经核验不符合条件的，应当收回其施工许可证

【答案】D

第4章 建设工程发承包法律制度

本章考情分析

表 4-1 本章近 1 年真题题型分析（分）

第 4 章	核心考点	2024 年	
		单选	多选
4.1	建设工程总承包	—	—
	建设工程共同承包	—	—
	建设工程分包	1	—
4.2	建设工程法定招标的范围、方式	1	—
	建设工程招标	—	—
	建设工程投标	—	—
	建设工程开标、评标和中标	1	2
	招标投标异议、投诉处理	1	—
4.3	竞争性谈判和磋商、询价、单一来源采购	—	2
	框架协议采购	1	—
合计		5	4
		9	

本章核心考点分析

4.1 建设工程发承包的一般规定

核 心 考 点 提 纲

4.1.1 建设工程总承包
4.1.2 建设工程共同承包
4.1.3 建设工程分包

4.1.1　建设工程总承包

◆考法 1：工程总承包模式

表 4.1-1　工程总承包模式、发包方式和计价方式

适用范围	建设内容明确、技术方案成熟的项目，适宜采用工程总承包方式
模式	交钥匙工程，设计施工总承包，设计采购总承包，采购施工总承包等方式
发包方式	依法必须招标的项目，承包范围内设计、施工、采购，任一项达到规模标准的，应当招标发包。 依法不属于必须招标的项目，分两种情况： （1）社会投资项目，自主选择发包方式； （2）政府投资项目，依照《政府采购法》规定，通过竞争性谈判、竞争性磋商、单一来源采购等方式发包
计价方式	主要采用总价合同（一般规则）。 抢险救灾等，可采用成本加酬金方式（例外规则）。 政府投资项目应当合理确定计价方式

【例题 1·单选题】关于工程总承包的说法，正确的是（　　）。

　　A. 采购—施工总承包（P—C）是指工程总承包企业按照合同约定，承担工程项目采购和施工，并对承包工程的采购和施工的质量、安全、工期、造价负责

　　B. 工程总承包是指发包人将全部施工任务发包给具有工程总承包资质的企业，由该企业按照合同的约定向建设单位负责，承包完成施工任务

　　C. 设计采购施工总承包（EPC）是指工程总承包企业按照合同约定，承担工程设计和施工，并对承包工程的设计和施工的质量、安全、工期、造价负责

　　D. 交钥匙总承包的施工必须由总承包企业自行完成

【答案】A

【解析】选项 B 错在两个地方，首先在我国只有施工总承包资质，没有工程总承包资质。其次，工程总承包是指从事工程总承包的企业受建设单位的委托，按照工程总承包合同的约定，对工程项目的勘察、设计、采购、施工、试运行（竣工验收）等实行全过程或若干阶段的承包，而不是只承包完成施工任务。选项 C 不完整，设计采购施工总承包（EPC）是指工程总承包企业按照合同约定，承担工程项目的设计、采购、施工、试运行服务等工作。选项 D 错误，无法律依据，可以依法分包。

◆考法 2：工程总承包资质资格审查

表 4.1-2　资质资格审查（通过四库一平台）

对比条件	工程总承包单位	工程总承包项目经理
资质资格条件	同时具有与工程规模相适应的工程设计资质和施工资质，或者由具有相应资质的设计单位和施工单位组成联合体	应取得相应工程建设类注册执业资格，包括"注册建筑师、勘察设计注册工程师、注册建造师或者注册监理工程师"等

对比条件	工程总承包单位	工程总承包项目经理
能力信用条件	具有相应的项目管理体系和项目管理能力、财务和风险承担能力	熟悉工程技术和工程总承包项目管理知识以及相关法律法规、标准规范；具有较强的组织协调能力和良好的职业道德
业绩条件	与发包工程相类似的设计、施工或者工程总承包业绩	担任过类似工程总承包项目经理、设计项目负责人、施工项目负责人或者项目总监理工程师
其他条件	不得是本项目代建单位、项目管理单位、监理单位、造价咨询、招标代理（5家）	不得同时在两个或以上工程项目担任工程总承包项目经理、施工项目负责人

【例题2·2024年二级真题·单选题】 关于工程总承包的说法，正确的是（　　　）。

A. 工程总承包单位不得是工程总承包项目的代建单位

B. 建设内容不明确，技术方案不成熟的项目，适宜采用工程总承包的方式

C. 工程总承包单位只能由同时具有与工程规模相适应的工程设计资质和施工资质的单位承担

D. 工程总承包单位不得采用直接发包的方式进行分包

【答案】 A

【例题3·单选题】 某EPC工程总承包项目招标，四个投标单位分别提交了候选项目经理的资料，其中能够通过资格审查的是（　　　）。

A. 王甲有高级技术职称，其当年参加建造师资格考试，官网查询全部科目成绩合格

B. 刘乙提交的工程业绩中，一项是担任过类似项目的总指挥（该项目另有项目经理），另一项是担任过类似工程土建分包单位的项目经理

C. 赵丙经信用档案查询，其因安全事故受到行政处罚还在限制从业期间

D. 李丁正在其他施工项目担任项目经理，但该项目已竣工验收合格

【答案】 D

【例题4·多选题】 担任EPC工程总承包项目经理的条件中，包括（　　　）。

A. 取得相应工程建设类注册执业资格

B. 取得注册建造师资格和高级专业技术职称

C. 必须在类似工程中担任过施工项目经理

D. 具有较强的组织协调能力和良好的职业道德

E. 不得同时担任其他工程的设计项目负责人

【答案】 A、D

【解析】 选项C错误，业绩要求是在类似工程中做过施工项目经理、设计负责人、总监理工程师都可以。

◆**考法 3：工程总承包模式下的法律责任**

表 4.1-3　工程总承包模式下的法律责任

合同履行责任	联合体作为工程总承包单位的，联合体各方成员就工程总承包合同的履行向建设单位承担连带责任
安全生产责任	工程总承包单位对工程安全生产负总责，总分包就分包工程的安全生产负连带责任。 分包单位应当服从总承包单位的安全管理；分包不服管理导致事故发生的，由分包单位负主要责任
工程质量责任	工程总承包单位与分包单位就分包工程质量，向建设单位负连带责任
	工程总承包单位、项目经理，在工程设计年限内，对工程质量承担终身责任。 建筑物、构筑物、其他设施倒塌、塌陷致人损害，由建设单位和施工单位承担连带赔偿责任，但是其能够证明不存在工程质量缺陷的除外

【**例题 5·多选题**】关于工程总承包模式下的连带责任，正确的有（　　）。

A. 联合体各成员单位应当就总承包合同的履行向建设单位承担连带责任

B. 总承包单位应就分包单位的任何违法行为，一起受到行政处罚

C. 总承包单位应当就分包工程的安全事故，一起受到行政处罚

D. 总承包单位应对分包单位拖欠的供应商款项，承担连带清偿责任

E. 建筑物、构筑物、其他设施因工程质量缺陷发生倒塌、塌陷致人损害，建设单位应当与施工单位承担连带赔偿责任

【**答案**】A、C、E

4.1.2　建设工程共同承包

（1）共同承包的适用范围：大型建筑工程或者结构复杂的建筑工程，可以由两个以上的承包单位联合共同承包。

（2）共同承包的资质要求：（同一专业的）两个以上不同资质等级的单位实行联合共同承包的，应当按照资质等级低的单位的业务许可范围承揽工程。

（3）共同承包的责任：联合体中标的，联合体各方应当共同与招标人签订合同，就中标项目向招标人承担连带责任。

【**例题 1·多选题**】关于建设工程联合共同承包的说法，正确的有（　　）。

A. 对于中小型、结构不复杂的工程，不接受联合体共同承包方式

B. 不同专业不同资质等级的两个以上单位联合共同承包的，按照资质等级低的单位的业务许可范围承揽工程

C. 联合体不具有法人资格

D. 由联合体牵头人代表各方成员与建设单位订立合同

E. 联合共同承包的各方对承包合同的履行承担连带责任

【**答案**】A、C、E

【**解析**】联合体仅适用于两类工程：大型或结构复杂。其他工程不适用。

4.1.3 建设工程分包

◆**考法 1：专业工程分包与专业作业分包**

（1）专业工程分包：是指施工总承包企业将其所承包工程中的专业工程发包给具有相应资质的其他建筑业企业完成的活动。

（2）专业作业分包：是指施工总承包企业或者专业承包企业将其承包工程中的劳务作业发包给劳务分包企业完成的活动。

表 4.1-4　专业工程分包与专业作业分包的区别

专业工程分包（幕墙、机电、装修等）	专业作业分包（"劳务作业分包"，共 13 种，包括钢筋、电焊、水电、油漆、木工、泥瓦工等）
相同点：应分包给有资质的分包单位	
需要总承包合同约定或建设单位认可	不需要建设单位认可
主体结构不得进行专业工程分包	主体结构中的劳务作业可以全部分包
专业分包单位不得再进行专业工程分包	专业分包单位可以将劳务作业全部再分包

【例题 1·多选题】总承包单位分包工程应当经过建设单位认可，这种认可的方式包括（　　）。

　　A. 在总承包合同中规定分包的内容

　　B. 由建设单位指定分包，分包人与总承包单位签约

　　C. 总承包合同没有规定分包内容时，事先征得建设单位同意

　　D. 劳务分包合同，也应由建设单位确认

　　E. 由建设单位推荐分包人

【答案】A、C

◆**考法 2：违法发包 vs 转包 vs 违法分包 vs 挂靠**

表 4.1-5　违法发包 vs 转包 vs 违法分包 vs 挂靠

	具体认定
建设单位违法发包	（1）建设单位将工程发包给个人或不具有相应资质的单位的； （2）依法应招标未招标或未按照法定招标程序发包的； （3）建设单位设置不合理的招标投标条件，限制、排斥投标人的； （4）建设单位将一个单位工程的施工分解成若干部分发包给不同施工单位
转包 （＝100%）	（1）承包单位将其"全部工程"转给其他单位（包括母公司承接建筑工程后交由独立法人资格的子公司施工的情形）或个人施工的； （2）承包单位将其承包的"全部工程"肢解以后，以分包的名义分别转给其他单位或个人施工的； （3）联合体一方不施工也未对施工活动进行组织管理，并且向联合体其他方收取管理费或类似费用的，视为联合体一方将工程转包给联合体其他方
违法分包 （＜100%）	（1）施工总承包单位将施工总承包合同范围内工程主体结构的施工分包给其他单位的，钢结构工程除外； （2）专业作业承包人除计取劳务作业费用外，还计取主要建筑材料款和大中型施工机械设备、主要周转材料费用的

	具体认定
挂靠	（1）没有资质的单位或个人借用其他施工单位的资质承揽工程的； （2）有资质的施工单位相互借用资质承揽工程的

【例题2·单选题】下列情形，属于违法发包的是（　　）。

　　A. 建设单位将单位工程分解后发包给不同施工单位施工的

　　B. 施工总承包单位将承包的全部工程分解成若干部分后，交各个分包单位施工的

　　C. 联合体一方不施工，也不派人管理，只向联合体其他成员收取费用的

　　D. 母公司承接建筑工程后全部交由具有独立法人资格的子公司施工的

【答案】A

【解析】选项B、C、D均属于转包。

【例题3·多选题】根据《建筑工程施工发包与承包违法行为认定查处管理办法》，属于违法分包的有（　　）。

　　A. 分公司接受总公司的授权承揽工程

　　B. 专业作业单位除了收取劳务费外，适当收取主材和周转材料费用

　　C. 总承包单位将钢结构工程施工分包给其他专业单位的

　　D. 总承包单位将隔震减震装置施工分包给其他专业单位的

　　E. 有资质的施工企业相互借用资质承揽工程的

【答案】B、D

【解析】选项A要特别留意，母公司承接建筑工程后将所承接工程交由具有独立法人资格的子公司施工，属于住建部明文规定的违法转包。但分公司不属于独立实体，而是公司的一部分，其民事责任由公司承担。分公司接受总公司的授权承揽工程，组织施工，属于合法行为。

【例题4·单选题】某工程施工项目由甲公司承揽，监管部门在检查中发现，该项目部中几名主要项目管理人员声称自己是甲公司员工，但社保均交在乙公司。则根据住建部有关规定，该情形应视为（　　）。

　　A. 甲公司将工程转包给乙公司　　B. 甲公司、乙公司联合承揽工程

　　C. 甲公司挂靠乙公司承揽工程　　D. 乙公司挂靠甲公司承揽工程

【答案】D

【例题5·单选题】某工程施工项目由甲公司承揽，甲公司与项目经理周某签订《项目内部承包协议》，约定施工承包合同额8%作为管理费上交公司，其余资金由周某支配但要保证用于本工程。现查明，周某及其他项目管理人员确系甲公司自己员工。该行为应当认定为（　　）。

　　A. 转包　　　　　　　　　　　B. 违法分包

　　C. 挂靠　　　　　　　　　　　D. 合法的团队激励行为

【答案】D

4.2 建设工程招标投标制度

核 心 考 点 提 纲

- 4.2.1 建设工程法定招标的范围、方式
- 4.2.2 建设工程招标
- 4.2.3 建设工程投标
- 4.2.4 建设工程开标、评标和中标
- 4.2.5 招标投标异议、投诉处理

4.2.1 建设工程法定招标的范围、方式

◆ 考法 1：法定招标的范围

表 4.2-1 什么样的项目依法必须招标

【强制招标】范围＋规模，两条件同时具备才属于"依法必须招标"	
范围	规模
大型公用事业、基础设施 全部或部分使用国有资金 外国政府、国际组织贷款援建	施工≥400 万元 重要材料设备采购（货物采购）≥200 万元 勘察、设计、监理（服务采购）≥100 万元

【自愿招标】

法律不要求招标的项目，发包人自行采用招标方式的，也适用《招标投标法》。监管部门有权监管和受理相关投诉。

发包人自主确定招标范围、招标方式、招标组织形式；自主决定是否进入招标投标有形市场和电子平台（可以进场招标，也可以场外招标）；对于法律法规中"依法必须招标的项目，应当如何如何"这类条款，可以免除适用

【何谓"部分"使用国有资金项目？】

（1）项目使用财政预算资金 200 万元人民币以上，并且该资金占项目投资额 10%以上；

（2）项目使用国有企事业单位资金，并且该资金在项目中占控股或者主导地位。

【例题 1·2024 年二级真题·单选题】下列项目，依法必须进行招标的是（　　）。

　　A. 施工单项合同估算价为 8000 万元的民营企业厂房项目

　　B. 施工单项合同估算价为 3000 万元的某公路建设施工项目

　　C. 监理单项合同估算价为 50 万元的房屋建筑项目

　　D. 与某防洪项目有关的 100 万元的重要设备采购项目

【答案】B

◆ 考法 2：招标方式

建设工程招标方式分为：公开招标和邀请招标两种。

国有资金占控股或主导地位的，应当公开招标。其他项目，邀请招标。

【例题 2·2022 年二级真题·多选题】关于招标方式的说法，正确的有（　　）。

A. 国有资金占控股或者主导地位的依法必须进行招标的项目，应当公开招标

B. 邀请招标是指招标人以招标公告的方式邀请特定的法人或者其他组织投标

C. 邀请招标是指招标人以投标邀请书的方式邀请不特定的法人或者其他组织投标

D. 招标方式包括公开招标、邀请招标和议标

E. 国务院发展改革部门确定的国家重点项目和省、自治区、直辖市人民政府确定的地方重点项目不适宜公开招标的，经批准可以进行邀请招标

【答案】A、E

【解析】选项 B、C 错误，邀请招标，是指招标人以投标邀请书的方式邀请特定的法人或者其他组织投标。

◆考法 3：豁免招标与豁免公开招标的区分

表 4.2-2　豁免招标 vs 豁免公开招标的区分

招标 → 不招标	公开招标 → 邀请招标（经国家发展改革委或省政府批准）
（1）涉及国家秘密、国家安全、抢险救灾，不适宜招标的； （2）利用扶贫资金实行以工代赈、需要使用农民工等特殊情况，不适宜招标的； （3）需要采用不可替代的专利或专有技术（只有一家能做）； （4）采购人依法能够自行建设、生产或者提供； （5）已通过招标方式选定的特许经营项目投资人依法能自行建设生产； （6）需要向原中标人采购工程、货物或者服务，否则将影响施工或者功能配套要求的； （7）承包商、供应商或者服务提供者少于三家，不能形成有效竞争	（1）项目技术复杂或有特殊要求，或受自然环境限制，只有少量几家潜在投标人可供选择的； （2）采用公开招标方式的费用占项目合同金额的比例过大

【例题 3·2024 年二级真题·单选题】依法必须招标的项目，在什么情形下可以不进行招标（　　　）。

A. 投标人数少于 4 家

B. 需要使用专利技术的

C. 采购人的子公司能够依法自行建设的

D. 涉及国家秘密的

【答案】D

【例题 4·2023 年二级真题·单选题】根据《招标投标法》及相关规定，关于邀请招标的说法，正确的是（　　　）。

A. 受自然环境限制不适宜公开招标的省级重点项目，建设单位可自行决定邀请招标

B. 由于资金条件限制，只有少数潜在投标人可供选择的项目，可采取邀请招标

C. 由于技术复杂导致公开招标程序复杂的项目，可采取邀请招标

D. 采用公开招标方式的费用占项目合同金额的比例过大

【答案】D

4.2.2 建设工程招标

【这部法律主要讲了什么?】

招标信息发布规范化；招标流程规范化；资审文件、招标文件编制规范化；

各类保证金规范化；投标竞争规范化；开标、评标、定标规范化；

签订合同规范化……

◆ **考法 1：招标流程规范化**

政府核准"招标范围、招标方式、招标组织形式"；委托招标代理；编制资格预审文件、招标文件；进入有形市场发布资审公告、招标公告；投标人购买资格预审文件、参加资格审查。

通过资审的合格投标人购买招标文件；投标；开标、评标、定标；发中标通知；签订合同。

【例题 1·单选题】建设工程招标的基本程序主要包括：① 发售招标文件；② 编制招标文件；③ 委托招标代理机构；④ 履行项目审批手续；⑤ 开标、评标；⑥ 签订合同；⑦ 发布招标公告或投标邀请书；⑧ 发出中标通知书。上述程序正确的排列顺序是（　　）。

　　A. ①②③④⑤⑥⑦⑧ 　　　　　　B. ③②④⑦①⑤⑧⑥

　　C. ②③①④⑦⑤⑥⑧ 　　　　　　D. ④③②⑦①⑤⑧⑥

【答案】D

【招标程序规范化】

表 4.2-3　招标程序

招标人发出（第一份）招标文件	提交投标文件截止时间 20 日前 （即编制投标文件所需合理时间）
招标人发售资格预审、招标文件	≥5 日
招标人澄清、修改已发出的预审文件	提交资格预审申请文件截止时间 3 日前
招标人澄清、修改已发出的招标文件	提交投标文件截止时间 15 日前

【例题 2·单选题】招标人对某招标估算价为 6000 万元的施工项目进行公开招标，招标文件规定投标保证金为 100 万元；投标截止日期为 2024 年 3 月 25 日。3 月 3 日开始发售招标文件，3 月 6 日停售；3 月 20 日招标人对已发出的招标文件作了必要的澄清和修改，并按照原计划在 3 月 25 日准时开标。本案例中有（　　）处错误。

　　A. 1 　　　　　　　　　　　　　　B. 2

　　C. 3 　　　　　　　　　　　　　　D. 4

【答案】C

【解析】错误 1：招标文件出售不足 5 日；

错误 2：投标保证金额度不得超过招标项目估算价 2% 且不得超过 80 万元；

错误 3：澄清和修改招标文件离截止时间不足 15 日的，应推迟投标截止时间（即开标时间）。

◆考法 2：招标文件编制和发售规范化

（1）国资项目应当使用《标准招标文件》编制，包括项目的技术要求、投标报价要求、资格审查标准和评标标准等所有实质性条件以及拟签订合同的主要条款。不得含有倾向或者排斥潜在投标人的内容。招标文件应当载明投标有效期，投标有效期自投标截止时起计算。

（2）国资项目招标应采用工程量清单计价方式计价；应当设置最高投标限价，不得设定最低限价。有标底的，标底在开标前应当保密，并在评标时作为参考。不得规定超出标底浮动范围作为废标；不得以接近标底作为中标条件。

（3）招标文件至少发售 5 日，收取费用仅限于补偿"印刷＋邮寄"的成本。

【例题 3·单选题】关于招标文件的说法，正确的是（　　　）。

    A. 招标文件发出之日起，至提交投标文件截止时间，不得少于 20 日

    B. 招标人对已发出的招标文件进行必要的澄清或修改的，距离投标截止时间不足 15 日的，应当重新招标

    C. 招标文件应当设定最低投标限价、最高投标限价和标底

    D. 招标人发售招标文件收取的费用应当限于补偿招标中各项成本支出，不得以营利为目的

【答案】A

【例题 4·多选题】关于招标投标中标底的说法，正确的有（　　　）。

    A. 招标项目应当编制标底

    B. 一个招标项目可以有多个标底

    C. 招标项目设有标底的，应当在开标时公布

    D. 标底只能作为评标的参考

    E. 标底就是最低投标限价

【答案】C、D

◆考法 3：各类保证金的规范化

除依法设立的投标保证金、履约保证金、工程质量保证金、农民工工资保证金外，工程建设中不得收取其他保证金。

【工程建设中相关保证金】

表 4.2-4　工程建设中相关保证金

	提交人	额度	有效期
投标保证金	全体投标人	≤招标项目估算价 2%	签订合同后 5 日内退还
履约保证金	中标人	≤合同额 10%	履约后（验收合格后）及时退还
工程质量保证金	承包人	≤结算总额中扣除 3%	缺陷责任期满退还
农民工工资保证金	总承包单位开专用账户预存	按施工合同额 1%～3%	完工后确认农民工工资已全部结清并公示 30 天后允许注销保证金专用账户

【投标保证金】

（1）不得超过招标项目估算价的 2%（施工、货物招标不得超过 80 万元；勘察、设计等服务招标不得超过 10 万元）。

（2）投标保证金有效期应当与投标有效期一致。

（3）依法必须进行招标的项目的境内投标单位，以现金或者支票形式提交的投标保证金应当从其基本账户转出。招标人不得挪用投标保证金。

（4）投标人撤回投标文件，招标人应当自收到投标人书面撤回通知之日起 5 日内退还投标保证金。投标截止后投标人撤销投标文件的，招标人可以不退还投标保证金。

（5）招标人最迟在"签订合同后"5 日内，向"中标人和未中标人"退还投标保证金及"存款利息"（简记为：不签合同不能退）。

【例题 5·单选题】 关于投标保证金提交的说法，正确的是（　　）。

　　A. 投标人以现金转账或者支票方式提交投标保证金的，可以从任一账户中转出

　　B. 投标人以银行保函方式提交投标保证金的，保证金有效期应当与投标有效期一致

　　C. 投标保证金不得超过招标项目估算价的 10%

　　D. 实行两阶段招标的，招标人要求投标人提交投标保证金的，应当在第一阶段提出

【答案】B

【例题 6·单选题】 关于工程建设活动中各类保证金提交的说法，正确的是（　　）。

　　A. 招标人不得限定以现金方式提交投标保证金、履约保证金

　　B. 承包人已经提交履约保函的，发包人仍可以预留质量保证金

　　C. 投标人在中标通知书发出前退出投标的，招标人应当返还投标保证金

　　D. 总承包最近 1 年未发生农民工工资拖欠的，可以免存农民工工资保证金

【答案】A

【解析】（1）农民工工资保证金的标准：施工合同额的 1%～3%；

（2）施工合同额≤300 万元＋总承包最近 1 年未发生农民工工资拖欠的＝可以免存；

（3）总承包单位在同一地区有多个在建工程的＝可以减存，但最低不能少于 0.5%。

◆ **考法 4：两阶段招标**

（1）对技术复杂，无法精确拟定技术规格的项目，招标人可以分两阶段进行招标；

（2）第一阶段，投标人按照招标公告或者投标邀请书的要求提交不带报价的技术建议，招标人根据投标人提交的技术建议确定技术标准和要求，编制招标文件；

（3）第二阶段，招标人向在第一阶段提交技术建议的投标人提供招标文件，投标人按照招标文件的要求提交包括最终技术方案和投标报价的投标文件。招标人要求投标人提交投标保证金的，应当在第二阶段提出。

简记为：第一阶段只有招标公告没有招标文件。因此，实质的招标投标行为全部发生在第二阶段。

【例题 7·2023 年二级真题·多选题】 根据《招标投标法实施条例》及相关规定，关

于两阶段招标基本程序的说法，正确的有（　　　）。

    A. 招标人要求提交投标保证金的，应当在第二阶段提出

    B. 招标人应根据投标人第一阶段提交的技术建议确定技术标准和要求

    C. 对无法精确拟定技术规格的项目，招标人必须分两阶段进行招标

    D. 招标人应向在第一阶段提交技术建议的投标人提供招标文件

    E. 投标人第一阶段应当提交技术建议和投标报价

【答案】A、B、D

◆ 考法 5：投标人资格审查

分为资格预审和资格后审。

（1）采用资格预审的，如为国有资金控股或主导的招标项目，招标人应当组建两个委员会：资格审查委员会负责资审，评标委员会负责评标。两个委员会，要求完全相同（5人以上单数，技术经济专家不少于总人数 2/3，不得与投标人有利害关系），通过资格预审的申请人少于 3 个的，应当重新招标。

（2）采用资格后审的，开标后由评标委员会既负责资审，又负责评标。

【例题 8·单选题】根据《招标投标法实施条例》，下列关于招标资格审查的说法，正确的是（　　　）。

    A. 招标人采用资格预审的，应当发布招标公告

    B. 招标人采用资格后审的，在开标后由评标委员会负责审查投标人资格

    C. 国有资金占控股地位的依法必须招标项目，应当由财政部门审查资格预审申请文件

    D. 通过资格预审的申请人少于 5 个的，应当重新招标

【答案】B

◆ 考法 6：招标人不得设定不合理的条件

【招标中不合理排斥、限制竞争的违规行为】

（1）就同一招标项目向潜在投标人或者投标人提供有差别的项目信息；

（2）设定的资格、技术、商务条件与招标项目的具体特点和实际需要不相适应或者与合同履行无关；

（3）以特定行政区域或者特定行业的业绩、奖项作为加分条件或者中标条件；

（4）对潜在投标人或者投标人采取不同的资格审查或者评标标准；

（5）限定或者指定特定的专利、商标、品牌、原产地或者供应商；

（6）非法限定潜在投标人或者投标人的所有制形式或者组织形式；

（7）其他方式（例如：要求外地企业在本地注册子公司或分公司）。

【例题 9·单选题】某招标文件规定中，（　　　）属于以不合理条件排斥、限制投标人，削弱竞争。

    A. 投标人最近 1 年无重大违法失信记录

    B. 投标人必须具备至少 3 个以上类似工程业绩

    C. 本项目不接受联合体投标

D. 本项目使用的主材应从招标文件列举的生产商、供应商名录中选择

【答案】D

4.2.3　建设工程投标

◆ **考法1：对投标人的要求**

【投标人资格条件审查和公正性审查】

（1）投标人必须符合招标项目要求的所有资格条件，否则不能投标；

（2）与招标人存在利害关系可能影响公正性的单位，不得参加投标；

（3）单位负责人为同一人或者存在控股、管理关系的不同单位，不得参加同一标段或未划分标段的同一招标项目投标。否则相关投标均无效。

【投标人过审后的特殊情况处理】

（1）投标人过审后，不再具备资格条件的，其投标无效；

（2）投标人过审后，发生合并、分立、破产的，应当及时书面告知招标人，招标人对其重新进行资格审查和公正性审查。

【例题1·单选题】关于投标人资格条件的说法，正确的是（　　　）。

　　A. 投标人参加依法必须进行招标的项目投标，受一定地区或部门限制

　　B. 甲公司持有乙公司的股份，甲乙不得在同一标段的同一招标项目投标

　　C. 投标人通过资格审查后，不再具备资格预审文件、招标文件规定的资格条件的，其投标无效

　　D. 投标人通过资格审查后发生合并、分立的，其投标无效

【答案】C

【解析】选项B错误，甲公司和乙公司存在控股管理关系（上下级关系）或者单位负责人为同一人，才影响公正。

◆ **考法2：联合体投标**

【联合体资格审查】

只有（1）大型或（2）结构复杂的两类工程，可以接受联合体投标（其他工程不能接受联合体投标）。招标人应当在资格预审公告、招标公告或者投标邀请书中载明是否接受联合体投标。

资格预审的项目，联合体应当在提交资格预审申请文件前组成。联合体每个成员均应满足招标项目要求的资格条件。资格预审后联合体增减、更换成员的，其投标无效。

同一专业组成联合体，按资质等级低确定。

联合体各方在同一招标项目中以自己名义单独投标或者参加其他联合体投标的，相关投标均无效。

【例题2·单选题】关于联合体投标的说法，正确的是（　　　）。

　　A. 其中至少有一方应当具备承担招标项目的相应能力

　　B. 由同一专业的单位组成的联合体，按照资质等级较高的单位确定资质等级

　　C. 联合体中标的，联合体各方应当共同与招标人订立合同，就中标项目向招标

人承担按份责任

D. 两个以上法人或者其他组织可以组成一个联合体，以一个投标人的身份共同投标

【答案】D

◆考法 3：投标文件的提交、修改、撤回和撤销

【例题 3·单选题】投标文件的送达与签收的说法，正确的是（　　）。

A. 招标人收到投标文件后，应当开启检查是否符合招标文件的要求

B. 在招标文件要求提交投标文件的截止时间后送达的投标文件，有正当理由的，招标人应当签收

C. 未按照招标文件的要求密封的投标文件，招标人可以自行密封

D. 未通过资格预审的申请人提交的投标文件，招标人应当拒收

【答案】D

【例题 4·2024 年二级真题·单选题】关于投标文件撤回的说法，正确的是（　　）。

A. 投标文件递交后不可撤回

B. 投标人撤回已提交的招标文件，无需通知投标人

C. 投标人在投标截止时间前撤回已提交的投标文件的，招标人应当退还投标保证金

D. 中标通知书发出之前，投标人有权撤回投标文件

【答案】C

◆考法 4：投标竞争规范化 1：串标

【属于投标人之间相互串标】

（1）投标人之间协商投标报价等投标文件的实质性内容；

（2）投标人之间约定中标人；

（3）投标人之间约定部分投标人放弃投标或中标；

（4）属于同一集团、协会、商会等组织的成员按照该组织要求协同投标；

（5）投标人之间为谋取中标或者排斥特定投标人而采取的其他联合行动。

【视为投标人之间相互串标】

（1）不同投标人的投标文件由同一单位或者个人编制；

（2）不同投标人委托同一单位或者个人办理投标事宜；

（3）不同投标人的投标文件载明的项目管理成员为同一人；

（4）不同投标人的投标文件异常一致或者投标报价呈规律性差异；

（5）不同投标人的投标文件相互混装；

（6）不同投标人的投标保证金从同一单位或者个人的账户转出。

【例题 5·2023 年二级真题·多选题】根据《招标投标法实施条例》，可视为投标人相互串通投标的情形有（　　）。

A. 不同投标人的投标文件相互混装

B. 不同投标人的投标保函由同一银行开具

C. 不同投标人委托同一单位办理投标事宜

D. 不同投标人的投标报价呈规律性差异

E. 不同投标人的投标文件由同一单位编制

【答案】A、C、D、E

【招标人与投标人之间串标】

（1）招标人在开标前开启投标文件并将有关信息泄露给其他投标人；

（2）招标人直接或者间接向投标人泄露标底、评标委员会成员等信息；

（3）招标人明示或者暗示投标人压低或者抬高投标报价；

（4）招标人授意投标人撤换、修改投标文件；

（5）招标人明示或者暗示投标人为特定投标人中标提供方便；

（6）招标人与投标人为谋求特定投标人中标而采取的其他串通行为。

【例题6·单选题】根据《招标投标法》规定，属于招标人与投标人之间相互串通投标的是（　　）。

A. 招标人将招标文件的澄清内容仅通知了提问的投标人

B. 招标人接收未按照招标文件要求密封的投标文件

C. 与招标人存在利害关系的法人投标

D. 招标人间接向投标人透露评标委员会的成员信息

【答案】D

◆ 考法5：投标竞争规范化2：骗标

【他人名义投标】

使用通过受让或者租借等方式获取的资格、资质证书投标。

【其他方式弄虚作假、骗取中标】

（1）使用伪造、变造的许可证件；

（2）提供虚假的财务状况或者业绩；

（3）提供虚假的项目负责人或者主要技术人员简历、劳动关系证明；

（4）提供虚假的信用状况；

（5）其他弄虚作假的行为。

【例题7·多选题】下列投标行为中，属于弄虚作假骗取中标的有（　　）。

A. 不同投标人的投标保证金从同一单位的账户转出

B. 投标人提交显著低于其成本的报价

C. 投标人借用其他企业资质进行投标

D. 投标人提供虚假的项目负责人劳动关系证明

E. 不同投标人的投标文件相互混装

【答案】C、D

【解析】选项A、E错误，可视为投标人之间串标；选项B错误，为亏本竞标。

4.2.4　建设工程开标、评标和中标

◆考法1：开标的时间、地点、主持人及投标文件的拆封

（1）开标时间与投标截止时间是同一时间，由招标人主持；

（2）有权检查投标文件密封情况的人：投标人、投标人推选代表或公证人员；

（3）唱标；

（4）投标人对开标有异议，应当当场提出，招标人当场答复。

【例题1·2023年二级真题·单选题】 根据《招标投标法》及相关规定，关于开标的说法，正确的是（　　）。

　　A. 投标人现场对开标提出异议，招标人应当场作出答复

　　B. 开标应当在招标文件确定的提交投标文件截止之日起3日内进行

　　C. 开标由招标投标代理机构主持，邀请所有投标人参加

　　D. 开标时招标人应当与所有投标人进行投标方案谈判

【答案】 A

◆考法2：评标委员会的组成

（1）5人以上单数（由招标人代表＋技术经济专家两部分组成）；专家不少于总人数的2/3。

（2）有下列情形之一的，不得担任评标委员会成员：

① 投标人或者投标人主要负责人的近亲属；

② 项目主管部门或者行政监督部门的人员；

③ 与投标人有经济利益关系，可能影响对投标公正评审的；

④ 曾因在招标、评标以及其他与招标投标有关活动中从事违法行为而受过行政处罚或刑事处罚的。

【例题2·单选题】 根据《招标投标法实施条例》，关于评标委员会，说法正确的是（　　）。

　　A. 5人评标委员会中，技术、经济专家至少应为3名

　　B. 一般招标项目，招标人可以在入库专家中直接选定

　　C. 与招标人有利害关系的人，不得进入评标委员会

　　D. 项目主管部门或行政监督部门的人，不得作为评标成员

【答案】 D

◆考法3：评标的要求

（1）评标委员会成员不得向招标人征询其确定中标人的意向。招标文件中没有规定的标准和方法不得作为评标的依据。评标委员会作出评审后，有权否决所有投标。

（2）评标过程中，评标委员会可以书面方式要求投标人对投标文件中含义不明确或者有明显文字计算错误的内容作必要的澄清、说明或者补正。投标人不得主动要求对其投标文件进行澄清说明。

（3）评标报告由评标委员会全体成员签字。评标委员会推荐1～3名中标候选人，并

标明排序。评标委员会成员拒绝在评标报告上签字且不陈述其不同意见和理由的，视为同意评标结论。

表 4.2-5   评标的要求

拒收 （当场就能发现）	否决投标（当场不能发现） （重大偏差）	要求澄清、说明或补正 （细微偏差）
（1）逾期送达的； （2）未密封的； （3）未通过资格预审的	（1）投标文件未经投标单位盖章和单位负责人签字； （2）投标联合体没有提交共同投标协议； （3）投标人不符合国家或者招标文件规定的资格条件； （4）同一投标人提交两个以上不同的投标文件或者投标报价，但招标文件要求提交备选投标的除外； （5）投标报价低于成本或者高于招标文件设定的最高投标限价； （6）投标文件没有对招标文件的实质性要求和条件作出响应； （7）投标人有串通投标、弄虚作假、行贿等违法行为	（1）含义不明确的内容； （2）对同类问题表述不一致； （3）明显的文字计算错误。 例如：投标文件中大写和小写金额不一致的，以大写为准；总价与单价金额不一致的，以单价金额为准，但单价金额小数点有明显错误的除外；对不同文字文本投标文件的解释发生异议的，以中文文本为准

【投标偏差】

分为重大偏差和细微偏差。

【重大偏差】

未能对招标文件作出实质性响应，并应当作否决投标处理。包括：

（1）没有按照招标文件要求提供投标担保或者所提供的投标担保有瑕疵；

（2）投标文件没有投标人授权代表签字和加盖公章；

（3）投标文件载明的招标项目完成期限超过招标文件规定的期限；

（4）明显不符合技术规格、技术标准的要求；

（5）投标文件载明的货物包装方式、检验标准和方法等不符合招标文件的要求；

（6）投标文件附有招标人不能接受的条件；

（7）其他。

招标文件对重大偏差另有规定的，从其规定。

【细微偏差】

指投标文件在实质上响应招标文件要求，但在个别地方存在漏项或提供了不完整的技术信息和数据等情况，并且补正这些遗漏或者不完整不会对其他投标人造成不公平的结果。细微偏差不影响投标文件的有效性。

【例题 3·单选题】 下列评标委员会的行为，合法的是（　　　）。

    A. 某评标委员会根据开标的具体情况，对原有评标标准中不尽合理之处进行了适当调整

    B. 某投标施工方案中有含义不明确、前后表述不一致的内容，评标委员会书面通知该投标人作出澄清、说明

C. 某评标委员会在评标过程中，发现某投标联合体未提交共同投标协议，书面通知其补充

D. 某评标委员会经评审，认为所有投标都不符合招标文件要求，遂向招标人征询确定中标人的意向

【答案】B

【例题4·单选题】评标委员会应当根据招标文件，审查并逐项列出投标文件的全部投标偏差。关于投标偏差，说法正确的是（　　　）。

A. 分为重大偏差、一般偏差和细微偏差

B. 重大偏差为实质上未能响应招标文件要求，应当作否决投标处理

C. 投标人经评标委员会通知，对细微偏差拒不补正的，影响投标有效性

D. 投标文件对同类问题表述不一致或者出现明显的文字、计算错误，属于重大偏差

【答案】B

【解析】选项C错误，细微偏差就是不影响投标有效性的偏差。投标人经通知，对细微偏差拒不澄清、说明、补正的，评标委员会应当"作出不利于该投标人的量化"。

◆ 考法4：评标方法

两种不同的评标方法对应两个不同的中标条件：

【综合评分法】

能够最大限度地满足招标文件中规定的各项综合评价标准。

【最低价法】

能满足招标文件的实质要求，并且"经评审的投标价"（简称为评标价）最低。

【中标候选人公示】

招标人收到评标报告3日内公示候选人，公示期不少于3日。投标人或利害关系人对评标结果有异议的，可以在公示期间向招标人提出。

【定标】

国有资金占控股或主导地位的招标项目，招标人应当确定第一中标候选人为中标人。

【重新定标】

当第一中标候选人放弃中标、因不可抗力不能履行合同、未按招标文件规定期限提交履约保证金或违法行为影响中标结果时，（直接取消中标资格）。招标人"可以"确定第二中标候选人为中标人，"也可以"重新招标。

【例题5·单选题】依法招标项目，关于确定中标人的说法，正确的是（　　　）。

A. 国有资金占控股或主导地位的招标项目，招标人应当确定第一中标候选人为中标人

B. 采用最低价法评标的，应当确定投标报价最低的投标人为中标人

C. 中标候选人的经营、财务状况发生较大变化的，直接取消其中标资格

D. 排名第一的中标候选人放弃中标的，招标人应当重新招标

【答案】A

◆ **考法 5：中标通知书和签订合同**

中标人确定后，招标人应当向中标人发出中标通知书，同时通知未中标人，并与中标人在投标有效期内以及中标通知书发出之日起 30 日之内，按照招标文件和中标人的投标文件签订合同。

招标人和中标人订立书面合同后，不得再订立背离合同实质性内容的其他协议。

【例题 6·2022 年二级真题·单选题】关于中标和订立合同的说法，正确的是（　　）。

A. 招标人不得授权评标委员会直接确定中标人

B. 中标人应当自中标通知书送达之日起 30 日内与招标人订立合同

C. 招标人和中标人订立书面合同后，不得再订立背离合同实质性内容的其他协议

D. 中标人应当按照合同示范文本与招标人订立合同

【答案】 C

【解析】 选项 A 错误，评标委员会推荐中标候选人，定标是招标人的权利。

4.2.5　招标投标异议、投诉处理

【一般规则】

投标人或利害关系人，认为招标投标活动存在违法行为的，可以在知道或应当知道 10 日内，向招标投标监管部门投诉。

【例外规则：异议前置事项】

表 4.2-6　异议前置事项

对资格预审文件提出异议	至迟在提交资格预审文件截止时间 2 日前	招标人收到异议后 3 日内答复，答复前暂停招标投标活动	招标人不答复，或投标人对招标人答复不服的，可以向招标办投诉
对招标文件提出异议	至迟在提交投标文件截止时间 10 日前	招标人收到异议后 3 日内答复，答复前暂停招标投标活动	
对开标提出异议	开标现场当场提出	招标人当场回复并书面记录	
对评标结果提出异议	中标候选人公示期间	招标人收到异议后 3 日内答复，答复前暂停招标投标活动	

【投诉资格】

投诉人应当是本项目投标人或其他利害关系人。不具备投诉资格的，不予受理。

【投诉条件】

应当有明确的请求和必要的证明材料，否则不受理。以非法取得的证据投诉的，驳回其投诉。

【投诉时间】

自知道或者应当知道招标投标违法行为之日起 10 日内提出，逾期不予受理。对资审文件、招标文件、开标、评标结果，未经过异议程序直接投诉的，不予受理。

【投诉处理】

投诉人向两个都有权处理的监管部门提起投诉的，由先收到投诉的处理。自受理后 30 个工作日内处理完毕。需要"检验检测、鉴定、专家评审"的，不计算在内（可顺延）。

【例题 1·2024 年二级真题·单选题】 根据《招标投标法实施条例》，投标人或者其他利害关系人对招标文件有异议的，应当在（　　）提出。

    A. 投标有效期内　　　　　　　　B. 投标截止时间 10 日前

    C. 评标委员会评审结束前　　　　D. 招标人发出中标通知书前

【答案】 B

【例题 2·2024 年一级真题·多选题】 关于招标投标异议及其处理的说法，正确的有（　　）。

    A. 潜在投标人对资格预审文件有异议的，应当在提交资格预审申请文件截止时间 3 日前提出

    B. 投标人认为招标投标活动不符合规定的，有权向招标人提出异议

    C. 投标人对招标文件有异议的，应当在投标截止时间 10 日前提出

    D. 对评标结果的异议作出答复前，招标人应当暂停招标投标活动

    E. 投标人对开标有异议的，招标人应当在评标完成后作出答复

【答案】 B、C、D

【例题 3·模拟案例】 在中标候选人公示期间，甲是第一中标候选人，乙未进入前三名。乙向招标监管部门投诉，要求重新招标。理由是：

（1）招标文件中设置不合理的商务条件和技术壁垒，评标标准多处不明确。

（2）开标会要求法定代表人亲自到场，并提交各类纸质证书当场验证。

（3）评标结果异常。

（4）第一中标候选人与另一投标单位经"天眼通"和"企查查"App 查询，存在控股、管理关系。

【问题】 监管部门受理哪项投诉，不受理哪项投诉？说明理由。

【答题要点】 投诉人对招标文件、开标、评标结果的异议，应当在法定期间，先向招标人提出异议。（1）（2）（3）属于异议前置事项，未经异议程序，直接投诉的，不予受理；其他事项（4），投诉人可以在知道或应当知道该事由 10 日内直接提出投诉。逾期提出的，也不受理。

【例题 4·单选题】 关于招标投标活动投诉的说法，正确的是（　　）。

    A. 投诉人就同一事项向两个有权受理的行政监督部门投诉的，由两个部门协商处理

    B. 投诉应当有明确的请求和必要的证明材料

    C. 对资格预审文件、招标文件、开标、评标结果，超过向招标人提起异议的时间，可以直接向行政监督部门投诉

    D. 以非法手段取得的证据进行投诉的，通报批评后处理其投诉事项

【答案】B

【例题 5·2023 年二级真题·多选题】招标投标行政监督管理部门应当在受理投诉后 30 个工作日内作出书面处理决定，涉及（   ），所需时间不计算在内。

　　A. 检验检测　　　　　　　　　B. 鉴定

　　C. 调解　　　　　　　　　　　D. 层报

　　E. 专家评审

【答案】A、B、E

4.3　非招标采购制度

核心考点提纲

　　　　4.3.1　竞争性谈判
　　　　4.3.2　询价
　　　　4.3.3　单一来源采购
　　　　4.3.4　框架协议采购

4.3.1　竞争性谈判

表 4.3-1　非招标采购方式

政府采购方式	适用条件
竞争性谈判	（1）招标后没有供应商投标或者没有合格标或者重新招标仍未能成立； （2）技术复杂或者性质特殊，不能确定详细规格或者具体要求； （3）采用招标所需时间不能满足用户紧急需要的； （4）不能事先计算出价格总额的。 （竞争性谈判适用于政府货物、服务、工程采购）
竞争性磋商	（1）政府购买服务项目； （2）技术复杂或者性质特殊，不能确定详细规格或者具体要求； （3）因艺术品采购、专利、专有技术不能确定等原因不能事先计算出价格总额； （4）市场竞争不充分的科研项目，以及需要扶持的科技成果转化项目。 （竞争性磋商适用于政府货物、服务、工程采购）
询价	采购的货物规格、标准统一，现货货源充足且价格变化幅度小。 （询价仅适用于政府货物采购）
单一来源采购	（1）只能从唯一供应商处采购的； （2）发生了不可预见的紧急情况不能从其他供应商处采购的； （3）必须保证原有采购项目一致性或者服务配套要求，需要从原供应商处添购，且添购资金不超过原合同采购金额 10% 的。 （单一来源采购适用于政府货物、服务、工程采购）
框架协议采购	标准明确统一、多频次小额零星采购的"货物、服务"

表 4.3-2　竞争性谈判 vs 竞争性磋商 vs 询价

对比条件	竞争性谈判	竞争性磋商	询价
适用	谈判前采购需求基本明确，预算基本确定	磋商前采购需求基本不明确，预算基本不确定	询价前采购需求明确，预算确定
成交原则	最低报价法	综合评分法	供应商一次报出不可更改的报价，同等条件下最低价者成交
竞争供应商	一般不少于 3 家	可以是 2 家	不少于 3 家

【例题 1·单选题】根据《政府采购法》，政府采购的主要方式应是（　　　）。

　　A. 邀请招标　　　　　　　　　　B. 公开招标

　　C. 竞争性谈判　　　　　　　　　D. 单一来源采购

【答案】B

【解析】政府采购的方式有：

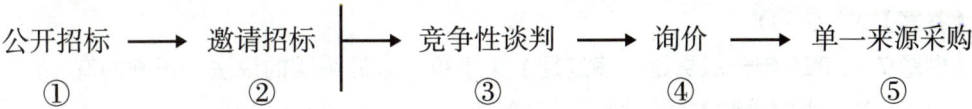

公开招标 ⟶ 邀请招标 ｜ ⟶ 竞争性谈判 ⟶ 询价 ⟶ 单一来源采购
　①　　　　　　②　　　　　　　③　　　　④　　　　⑤

【例题 2·单选题】下列不属于采用竞争性谈判采购的法定情形的是（　　　）。

　　A. 采用招标方式所需时间不能满足用户紧急需要的

　　B. 不能事先计算出价格总额的

　　C. 采用公开招标方式的费用占政府采购项目总价值的比例过大的

　　D. 技术复杂或者性质特殊，不能确定详细规格或者具体要求的

【答案】C

【解析】选项 C 属于适用于《招标投标法》中邀请招标采购方式，选项 A、B、D 适用于《政府采购法》中竞争性谈判采购方式。

【例题 3·2024 年二级真题·多选题】根据《政府采购法》，下列情形中，符合询价方式采购条件的有（　　　）。

　　A. 货物技术复杂或性质特殊　　　B. 货物规格、标准统一

　　C. 现货货源充足　　　　　　　　D. 需要多次重复采购

　　E. 价格变化幅度小

【答案】B、C、E

【解析】选项 A 适用于竞争性谈判采购方式，选项 D 适用于框架协议采购方式。

【例题 4·2024 年二级真题·多选题】根据《政府采购非招标采购方式管理办法》，竞争性谈判采购中，采购人在质量和服务均能满足采购文件实质性响应要求的前提下，确定成交供应商的原则是（　　　）。

　　A. 综合实力最强　　　　　　　　B. 综合评分最高

　　C. 标的物质量最好　　　　　　　D. 最后报价最低

【答案】D

【例题5·单选题】供应商只能向采购方报出一次不可更改的价格的采购方式是（　　　）。

　　A. 竞争性谈判　　　　　　　　B. 竞争性磋商
　　C. 询价　　　　　　　　　　　D. 框架协议采购

【答案】C

【例题6·2024年二级真题·多选题】根据《政府采购法》，下列情形中，可以采用单一来源采购方式的有（　　　）。

　　A. 只能从唯一供应商处采购的

　　B. 采购资金总额巨大

　　C. 发生了不可预见的紧急情况不能从其他供应商处采购的

　　D. 必须保证原有采购项目服务配套的要求，需要继续从原供应商处添购且添购资金总额不超过原合同采购金额10%的

　　E. 市场价格变化幅度较小的

【答案】A、C、D

【例题7·2024年一级真题·多选题】关于单一来源采购的说法，正确的有（　　　）。

　　A. 单一来源采购方式适用于工程采购

　　B. 拟采用单一来源采购方式的，在报批之前，应当在省级以上财政部门指定媒体上公示，并将公示情况一并报财政部门

　　C. 对采用单一来源采购方式公示有异议的，可以在公示期间内将书面意见反馈给采购人、采购代理机构，并同时抄送相关财政部门

　　D. 采购人收到公示异议后应当组织补充论证，论证后认为异议成立的，应当采用其他采购方式

　　E. 采用单一来源采购方式公示期不得少于3个工作日

【答案】A、B、C、D

【解析】选项E错误，根据《政府采购非招标采购方式管理办法》第38条规定，公示期不得少于5个工作日。

4.3.2　询价

本节内容略。

4.3.3　单一来源采购

本节内容略。

4.3.4 框架协议采购

表 4.3-3 框架协议采购

对比条件	封闭式框架协议	开放式框架协议
框架有效期	货物类项目框架≤1年，服务类项目框架≤2年	
第一阶段 入围方式	竞争性入围 （价格优先法或质量优先法，淘汰率≥20%）	非竞争性入围 （合同文本、付费标准已确定）
退出方式	无正当理由不允许退出	随时加入、随时退出
第二阶段 成交方式	直接选定、二次竞价、顺序轮候	直接选定
成交价格与合同	最高限制单价≥响应入围单价≥成交价格 供应商需要与采购人签订采购合同	付费标准－成交价格 无需签订合同、凭订单结算

【例题1·单选题】关于框架协议采购，说法正确的是（　　）。

　　A. 框架协议采购以开放式框架协议为主

　　B. 框架协议采购有效期一般不超过1年

　　C. 框架协议采购方式适用于工程采购

　　D. 框架协议采购应当确定最高限制单价

【答案】D

【解析】框架协议采购仅适用于：标准明确统一、多频次小额零星采购的"货物、服务"。

【例题2·多选题】封闭式框架协议第二阶段确定成交供应商的方式包括（　　）。

　　A. 价格优先法　　　　　　　　B. 质量优先法

　　C. 直接选定　　　　　　　　　D. 二次竞价

　　E. 顺序轮候

【答案】C、D、E

本章模拟强化练习

1. 关于工程总承包，说法正确的是（　　）。

   A. 总承包单位可以是本项目的造价咨询单位

   B. 工程总承包单位应当通过招标方式选择分包单位

   C. 政府投资工程总承包宜采用单价合同

   D. 政府投资项目招标人公开已经完成的项目建议书、可行性研究报告的，其编制单位可以成为工程总承包单位

【答案】D

2. 甲公司和乙公司组成联合体中标一项市政工程。甲乙签订协议约定：甲负责具体组织施工，乙负责对业主和政府沟通工作。业主将工程款打进乙的账户，乙收到工程款后提取20%作为合作收益，剩余80%由甲支配，甲自负盈亏。该行为应被认定为（　　）。

   A. 联营　　　　　　　　　　　B. 非法借贷

   C. 转包　　　　　　　　　　　D. 挂靠

【答案】C

3. 根据《建筑工程施工发包与承包违法行为认定查处管理办法》，下列情形中，属于转包的是（　　）。

   A. 有资质的施工企业相互借用资质承揽工程的

   B. 母公司承接建筑工程后将所承接工程交由子公司施工的

   C. 分包单位将其承包的建设工程再分包给具有相应资质条件的施工企业的

   D. 没有资质的单位借用其他施工企业的资质承揽工程的

   E. 施工总承包单位不履行管理义务，只向实际施工企业收取费用，主要建筑材料、构配件及工程设备的采购由其他单位实施的

【答案】B、E

【解析】选项A、D属于挂靠，选项C属于违法分包。

4. 关于招标方式的说法，正确的是（　　）。

   A. 招标方式分为公开招标、邀请招标和两阶段招标

   B. 受自然环境限制不适宜公开招标的省级重点项目可以采用邀请招标，但需经过发展改革委批准

   C. 财政拨款2000万元的农田灌溉工程，实行以工代赈的，依法可以不招标

   D. 施工技术复杂，有特殊要求的，可以不招标而直接发包

【答案】C

【解析】国家重点项目，经国家发展改革委批准；省重点项目，经省政府批准。

5. 某建设项目招标方发售的招标文件中，有下列几项内容，其中符合《招标投标法》规定的是（　　）。

   A. 本项目设有标底，投标报价低于标底10%为废标，标底在定标时公布

   B. 投标方应当根据投标人须知前附表递交投标保证金和低价风险保证金

C. 本项目投标有效期为 40 天，从提交投标文件截止日开始计算

D. 本项目设有最高投标限价 4000 万元，投标报价不得超过最高投标限价，或低于 80% 的最高投标限价

【答案】C

6. 某招标文件 2024 年 5 月 3 日（星期二）开始出售，招标文件规定投标 2024 年 5 月 25 日截止。2024 年 5 月 14 日，招标人发现招标文件中关于工程量清单的某处内容需要澄清，遂于次日向所有投标人发出了澄清文件。下列说法中，正确的是（　　）。

A. 招标文件可以在 2024 年 5 月 5 日停止出售

B. 招标文件已经发出后，不能再进行澄清

C. 该投标截止日应该推迟，至少应该延后至 2024 年 5 月 30 日

D. 投标截止时间推迟的，招标文件载明的投标有效期无需调整

【答案】C

【解析】选项 D 错误，投标文件自投标截止时起生效。

7. 在建设工程招标投标活动中，关于联合体投标的说法，正确的是（　　）。

A. 在资格预审后，联合体可以增加成员

B. 资格预审公告或招标公告应当事先载明是否接受联合体投标

C. 大型或结构复杂的工程项目，招标人声明只接受联合体投标

D. 联合体投标后，成员甲公司又以自己名义单独提交了一份标书，该投标无效，不影响联合体投标有效性

【答案】B

8. 某建设项目向社会公开招标，下列关于开标的说法正确的是（　　）。

A. 开标时间和开标地点由招标人和全体投标人协商确定

B. 开标由评标委员会主持，邀请所有投标人参加

C. 开标时，由招标人代表检查投标文件的密封情况并唱标

D. 开标过程应当全过程记录，并存档备查

【答案】D

9. 根据《招标投标法实施条例》，评标委员会应当否决其投标的情形有（　　）。

A. 投标联合体没有提交共同投标协议的

B. 投标文件未经投标单位盖章和单位负责人签字的

C. 投标人未按招标文件要求密封投标文件的

D. 投标报价低于成本或者高于招标文件设定的最高投标限价的

E. 投标文件逾期送达或者未送达指定地点

【答案】A、B、D

【解析】招标人拒收的 3 种情形和评标委员会否决投标的 7 种情形，要求精确区分。当场能够发现的，拒收。不能当场发现的，否决投标。不予受理＋废标＝无效投标。本题中选项 C、E 属于招标人拒收投标文件的法定情形。

10.《招标投标法实施条例》规定，招标人可以重新确定中标候选人或重新招标的情

况有（　　）。

    A. 中标候选人拒绝附加条件签订合同

    B. 中标候选人拒绝缴纳履约保证金

    C. 中标候选人因不可抗力不能履行合同

    D. 中标候选人存在不影响中标结果的违法行为

    E. 中标候选人财务状况发生较大变化

【答案】B、C

【解析】选项 A 是中标候选人的权力，选项 E 是招标人应当在发出中标通知书前通知原评标委员会重做审查确认的情形。

11. 关于中标后订立建设工程施工合同的说法，正确的是（　　）。

    A. 合同的主要条款应当与招标文件和中标人投标文件的内容一致

    B. 对备案的中标合同不得进行协商变更

    C. 人工、材料价格行情发生变化，双方应当就合同价款订立新的协议

    D. 招标人和中标人应自中标通知书收到之日起 30 日内订立书面合同

【答案】A

【解析】本题关键是要区分"正当的合同变更"与"阴阳合同"是两个完全不同的概念。阴阳合同是指为了逃避政府管制中标合同和实际履行的合同实质内容不一致。选项 B 错误，因设计变更导致工程量变化或采取赶工措施增加费用，都是合法有效的变更。选项 C 错误，如中标合同是可调价合同，可以变更；如中标合同是固定价，则变更协议对中标合同产生了实质性背离，违法。

12. 关于投标人异议与投诉程序，说法正确的是（　　）。

    A. 投标人对招标文件有异议的，应当在投标截止时间 15 日前向招标人书面提出异议

    B. 投标人对开标有异议的，应当在开标现场当场提出异议

    C. 投标人对评标结果有异议的，可以直接向招标行政监督部门投诉

    D. 招标人在对投标人异议做出书面答复前，应当继续招标投标活动

【答案】B

13. 关于招标投标投诉及其处理的说法，正确的有（　　）。

    A. 投诉人就同一事项向两个有权受理的行政监督部门投诉的，由两个部门协商处理

    B. 投诉应当有明确的请求和必要的证明材料

    C. 对资格预审文件、招标文件、开标、评标结果，超过向招标人提起异议的时间，可直接向监督部门投诉

    D. 行政监督部门受理投诉后 30 个工作日内作出书面处理决定，需要检验、检测、鉴定、专家评审的，所需时间计算在内

    E. 行政监督部门处理投诉，必要时，可以责令暂停招标投标活动

【答案】B、E

14. 询价采购方式的适用条件包括（　　　）。

　　A. 市场竞争不充分的科研项目等　　B. 采购的货物规格、标准统一

　　C. 现货货源充足且价格变化幅度小　　D. 只能从唯一供应商处采购的

　　E. 不能事先计算出价格总额的

【答案】B、C

【解析】选项 A 适用竞争性磋商，选项 E 适用竞争性谈判，选项 D 适用单一来源采购方式。

15. 某部门委托 IT 公司为自己设计制作官网界面，服务费为 30 万元。后续每年的网站维护，为保证服务配套的要求，且维护费用不超过（　　　）的，根据《政府采购法》，可以采用单一来源采购方式进行采购。

　　A. 3 万元　　　　　　　　　　　　B. 6 万元

　　C. 9 万元　　　　　　　　　　　　D. 15 万元

【答案】A

【解析】必须保证原有采购项目一致性或者服务配套要求，需要从原供应商处添购，且添购资金不超过原合同采购金额 10%。

第5章 建设工程合同法律制度

本章考情分析

表 5-1 本章近 1 年真题题型分析（分）

第 5 章	核心考点	2024 年	
		单选	多选
5.1	合同的订立（要约与承诺、缔约过失责任等）	—	—
	合同的效力（有效、无效、可撤销、效力待定）	1	—
	合同的履行（抗辩权）	—	—
	违约责任	1	—
5.2	无效的施工合同	—	—
	建设工程工期、质量和价款	2	2
	施工合同的变更	—	—
	施工合同的权利义务终止	1	2
5.3	买卖合同	1	—
	借款合同	—	—
	保证合同	1	—
	租赁合同	—	—
	承揽合同	1	—
	运输合同	—	2
	仓储合同	1	—
	委托合同	—	—
	保险合同	1	—
合计		10	6
		16	

本章核心考点分析

5.1 合同的基本规定

核 心 考 点 提 纲

- 5.1.1 合同的订立
- 5.1.2 合同的效力
- 5.1.3 合同的履行
- 5.1.4 违约责任

5.1.1 合同的订立

◆考法 1：订立合同的形式

表 5.1-1　合同形式和条款

合同形式	【书面形式】合同书、信件、电子邮件、数据电文等
	【口头形式】简便、高效，但发生争议后举证难
	【其他形式】根据当事人行为推定合同成立的方式（例如坐公交车投币），也叫默示合同
合同条款	标的、数量、质量、履行时间、履行地点、履行方式、违约责任等

【例题 1·2022 年二级真题·单选题】关于合同形式的说法，正确的是（　　　）。

A. 书面形式合同仅指合同书

B. 未依法采用书面形式的合同，合同不能成立

C. 根据当事人行为推定合同成立的，为口头合同

D. 以电子数据存在并可以随时调取查用的数据电文视为书面形式

【答案】D

◆考法 2：订立合同的过程：要约、承诺规则

表 5.1-2　要约、承诺规则

要约＋承诺＝意思表示一致＝合同成立	
要约邀请	包含的交易条件不完整不充分，（需对方补充，否则）不足以使合同成立
要约	包含的交易条件完整充分，（无需对方补充），足以使合同成立
承诺	完全接受、同意对方的要约。不改变、不增加、不补充任何新的实质交易条件（否则就是新要约）。要约规定了承诺期限的，承诺须于承诺期限内作出，否则也应视为新要约

【例题 2·2023 年一级真题·单选题】下列文件中属于要约的是（　　　）。

A. 拍卖公告　　　　　　　　　　　B. 投标文件

C. 招标文件　　　　　　　　　　D. 商业广告

【答案】B

【解析】拍卖公告、招标公告、招股说明书、债券募集办法、基金招募说明书、商业广告和宣传、寄送的价格表等为要约邀请。在建设工程招标投标活动中，招标文件是要约邀请，投标文件是要约，中标通知书是承诺。选项A、C、D均为要约邀请。

【例题3·多选题】甲建筑公司向乙供货商发出购买100t钢材的要约，3500元/t，乙公司收到要约后直接将110t钢材送进现场，甲公司接受并使用于工程。以下说法正确的有（　　　）。

　　A. 乙公司的行为构成承诺

　　B. 乙公司的行为属于新要约

　　C. 甲公司接受钢材并使用于工程，构成承诺

　　D. 双方的合同已经成立

　　E. 乙的行为违背了甲公司的真实意思，合同不成立

【答案】B、C、D

表5.1-3　要约撤回 vs 要约撤销 vs 要约失效

要约不生效、要约失效或者承诺无效＝合同不成立	
要约撤回	要约可以撤回，但撤回要约的通知应当在要约到达相对人前或者与要约同时到达相对人
要约撤销	【一般规则】要约可以撤销，但撤销要约的通知应当在受要约人发出承诺前到达受要约人
	【例外规则】以下两种情况下，要约不可撤销： （1）要约确定了承诺期限或者以其他形式明示要约不得撤销； （2）受要约人有理由认为要约不可撤销，并已经为履行合同做了准备工作
要约失效	（1）要约被拒绝； （2）要约被依法撤销； （3）承诺期限届满，受要约人未作出承诺； （4）受要约人对要约的内容作出实质性变更，但不包括要约的撤回

【例题4·单选题】甲公司项目部欲采购200t螺纹钢，向几家材料商询价。乙材料商报价后反悔。以下说法，正确的是（　　　）。

　　A. 乙材料商的报价属于要约邀请，甲接受不接受，对乙都不产生法律约束力

　　B. 乙材料商的报价属于要约，可以在甲公司发出承诺之前，修改报价

　　C. 乙材料商的报价属于要约，可以在甲公司发出承诺之前，通知撤销

　　D. 乙材料商的报价属于承诺，合同已经成立

【答案】C

【例题5·单选题】下列情形中，属于要约尚未发生法律效力的是（　　　）。

　　A. 拒绝要约的通知到达要约人

　　B. 承诺期满，受要约人未作出承诺

　　C. 受要约人对要约内容作出实质性修改

　　D. 要约人撤回要约的通知与要约同时到达受要约的人

【答案】D

【解析】选项 A、B、C 均属于要约的失效情形，而选项 D 指的是要约撤回的情形。

◆ 考法 3：合同成立（交易达成）

表 5.1-4　合同成立的规则

一般规则	承诺生效时合同成立
例外规则 1 实践合同	承诺生效时合同不成立，自当事人实际交付标的物时才成立（例如定金合同、自然人之间借贷）
例外规则 2 书面合同	承诺生效时合同不成立，自当事人在合同书上签字盖章时成立
例外之例外	（1）法律规定或当事人约定签订书面合同而没有签订，一般情况下不能认定合同成立。但一方已经履行主要义务，对方接受的，该合同成立。称为"事实合同"。 （2）采用招标方式的，一方当事人拒绝签订合同书时，另一方可以主张自中标通知书到达时合同成立。 （3）采用拍卖方式的，一方拒绝签订合同书时，另一方可以主张自拍卖师落槌或者电子交易系统确认成交时合同成立

【例题 6·2023 年一级真题·多选题】关于意思表示生效的说法，正确的有（　　　）。

A. 无相对人的意思表示，表示完成时生效

B. 以对话方式作出的意思表示，到达相对人时生效

C. 以非对话方式作出的意思表示，相对人未指定特定系统的，该数据电文进入系统时生效

D. 以非对话方式作出的意思表示，相对人知道其内容时生效

E. 以公告方式作出的意思表示，公告发布时生效

【答案】A、C、E

【解析】选项 B 错误，以对话方式作出的意思表示，相对人知道其内容时生效；选项 D 错误，以非对话方式作出的意思表示到达相对人时生效；选项 A、E 超纲，根据《民法典》第 138 和 139 条可知，选项 A、E 正确。

◆ 考法 4：订立合同时的缔约过失责任

表 5.1-5　缔约过失责任 vs 违约责任

对比条件	缔约过失责任	违约责任
发生阶段	订立合同过程中	履行合同过程中
表现方式	（1）假借订立合同，恶意进行磋商； （2）故意隐瞒与订立合同有关的重要事实或者提供虚假情况； （3）泄露、不正当地使用订立合同过程中知悉的对方商业秘密或者信息； （4）其他违背诚实信用原则的行为	不履行合同义务或履行不符合约定
承担方式	赔偿对方信赖利益损失	继续履行、采取补救措施、赔偿损失、违约金、定金等
简记为	有约可违，违约责任；无约可违，缔约过失责任	

【例题7·多选题】当事人的不当行为造成对方损失，应当承担缔约过失责任的有（　　）。

  A. 假借订立合同，恶意进行磋商

  B. 故意隐瞒与订立合同有关的重要事实或者提供虚假情况

  C. 拖延支付工程款

  D. 施工质量不合格

  E. 泄露或不正当使用订立合同过程中知悉的对方商业秘密、信息

【答案】A、B、E

【解析】选项C、D为履行合同过程中的违约责任。

【例题8·单选题】某施工单位甲公司在与乙公司协商订购某种异型钢构件时提出，由于该构件的工艺要求高，只有乙公司先行制造出符合要求的样品后，才能考虑批量购买。乙公司完成样品后，甲公司认为达不到自己的要求，便通知乙公司今后有机会再合作。以下说法正确的是（　　）。

  A. 甲公司构成违约，应当赔偿乙公司的损失

  B. 甲公司的行为构成缔约过失，应当赔偿乙公司的损失

  C. 甲公司的行为构成侵权行为，应当赔偿乙公司的损失

  D. 甲公司不需要赔偿乙公司的损失

【答案】D

5.1.2　合同的效力

◆ **考法1：合同效力类型**

表 5.1-6　合同效力类型

合同效力类型	条件/特征	具体事由
民事法律行为生效的条件	—	（1）行为人有相应的民事行为能力； （2）意思表示真实； （3）不违反法律、行政法规强制性规定，不违背公序良俗
无效合同	违法或缺德 （必须主动制止、取缔）	（1）无民事行为能力人订立； （2）行为人与相对人以虚假的意思表示订立； （3）违反"法律、行政法规强制性"规定； （4）违背公序良俗； （5）行为人与相对人"恶意串通"，损害他人合法权益
可撤销合同	违心 （交给当事人处理）	（1）重大误解； （2）欺诈、胁迫； （3）一方利用对方处于危困状态、缺乏判断能力等情形，致使合同成立时显失公平
效力待定合同	无交易资格 （交给监护人、被代理人处理）	（1）（限制民事行为能力人）超越民事行为能力订立； （2）无权代理

【例题 1·多选题】有效的民事法律行为的条件有（　　）。

A. 行为人具有相应的民事行为能力　　B. 行为人意思表示真实

C. 不违反法律法规的任何规定　　　　D. 行为人获得行政许可

E. 不违背公序良俗

【答案】A、B、E

◆ **考法 2：可撤销合同**

表 5.1-7　可撤销合同

类型	因重大误解、欺诈、胁迫、乘人之危致显失公平等情形
撤销权行使	【一般规则】自当事人知道或者应当知道撤销事由之日起 1 年内行使
	【例外规则】 （1）重大误解的当事人自知道或者应当知道撤销事由之日起 90 日内行使。 （2）受胁迫的，自胁迫行为终止之日起 1 年内行使
撤销权消灭	当事人知道撤销事由后明确表示或以自己行为放弃撤销权，撤销权消灭。 当事人自民事法律行为发生之日起 5 年内没有行使撤销权的，撤销权消灭
法律效果	合同未撤销的，自始有效；合同被撤销的，自始无效

【例题 2·2024 年一级真题·单选题】根据《民法典》，下列合同中，属于可撤销合同的是（　　）。

A. 违背公序良俗的合同

B. 行为人与相对人以虚假的意思表示订立的合同

C. 行为人与相对人恶意串通，损害他人合法权益订立的合同

D. 第三人以胁迫手段，使对方在违背真实意思的情况下订立的合同

【答案】D

【解析】选项 A、B、C 均为无效合同。

【例题 3·多选题】甲公司以翻新设备谎称全新设备，与乙施工企业订立设备买卖合同。后来乙施工企业知悉实情并起诉。关于本案，说法正确的有（　　）。

A. 乙施工企业有权根据具体情况，自主决定是否行使撤销权

B. 乙施工企业如果行使撤销权，应当自知道该事由之日 90 日内提出

C. 若乙要求撤销该买卖合同且获得法院支持，则合同自始无效，乙可以追究甲的缔约过失责任

D. 若乙不要求撤销该买卖合同，则合同自始有效，乙可以要求变更合同价款或追究甲的违约责任

E. 该合同因违法，属于当然无效，法院应当主动取缔

【答案】A、C、D

【例题 4·单选题】根据《民法典》，关于可撤销合同的撤销权，说法正确的是（　　）。

A. 当事人受欺诈的，自知道或者应当知道撤销事由之日起 90 日内没有行使撤销权的，撤销权消灭

B. 当事人受胁迫的，自胁迫行为开始之日起 1 年内没有行使撤销权的，撤销权消灭

C. 当事人自民事法律行为发生之日起 3 年内没有行使撤销权的，撤销权消灭

D. 当事人可以放弃行使撤销权

【答案】D

【解析】欺诈胁迫、显失公平——对方责任——知道 1 年；

重大误解——自己责任——知道 90 日。

◆ 考法 3：效力待定合同

表 5.1-8　效力待定合同

概念	合同虽然已经成立，但因交易的当事人不具备交易资格，须经有权人追认才能生效
限制民事行为能力人订立	限制民事行为能力人实施的两类民事法律行为有效： （1）纯获利益的； （2）与年龄、智力、精神健康状况相适应的
	其他民事法律行为属于效力待定，经法定代理人同意或追认后有效
无权代理	行为人（乙）没有代理权、超越代理权或代理权终止后继续代理，未经被代理人（甲）追认的，对被代理人（甲）不发生效力
	相对人（丙）可以催告被代理人（甲）自收到通知之日起 30 日内予以追认。被代理人（甲）未作表示的，视为拒绝追认
	行为人（乙）实施的行为被（甲）追认前，善意相对人（丙）有撤销的权利
	行为人（乙）实施的行为未被（甲）追认的，善意相对人（丙）有权请求行为人（乙）履行债务或就其损失请求行为人（乙）赔偿

【例题 5·2022 年二级真题·单选题】关于限制民事行为能力人实施的民事法律行为的说法，正确的是（　　）。

A. 限制民事行为能力人实施的纯获利益的民事法律行为效力待定

B. 限制民事行为能力人实施的与其年龄、智力、精神健康状况不相适应的民事法律行为无效

C. 相对人可以催告法定代理人在收到通知之日起 30 日内予以追认

D. 相对人催告法定代理人追认，法定代理人未作表示的，视为予以追认

【答案】C

【例题 6·单选题】甲公司委托王某购买水泥，王某在建材市场发现钢材价格非常便宜，仅 3000 元 /t，就以甲的名义与供货商乙签订了 20t 钢材供货合同。随后乙催告甲予以追认，但甲未置可否。一个多月后，钢材价格飙涨到 3500 元 /t，甲要求乙按照合同约定供货 20t，乙拒绝。下列说法正确的是（　　）。

A. 乙拒绝供货构成违约　　　　　B. 合同已经生效，甲有权要求乙履行合同

C. 王某代签的合同已经失效　　　D. 王某的行为构成表见代理

【答案】C

【解析】 乙催告甲，说明乙明知道王某无代理权，因此本案属于普通无权代理，不构成表见代理，选项 D 错误。无权代理合同属于效力待定合同，相对人催告时，甲应在 30 日内予以追认。未作表示的，视为拒绝追认。

5.1.3 合同的履行

【合同履行中当事人姓名或名称变更、法定代表人更换、经办人离职等】 均不影响合同的继续履行（也不需要重签合同）。

【当事人订立合同后合并】 由合并后的法人或者其他组织行使合同权利，履行合同义务。

【当事人订立合同后分立】 分立的法人或者其他组织对合同享有连带债权、承担连带债务（一般规则），但债权人和债务人另有约定的除外（例外规则）。

【例题 1 · 单选题】 施工合同履行过程中，甲方通知乙方项目经理，因公司重组改制原因，公司名称、法定代表人、银行账户均发生了变更，需要重新签订合同。并提出根据新的公司财务管理要求，需要对一些条款进行变更。针对该情形，正确的说法是（　　）。

A. 原合同已经终止　　　　　　　　B. 必须签订变更协议

C. 合同主体未变更　　　　　　　　D. 合同内容已变更

【答案】 C

◆ **考法 1：合同漏洞及其填补**

合同有约定，按约定处理；没有约定或者约定不明的，称为"合同漏洞"。针对合同漏洞如何处理？

第一步，由当事人协议补充；

第二步，依照合同相关条款或交易习惯确定；

第三步，依照法律规定的方式履行。

【小结】 合同约定＞交易习惯（行规）＞法律规定。

表 5.1-9　合同漏洞处理步骤

第一步	当事人协议补充	
第二步	按照合同其他相关条款或交易习惯确定	
第三步	质量要求不明确	按强制性国家标准→推荐性国家标准→行业标准→通常标准或者特定标准，依次确定
	价款或者报酬不明确	按照订立合同时履行地的市场价格
	履行地点不明确	给付货币的，在接受货币一方所在地；交付不动产的，在不动产所在地；其他标的，在履行义务一方所在地
	履行期限约定不明确	债务人可以随时履行，债权人也可以随时要求履行，但应当给对方必要的准备时间
	履行费用负担不明确	由履行义务一方负担

【例题 2 · 多选题】 合同内容约定不明，称为"合同漏洞"。合同漏洞不影响合同效

力，应当按照一定的规则予以填补，并继续履行合同。根据《民法典》规定，正确的有（　　）。

　　A. 合同漏洞，首先应当由当事人友好协商，予以填补

　　B. 当事人协议不成的，一方可以解除合同

　　C. 当事人协议不成的，应当依照交易习惯对相关漏洞进行填补

　　D. 价款约定不明确的，按照合同签订时履行地的市场价格确定

　　E. 履行费用约定不明确的，合同双方各负担一半

【答案】A、C、D

◆ 考法 2：合同履行中的抗辩权类型

表 5.1-10　合同履行中的抗辩权类型

抗辩权类型	合同约定的履行顺序	法律规定
同时履行抗辩权	—	应当同时履行
先履行抗辩权	甲先乙后	因为甲没有履行，或者履行不符合约定，因此乙也拒绝履行
不安抗辩权	甲先乙后	甲有证据证明乙丧失或可能丧失履行能力，甲担心自己先履行，将来得不到对等给付，因此暂不履行
何种情况可以行使不安抗辩	（1）对方经营状况严重恶化； （2）对方转移财产、抽逃资金，以逃避债务； （3）对方丧失商业信誉； （4）对方有丧失或者可能丧失履行债务能力的其他情形	
如何正确行使抗辩权	当事人中止履行的，应当及时通知对方。对方提供适当担保的，应当恢复履行。如果对方未恢复履行能力又不提供适当担保，视为以自己的行为表明不履行主要债务，中止履行的一方可以据此解除合同并追究对方违约责任	

【例题 3·2024 年二级真题·单选题】甲和乙签订买卖合同，双方在合同中没有明确约定如何行使抗辩权，乙方将货物送达时，产品不合格，甲方以此为由拒绝付款，甲方的行为属于（　　）。

　　A. 后履行抗辩权　　　　　　　　B. 先履行抗辩权

　　C. 同时履行抗辩权　　　　　　　D. 不安抗辩权

【答案】C

【例题 4·单选题】施工合同约定施工到 ±0.00 时，建设单位向施工单位支付进度款2000 万元。但施工单位完成该工作一个月经多次催告仍未收到该进度款。于是施工单位书面通知建设单位即日起停止施工。"待贵司支付进度款后，我司将立刻恢复施工"。本案中，施工单位行使停工的权利是（　　）。

　　A. 先履行抗辩权　　　　　　　　B. 同时履行抗辩权

　　C. 不安抗辩权　　　　　　　　　D. 合同解除权

【答案】A

【例题 5·单选题】施工过程中，施工单位有确切证据证明建设单位经营状况严重持

续恶化，可能无法支付后续工程款。于是施工单位中止施工并致函建设单位："请贵公司在 1 个月内提供足额工程款支付担保，本公司收到担保后将立即恢复施工，否则将视情况解除施工合同"。本案中，施工单位行使的是（　　　）。

    A. 同时履行抗辩权   B. 先履行抗辩权

    C. 不安抗辩权   D. 合同解除权

【答案】C

【例题 6·多选题】应当先履行债务的当事人，有确切证据证明对方（　　），可以中止履行。

    A. 经营状况不佳的   B. 丧失商业信誉的

    C. 存在多起诉讼的   D. 有可能会违约的

    E. 抽逃资金以逃避债务的

【答案】B、E

5.1.4　违约责任

表 5.1-11　违约责任的种类

继续履行或补救措施	【一般规则】一方当事人违约不履行，对方有权请求强制其继续履行
	【例外规则】但有三种情况不支持继续履行： （1）法律上或者事实上不能履行。 （2）债务的标的不适于强制履行或者履行费用过高。 （3）债权人在合理期限内未请求履行
赔偿损失	赔偿＝直接损失＋合同履行后可获得的利益（间接损失）≤违约方订立时的合理预见范围
违约金	（1）约定的违约金低于造成的损失的，人民法院或者仲裁机构可以根据当事人的请求予以增加。 （2）约定的违约金过分高于造成的损失的，法院或者仲裁机构可以根据当事人的请求予以适当减少（约定的违约金超过造成损失的 30% 的，法院一般可以认定为过分高于造成的损失）。恶意违约的当事人一方请求减少违约金的，人民法院一般不予支持。 （3）当事人就迟延履行约定违约金的，违约方支付违约金后，还应当继续履行债务
定金	（1）当事人约定"订金、留置金、押金、担保金"等，未明确约定为定金性质的，不可以视为定金。 （2）定金合同应当书面约定，自实际交付定金时成立。实际交付的定金数额多于或者少于约定数额的，视为变更约定的定金数额。 （3）定金数额不得超过主合同额的 20%，超过部分不产生定金的效力。 （4）当事人既约定违约金，又约定定金的，一方违约时，对方可以选择适用违约金或者定金条款

◆ 考法 1：违约责任的种类

【法定违约责任（有没有约定都可以追究，3 个）】

继续履行、采取补救措施、赔偿损失。

【约定违约责任（需要合同明确约定，否则不能追究，2 个）】

违约金、定金。

【例题 1·多选题】在合同没有具体约定违约责任的情况下，被违约方可依法要求违约方（　　）。

　　A. 继续履行　　　　　　　　　B. 采取补救措施

　　C. 赔偿损失　　　　　　　　　D. 支付违约金

　　E. 支付定金

【答案】A、B、C

◆ 考法 2：违约责任 1——赔偿损失

赔偿范围＝直接损失＋合同履行后可获得的利益（间接损失）≤违约方订立时的合理预见范围。

要点：间接的损失要赔，意外的损失不赔。一方违约后，守约方不采取减损措施，致使损失进一步扩大的不赔。

例子：建设单位因财务困难，通知施工单位工程停建并退场，但施工单位拒不撤离施工现场，1 年后提出索赔。

表 5.1-12　损失的类型

直接损失	停工、窝工损失；退场、转场的费用√
间接损失	未完工程的计划利润√
意外损失	项目部管理人员因不能支付材料款被材料商围攻受伤×
扩大损失	占据现场 1 年的相关人员工资、设备设施租赁费用等×

【例题 2·单选题】关于违约责任中"赔偿损失"的说法，正确的是（　　）。

　　A. 违约方应当赔偿不可预见的损害

　　B. 损失赔偿仅限于直接损失，不包括合同履行后预期取得的利益

　　C. 当事人一方违约后，对方没有采取适当措施致使损失扩大的，非违约方可以就扩大的损失请求赔偿

　　D. 当事人为防止因违约造成的损失扩大而支出的合理费用，由违约方承担

【答案】D

◆ 考法 3：违约责任 2——违约金

【例题 3·2022 年二级真题·单选题】关于违约金的说法，正确的是（　　）。

　　A. 约定的违约金过分高于造成的损失的，人民法院或者仲裁机构不得予以减少

　　B. 约定的违约金低于造成的损失的，人民法院或者仲裁机构可以根据当事人的请求予以增加

　　C. 一方违约，当事人要求支付违约金的，不得再要求继续履行

　　D. 一方违约，当事人要求解除合同的，不得再要求支付违约金

【答案】B

【解析】约定的违约金超过造成损失的 30% 的，法院一般可以认定为过分高于造成的损失。

◆ 考法 4：违约责任 3——定金

表 5.1-13　一般违约 vs 根本违约

对比条件	一般违约	根本违约
表现形式	瑕疵履行；拖延履行等	不履行；或者因履行严重不符合约定"导致合同目的无法实现"
是否适用定金罚则	×	√
是否适用单方法定解除	×	√
是否可以没收履约保函	×	√

【例题 4·多选题】 关于定金的说法，正确的有（　　　）。

　　A. 订金、押金、保证金等，与定金法律性质相同

　　B. 定金属于债权担保方式，主合同无效的，定金合同也无效

　　C. 实际交付定金少于约定的，应当补缴定金；多于约定的，不发生定金效力

　　D. 既约定违约金又约定定金的，应当适用违约金条款

　　E. 买卖合同总价 100 万元，甲按约定交付了 25 万元定金，乙予以签收。后来由于乙未能履行合同，则甲最多可以要求乙返还 45 万元

【答案】 B、E

◆ 考法 5：违约责任的相互适用

继续履行 ⎫
　　　　⎬ 只能要一个＋赔偿损失
补救措施 ⎭

违约金 ⎫
定金　　⎬ 只能要一个＋返还定金
赔偿损失 ⎭

【例题 5·单选题】 甲乙签订总价 100 万元的买卖合同，双方约定：甲向乙交纳 10 万元定金，货到付款；如一方违约，向对方支付 15 万元违约金。甲如约交付了定金。合同履行中，乙不能按期交货构成违约，双方解除合同。则乙最多向甲支付（　　　）万元。

　　A. 15　　　　　　　　　　　　　　B. 20

　　C. 25　　　　　　　　　　　　　　D. 30

【答案】 C

【解析】 违约责任的本质是补偿性，是为了尽可能填补被违约方的损失而不是让他发财。明了这一基本原理，即应明了双倍返还定金和赔偿损失不能同时适用。

【例题 6·单选题】 甲公司与乙公司订立了一份建材买卖合同，乙按约定向甲支付了定金 4 万元，合同约定如任何一方不履行合同应向对方支付违约金 6 万元。交货日期届满，甲无法交付该建材。乙诉至法院提出的如下诉讼请求中，既能最大限度保护自己的利益，又能获得支持的是（　　　）。

　　A. 请求甲双倍返还定金 8 万元

　　B. 请求甲支付违约金 6 万元，同时请求甲返还支付的定金 4 万元

　　C. 请求甲双倍返还定金 8 万元，同时请求甲支付违约金 6 万元

D. 请求甲支付违约金 6 万元

【答案】B

◆ 考法 6：违约责任的减免

表 5.1-14　违约责任的减免

法定免责	一方因不可抗力不能履行合同的，根据不可抗力的影响，全部或部分免责（一般规则）
	但当事人迟延履行后发生不可抗力的，不能免责（例外规则）
约定免责	当事人有约定免除责任的条款的，依照其约定（一般规则）
	但以下免责条款无效（例外规则）： （1）造成对方人身伤害的； （2）故意或重大过失造成对方财产损失的
减轻责任	当事人一方违约造成对方损失，但对方对损失的发生也有过错的，可以减少相应的赔偿额
注意	当事人一方因第三人原因违约的，应当向对方当事人承担违约责任，不能因此主张免除或减轻。（"合同相对性原理"）

【例题 7·单选题】某《施工分包合同》中约定如下免责条款，无效的是（　　）。

A. 因工地停水停电导致分包工程停工，一周内累计不足 8 小时的，工期不予顺延

B. 索赔事件发生后，分包单位未在约定期限内向总包提交索赔报告的，视为该事件不涉及费用和工期调整

C. 因分包工程发生质量安全事故，导致总包受到处罚或者被第三人索赔，总包有权向分包单位进行相应追偿

D. 因业主提供现场条件不符合约定、图纸错误等造成损失，分包单位应当直接向业主提出索赔，与总包无关

【答案】D

【例题 8·单选题】关于工程施工中发生不可抗力的说法，正确的是（　　）。

A. 施工中遇到材料涨价，属于不可抗力事件

B. 不可抗力事件发生后，相关费用和损失，均由建设单位承担

C. 当事人因不可抗力不能履行合同的，必定免除责任

D. 当事人迟延履行后发生不可抗力的，不能免除责任

【答案】D

【解析】不可抗力是不能预见、不能避免且不能克服的客观情况。因此，材料涨价等不属于不可抗力。

【例题 9·单选题】某工程项目由乙施工单位总承包。其中钢结构由甲建设单位自行向丙厂采购，丁钢构安装公司是负责钢结构安装的专业分包单位。丙厂在钢构件加工制作完成后，委托戊运输公司运往工地。运输过程中，因司机刘某超载，致使车辆和钢构件被扣。丁安装公司因此停工待料、发生了一些窝工损失。问，丁公司的损失可向（　　）主张赔偿。

A. 甲建设单位　　　　　　　　　　B. 乙总承包单位

C. 丙厂　　　　　　　　　　　　　D. 戊运输公司

【答案】 B

【解析】 追究违约责任的前提是有约可违，因此，任何时候，只能追究合同对方的违约责任。这就是违约责任相对性的含义。本案中，分包丁的合同对方为总包乙。

5.2　建设工程施工合同的规定

核心考点提纲

　　┌─ 5.2.1　施工合同的效力
　　├─ 5.2.2　建设工程工期、质量和价款
　　├─ 5.2.3　施工合同的变更
　　└─ 5.2.4　施工合同的权利义务终止

5.2.1　施工合同的效力

◆**考法 1：施工合同的形式和订立**

建设工程合同包括：勘察、设计、施工合同，注意：监理合同不属于建设工程合同，而是委托合同。

表 5.2-1　施工合同的形式和订立

要求	建设工程施工合同
形式要求	应当采用书面形式
内容要求	（1）依法招标的建设工程项目，合同应当按照招标文件和中标人的投标文件订立； （2）国家重大建设工程合同，应当按照国家规定程序、批准的投资计划、可行性研究报告等文件订立； （3）当事人可以参考《建设工程施工合同（示范文本）》订立合同

【例题 1·单选题】 关于建设工程合同的说法，正确的是（　　）。

A. 包括建设工程勘察、设计、施工合同

B. 依法应当招标而未招标的，不影响合同效力

C. 未采用示范文本签订的，合同不成立

D. 未采用书面形式签订的，合同无效

【答案】 A

◆ **考法 2：施工合同效力**

表 5.2-2　施工合同效力

一	建设工程施工合同效力
绝对无效	【依法应招标而未招标或中标无效】签订施工合同，无效。 【挂靠他人资质签订】施工合同，因违反建筑法禁止性规定而无效。 【转包、违法分包】签订合同无效，但上一手施工合同本身有效，发包人可以立即解除，也可以不解除而追究承包人违约责任
允许补正	【超越资质等级签订】施工合同无效。但承包人在竣工前取得相应资质等级的，当事人请求按照无效合同处理的，不予支持
	【违章建筑】当事人以工程未取得规划许可证为由，请求确认施工合同无效的，应予支持，但起诉前发包人已取得规划审批手续的除外
当事人主张	【黑白合同】招标人和中标人另行签订的建设工程施工合同约定的工程范围、建设工期、工程质量、工程价款等实质性内容，与中标合同不一致，一方当事人请求按照中标合同确定权利义务的，法院应予支持
	【变相的黑白合同】中标人在中标合同之外以明显高于市场价格购买承建房产、无偿建设住房配套设施、让利、向建设单位捐赠财物等，属于"变相降低工程价款"，一方当事人可以背离中标合同实质性内容为由请求确认无效

【例题 2·单选题】下列建设工程施工合同，一方当事人主张合同无效，人民法院予以支持的是（　　　）。

　　A. 某政府采购工程，因招标后无有效标，经重新招标后仍未成立，建设单位改为竞争性谈判方式确定施工企业

　　B. 某依法招标项目，招标人和中标人在中标合同之外约定以市场价格购买承建的 30 套房产

　　C. 某建筑施工企业超越资质等级订立的合同，但工程竣工前已取得相应等级资质

　　D. 某建设工程项目，法庭审理时发包人尚未取得建设工程规划许可证

【答案】D

◆ **考法 3：无效合同的处理**

表 5.2-3　合同无效的处理

合同无效	【溯及力】自始没有法律约束力
	【部分无效】不影响其他部分效力的，其他部分仍然有效
	【争议解决条款】不受影响
合同无效的处理	【一般规则】当事人因此取得的财产，应当返还
	【例外规则】不能返还或者没有必要返还的，折价补偿
	【过错责任】因过错致使民事法律行为无效的，过错方应当赔偿对方损失。双方都有过错的，各自承担相应责任

施工合同无效的处理	【竣工验收合格的】可以参照合同约定，折价补偿
	【验收不合格的】 （1）发包人可以请求承包人进行修复，由承包人承担修复费用； （2）修复后的工程经验收仍不合格的，承包人无权请求参照合同关于工程价款的约定折价补偿

【例题 3 · 单选题】关于无效施工合同工程款结算，说法正确的是（　　）。

A. 建设工程经验收合格的，发包人应当按照合同约定进行工程款结算

B. 建设工程验收不合格，修复后的建设工程经验收仍不合格的，发包人可以在结算中大幅度减少结算金额

C. 建设工程验收不合格，修复后的建设工程经验收合格的，维修费用应当由发包人与承包人共同承担

D. 建设工程经验收合格的，发包人可以参照合同关于工程价款的约定折价补偿承包人

【答案】D

5.2.2　建设工程工期、质量和价款

◆考法 1：建设工程工期争议

表 5.2-4　建设工程工期争议

实际工期（＝实际竣工日－实际开工日－工期顺延天数）vs 合同工期	
开工日	（1）开工日为发包人或者监理人发出的开工通知载明的日期；开工通知发出后，尚不具备开工条件的，以开工条件具备的时间为开工日；因承包人原因导致开工推迟的，以开工通知载明的时间为开工日。 （2）承包人经发包人同意先行进场施工的，以实际进场施工时间为开工日。 （3）发包人或者监理人未发出开工通知的，应当综合考虑《开工报告》、《合同》、《施工许可证》、《竣工验收报告》或者《竣工验收备案表》等载明的开工时间，并结合是否具备开工条件，认定开工日期
竣工日	（1）建设工程一次验收通过的，以提交报告日作为竣工日；经整改后验收通过的，以竣工验收合格之日为竣工日。 （2）承包人提交竣工验收报告，发包人拖延验收，以提交报告日为竣工日。 （3）建设工程未经竣工验收，发包人擅自使用的，以转移占有日为竣工日
工期顺延	（1）发包人未按约定提供材料、设备、场地、资金、技术资料的；或未及时检查隐蔽工程，导致承包人停工、窝工的，承包人可顺延工期。 （2）当事人约定顺延工期应当经发包人或者监理人签证确认，承包人虽未取得签证，但能够证明在约定期限内申请过工期顺延且顺延理由成立，法院应予支持顺延。 （3）当事人对工程质量发生争议，经鉴定合格的，鉴定期间顺延工期

【例题 1 · 单选题】某施工项目发包人与承包人签订合同。协议书中约定开工日为 2023 年 1 月 5 日，但由于发包人不能按时提供施工现场，直到 2023 年 1 月 25 日，工程师才发布开工令，载明承包人应在 2 月 1 日开工。承包人 1 月 30 日实际进场动工。2023

年 12 月 5 日，承包人在自检合格后提交了竣工验收报告，工程于 2023 年 12 月 10 日通过了竣工验收。后来，发包人与承包人就工期确定发生纠纷起诉。经法院查明，该合同并非采用示范文本，未明确约定开工日和竣工日的认定方法。本案中，承包人的施工期应为（　　）。

  A. 自 1 月 5 日始，至 12 月 5 日止

  B. 自 2 月 1 日始，至 12 月 5 日止

  C. 自 1 月 30 日始，至 12 月 5 日止

  D. 自 2 月 1 日始，至 12 月 10 日止

【答案】C

【例题 2·单选题】根据《最高人民法院关于审理建设工程施工合同纠纷案件适用法律问题的解释（一）》（以下简称《施工合同解释（一）》），关于工程延期的说法，正确的是（　　）。

  A. 建设工程竣工前，当事人对工程质量发生争议，工程质量经鉴定合格的，鉴定期间不顺延工期

  B. 承包人在约定期限内申请工期顺延，但发包人或监理人拒绝签认的，工期一律不顺延

  C. 发包人未及时检查隐蔽工程造成承包人窝工、停工的，工期应予顺延

  D. 因不可抗力停工的工期不予顺延

【答案】C

【解析】《施工合同解释（一）》仅提出了顺延的一般规定。但顺延究竟能否获得监理批准，还要考虑甲方违约行为或不可抗力事件影响的是否为关键工作；即使在关键线路上，如果工作进度偏差小于该工作总时差，工期也不予顺延。

◆ 考法 2：施工质量争议处理

表 5.2-5　施工质量争议处理

承包人质量过错责任	（1）因承包人原因致使质量不符合约定的，发包人有权请求承包人在合理期限内无偿修理或者返工、改建。经过修理或者返工、改建后，造成逾期交付的，承包人应当承担违约责任。 （2）因承包人原因致使建设工程在合理使用期限内造成人身损害和财产损失的，承包人应当承担赔偿责任
发包人质量过错责任	发包人对下列原因造成的质量缺陷，应当承担过错责任： （1）提供的设计有缺陷。 （2）提供或者指定购买的建筑材料、建筑构配件、设备不符合强制性标准。 （3）直接指定分包人分包专业工程
未经竣工验收擅自使用的质量争议	（1）发包人未经竣工验收，擅自使用建设工程，又以工程质量不符合约定为由主张权利的，不予支持（一般规则）。 （2）承包人对地基基础和主体结构，应当在工程设计年限内承担民事责任（例外规则）

【例题 3·单选题】下列情况造成建设工程质量缺陷，发包人应当承担过错责任的是（　　）。

A. 隐蔽工程隐蔽后重新打开验收，发现质量缺陷

B. 发包人提供的设计有缺陷

C. 发包人推荐购买的建筑材料不符合强制性标准

D. 发包人拖欠工程进度款影响工人积极性

【答案】B

【例题4·2024年一级真题·单选题】因施工企业的原因致使建设工程质量不符合约定的，发包人请求并经施工企业修理后造成逾期交付的，施工企业（　　）。

A. 不承担违约责任，修理费用由施工企业承担

B. 应当承担缔约过失责任

C. 应当承担违约责任

D. 应当承担侵权责任

【答案】C

◆考法3：工程款结算争议之1：黑白合同、设计变更等处理

表 5.2-6　工程款结算争议

施工合同与招标投标文件内容不一致	施工合同与招标文件、投标文件、中标通知书载明的工程范围、工期、质量、价款不一致的，以招标文件、投标文件、中标通知书作为结算依据
黑白合同	当事人在中标合同之外，又签订其他违背中标合同实质性内容的协议，以中标合同作为结算依据
数份合同均无效	同一工程签订数份施工合同均无效但质量合格的，参照实际履行合同的约定进行折价补偿（一般规则）。实际履行的合同难以确定的，当事人可请求参照最后签的合同进行结算（例外规则）
设计变更	因设计变更导致工程量或者质量标准发生变化：工程量清单中有同样或类似工作的，适用相同或参照类似工作的价格（一般规则）； 工程量清单中没有同样或类似工作的，可以参照签订合同时工程所在地建管部门发布的工程计价方法或标准结算（例外规则）
工程量争议	当事人对工程量有争议的，以签证为准（一般规则）。 承包人能够证明发包人同意其施工，但未能提供签证文件的，按当事人提供的其他证据确认实际发生的工程量（例外规则）

【例题5·单选题】根据《施工合同解释（一）》，以下关于建设工程价款结算纠纷中，说法正确的是（　　）。

A. 当事人对设计变更部分工程价款不能协商一致的，直接按照工程完工时该工作的市场价格进行结算

B. 承包人无法提供签证文件，可按当事人提供的其他证据确认实际发生的工程量

C. 当事人签订的施工合同与招标文件、投标文件、中标通知书不一致，应当将施工合同作为结算依据

D. 同一工程签订数份施工合同均无效的，直接参照最后一份合同进行折价补偿

【答案】B

◆ 考法 4：工程款结算争议之 2：工程欠款 vs 工程垫资处理

【工程欠款】

当事人对欠款利息有约定的，按照约定。没有约定的，按银行同期同类贷款利率计息。

【应付款时间（或利息起算点）】

利息从约定的付款日计算。如果付款时间没有约定或约定不明，则依次按照：

（1）建设工程已实际交付的，为交工日；

（2）工程没有交付的，为提交竣工结算文件日；

（3）建设工程未交付，工程价款也未结算的，为当事人起诉日。

简记为：约定日→交工日→提交结算日→起诉日。

【工程垫资】

当事人对垫资利息有约定的，按照约定返还垫资并支付利息，但超过贷款利率的部分不予支持。当事人对垫资利息没有约定的，不支付利息。

当事人对垫资没有约定的，按照工程欠款处理。

表 5.2-7 欠款利息 vs 垫资利息

利息类别	有约定	无约定
欠款利息	按约定	按贷款利率
垫资利息	按约定（超过贷款利率部分无效）	不予支持

【例题 6·2023 年二级真题·单选题】 某非政府投资项目，某施工单位中标后被要求垫付建设资金 2000 万元，双方在合同中约定了垫资条款，但未约定垫资利息。根据有关司法解释，下列说法正确的是（　　）。

A. 由于当事人对垫资利息没有约定，按照工程欠款处理

B. 垫资的约定无效

C. 应当按照中国人民银行发布的同期同类贷款利率计息

D. 对施工单位支付垫资利息的请求不予支持

【答案】 D

◆ 考法 5：工程款结算争议之 3：承包人的建设工程价款优先受偿权

（1）建筑工程承包人的优先受偿权优于抵押权和其他债权。但不得对抗已支付全部购房款并以居住为目的的人。

（2）装饰装修工程符合折价、拍卖条件；未竣工的建设工程质量合格，承包人请求就其承建工程部分折价或者拍卖的价款优先受偿的，人民法院应予支持。

（3）承包人建设工程价款优先受偿的范围依照国家主管部门关于建设工程价款范围的规定（直接费＋间接费＋利润＋税金）。承包人就逾期付款的利息、违约金、损害赔偿金等主张优先受偿的，人民法院不予支持。

（4）优先权期限为自应付工程价款之日起，最长不超过 18 个月，过期消灭（即所有款项均转化为普通债）。

（5）发包人与承包人约定放弃或者限制建设工程价款优先受偿权，损害建筑工人利益，发包人根据该约定主张承包人不享有建设工程价款优先受偿权的，人民法院不予支持。

【例题7·单选题】某商品房开发工程因故停建，承包人及时起诉要求结算工程款并胜诉，法院在对该项目进行拍卖执行中，有许多债权人主张权利，各债权人的清偿顺序依法应为（　　）。

　　A. 全款购房人、承包人、抵押权人、普通债权人

　　B. 承包人、抵押权人、普通债权人、全款购房人

　　C. 抵押权人、普通债权人、全款购房人、承包人

　　D. 普通债权人、全款购房人、承包人、抵押权人

【答案】A

【例题8·2022年二级真题·多选题】关于承包人工程价款优先受偿权的说法，正确的有（　　）。

　　A. 未竣工的建设工程质量合格，承包人无权请求其承建工程的价款就其承建工程部分折价或者拍卖的价款优先受偿

　　B. 承包人建设工程价款优先受偿的范围包括发包人逾期支付建设工程价款的违约金

　　C. 承包人行使建设工程价款优先受偿权的期限自发包人应当给付建设工程价款之日起算

　　D. 建设工程质量合格，承包人有权请求其承建工程的价款就该工程折价或者拍卖的价款优先受偿

　　E. 承包人与发包人之间放弃或者限制建设工程价款优先受偿权的约定无效

【答案】C、D

【解析】选项E错误，设置工程价款优先权的立法目的就是保障建筑工人的生存权，只要工人工资已经结清或者有足够担保，应当认可发承包双方约定放弃或限制建设工程价款的优先受偿权。

5.2.3　施工合同的变更

◆**考法1：施工合同变更**

（1）合同变更需①当事人双方协商一致且②内容明确且③合法。

简记为：两厢情愿才能变，一厢情愿不能变。

（2）合同变更内容约定不明，推定为未变更（按原合同约定继续履行）。

（3）工程变更中的"协商一致"程序：

由设计单位出具设计变更图纸，总监签发工程变更令。承包人收到变更图纸+变更令后14日内提出费用、工期索赔，经发包人或监理人签认后，由承包人组织实施。

（4）情势变更（即通过合同调整，使之公平）：合同成立后，合同的基础条件发生了当事人在订立合同时无法预见的、不属于商业风险的重大变化（也不属于不可抗力），继

续履行对于当事人一方明显不公平的，不利方可与对方重新协商，协商不成的，当事人可请求人民法院或仲裁机构变更或解除合同。法院或仲裁机构应结合案件的实际情况，根据公平原则变更或解除合同。

【例题 1·单选题】关于建设工程施工合同变更的说法，正确的是（　　）。

A. 施工合同变更内容约定不明确，推定为未变更

B. 施工合同变更与工程变更范围一致

C. 非实质性的条款变更无需协商一致

D. 合同的基础条件发生了订立合同时无法预见的重大变化，继续履行合同对于当事人一方明显不公平的，不利方只能请求法院解除合同

【答案】A

【例题 2·多选题】关于合同"情势变更"的说法，正确的有（　　）。

A. 属于正常商业风险

B. 属于不可抗力事件

C. 该重大变故发生在合同成立之后

D. 继续履行对于当事人一方明显不公平的，受不利影响一方当事人可以和对方重新协商

E. 在合理期限内协商不成的，当事人可以直接通知解除合同

【答案】C、D

◆ 考法 2：施工合同转让

【债权转让】

（1）无需债务人同意，但要通知债务人。未通知债务人的，该转让对债务人不发生效力。

（2）三种转让无效：① 债权性质不得转让的；② 当事人约定不得转让的；③ 法律规定不得转让的。

（3）债务人对让与人（原债权人）的抗辩，可以向受让人（新债权人）主张。

（4）主债权转让的，从债权（例如：利息、违约金等）一并转移。

【债务转移】

债务转移应经过债权人同意。

【例题 3·单选题】2024 年 9 月 15 日，甲建材公司与丙设备租赁公司订立书面协议转让其对乙施工单位的 30 万元材料款债权，9 月 25 日甲公司将该债权转让通知了乙公司。12 月 30 日丙公司向乙公司主张到期的 30 万元债权。但乙公司认为甲公司之前提供的材料质量不合格拒绝支付。本案正确的是（　　）。

A. 甲公司与丙公司之间的债权转让必须经乙公司同意

B. 该债权转让协议 9 月 25 日起对乙发生效力

C. 乙公司对甲公司的抗辩，不能向丙公司主张

D. 丙公司不能取得与该债权相关的从权利

【答案】B

5.2.4 施工合同的权利义务终止

◆考法 1：合同的权利义务终止

【合同终止】

合同终止包括：

（1）债务履行完毕；

（2）债务相互抵销；

（3）债权人下落不明或无正当理由拒绝受领，债务人依法将标的物进行提存；

（4）债权人免除债务；

（5）债权债务归于同一人；

（6）其他，如合同解除。

【例题 1·2024 年一级真题·多选题】下列情形中，导致施工合同权利义务终止的有（　　）。

    A. 发包人被处以罚款

    B. 施工合同已经履行

    C. 施工合同因故解除

    D. 承包人通知发包人将部分工程款支付给第三人

    E. 施工过程中承包人与发包人合并

【答案】B、C、E

◆考法 2：合同解除

表 5.2-8　合同解除的前提及解除方式

一	合同解除（取消交易、退钱退货）
前提	仅适用于"有效合同"，无效合同、可撤销合同不适用合同解除
双方协议解除	只要双方同意，可以任意解除合同
单方依约解除	出现合同约定的解除条件时，一方当事人可以依约定解除
单方依法解除	出现法律规定的解除条件时，一方当事人可以依法解除： （1）因不可抗力致使不能实现合同目的； （2）在履行期限届满前，当事人一方明确表示或者以自己的行为表明不履行主要债务； （3）一方迟延履行主要债务，经催告后在合理期限内仍未履行； （4）一方迟延履行债务或者其他违约行为致使不能实现合同目的

表 5.2-9　合同法定解除

原理	能够继续的，应当继续；确实无法继续或者继续履行没有意义的，不得已而解除	
对方违约	【一般违约】只能追究对方违约责任，但不可以要求解除合同	
	【根本违约】可以解除合同	
不可抗力	【一般影响】受影响的一方应当克服困难继续履行，根据影响部分或全部免除责任，可以按约定要求对方分担损失和费用，但不可以解除合同	
	【根本影响】致使无法继续履行或履行没有意义的，可以解除	

解除权行使期间及行使方式	有约定，按约定；无约定，按 1 年
	当事人一方依法主张解除合同的，应当通知对方。合同自通知到达对方时解除。对方对解除合同有异议的，任何一方当事人均可以请求人民法院或者仲裁机构确认解除行为的效力

【例题 2·单选题】根据《民法典》，关于合同法定解除的说法，正确的是（   ）。

A. 发生不可抗力，即可解除合同

B. 在履行期限届满前，当事人一方以自己的行为表明不履行主要债务，即可解除合同

C. 当事人一方迟延履行主要债务，即可解除合同

D. 以持续履行的债务为内容的不定期合同，当事人无权随时解除合同

【答案】B

【解析】选项 D 错误，以持续履行的债务为内容的不定期合同，当事人可以随时解除合同，但是应当在合理期限之前通知对方。

5.3 相关合同制度

核 心 考 点 提 纲

- 5.3.1 买卖合同
- 5.3.2 借款合同
- 5.3.3 保证合同
- 5.3.4 租赁合同
- 5.3.5 承揽合同
- 5.3.6 运输合同
- 5.3.7 仓储合同
- 5.3.8 委托合同
- 5.3.9 保险合同

5.3.1 买卖合同

【风险负担的一般规则】

标的物毁损、灭失的风险，交付之前由出卖人承担，交付之后由买受人承担。

【例外规则】

（1）需要运输的物，未约定交付地点的，风险自货物交第一承运人时由买家承担；

（2）在途货物买卖（无交付的买卖）：出卖人出卖交由承运人运输的在途标的物，毁损、灭失的风险自合同成立时起由买受人承担；

（3）买受人违约：例如约定交付地点，买受人违约没有收取，风险自买方违约之日起由买家承担。

注意：未交付单证和资料（如：发票、产品合格证、质量保证书、质量鉴定书、品质检验证书、产品进出口检疫书、保险单、保修单、原产地证明书、使用说明书、装箱单等），不影响风险承担。

【收货验货】

买受人在收货后合理期限内或者收货 2 年内未通知出卖人的，视为标的物的数量、质量均符合约定。但货物标注有质保期的（例如水泥），买受人显然应当在标注的质保期内检验，不适用该 2 年规定。

【物的瑕疵】

出卖人对出卖物没有所有权或者处分权，或第三人对物主张知识产权、抵押权等，称为"权利瑕疵"。注意：权利瑕疵不会导致合同无效，由卖家承担瑕疵担保责任。

【分期付款买卖】

买受人未支付到期价款的金额达到全部价款的 1/5 的，出卖人可以要求买受人支付全部价款（即取消分期），也可以解除合同。

【买卖合同的解除】

（1）出卖人分批交付标的物的，出卖人对其中一批标的物不交付或者交付不符合约定，致使该批标的物不能实现合同目的的，买受人可以就该批标的物解除合同；

（2）出卖人不交付其中一批标的物或者交付不符合约定，致使之后其他各批标的物的交付不能实现合同目的的，买受人可以就该批以及之后其他各批标的物解除合同；

（3）买受人如果就其中一批标的物解除合同，该批标的物与其他各批标的物相互依存的，可以就已经交付和未交付的各批标的物解除合同。

【例题 1·2024 年二级真题·单选题】 甲公司向厂家订购 3 台电梯设备，同时订购了配套维修工具。合同约定由厂家包运输。根据《民法典》，关于该合同说法，正确的是（　　）。

　　A. 如果因电梯不符合约定而解除合同，解除的效力及于维修工具

　　B. 如果因维修工具不符合约定而解除合同，解除的效力及于电梯

　　C. 如果其中 1 台电梯质量不符合约定，甲公司可以就全部电梯解除合同

　　D. 如果在运输途中发生山体滑坡事故，导致电梯丢失，则由甲公司承担货物风险

【答案】 A

5.3.2　借款合同

【民间借贷】 ≠银行借贷

表 5.3-1　民间借贷形式

对比条件	自然人—自然人	自然人—单位 单位—单位
合同形式	可以口头；实践合同	应当书面；诺成合同
利息有约定	按约定（≤ 4 倍 LPR）	按约定（≤ 4 倍 LPR）
利息未约定	不支付利息	不支付利息

对比条件	自然人—自然人	自然人—单位 单位—单位
利息约定不明	不支付利息	结合民间借贷合同的内容，根据当地或当事人的交易方式、交易习惯、市场利率等因素确定利息

【例题1·单选题】甲施工企业向乙企业借款50万元周转用于交投标保证金。则下列关于该借款合同的说法，正确的是（　　）。

　　A. 利息约定不明，按照当地或者当事人的交易方式、习惯、市场利率确定

　　B. 未约定利息的，按照合同成立时1年期贷款市场报价利率支付利息

　　C. 有约定利息的，利息不得超过合同成立时1年期贷款市场报价利率2倍

　　D. 可以采用口头方式订立，合同自实际提供借款时成立

【答案】A

【解析】本题是自然人之间借贷之外的民间借贷，所以选项A正确；选项D是自然人之间借款合同的特征。

【例题2·2024年二级真题·单选题】甲企业与乙金融机构订立了借款合同。合同约定，甲企业向乙金融机构借100万元，借期1年，年利率5%，乙预先将5万元的利息扣除，向甲实际提供借款95万元。根据《民法典》，1年期满后，甲企业应当偿还（　　）万元。

　　A. 95　　　　　　　　　　　　B. 100

　　C. 99.75　　　　　　　　　　D. 105

【答案】C

【解析】《民法典》规定，借款的利息不得预先在本金中扣除。利息预先在本金中扣除的，应当按照实际借款数额返还借款并计算利息。本案中当事人约定借款100万元，年利率5万元，贷款人预先扣除利息5万，实际提供借款95万元，则还款时的本金按照实际借的95万元计算，则95×1.05＝99.75万元。

【例题3·多选题】根据《最高人民法院关于审理民间借贷案件适用法律若干问题的规定》，以下民间借贷合同应当认定为无效的有（　　）。

　　A. 套取银行贷款进行转贷或者以向公众非法吸收存款方式后进行转贷的

　　B. 单位因经营周转需要向本单位职工借款的

　　C. 以营利为目的向特定对象提供借款的

　　D. 出借人事后才知道借款人借款用于违法犯罪活动的

　　E. 违背公序良俗的

【答案】A、E

【解析】根据《最高人民法院关于审理民间借贷案件适用法律若干问题的规定》，具有下列情形之一的，人民法院应当认定民间借贷合同无效：（1）套取金融机构贷款转贷的；（2）以向其他营利法人借贷、向本单位职工集资，或者以向公众非法吸收存款等方式取得的资金转贷的；（3）未依法取得放贷资格的出借人，以营利为目的向社会不特定对象

提供借款的（即属于职业放贷行为）；（4）出借人事先知道或者应当知道借款人借款用于违法犯罪活动仍然提供借款的；（5）违反法律、行政法规强制性规定的；（6）违背公序良俗的。

5.3.3 保证合同

【特征】

是要式合同（由保证人与债权人签订书面合同），从合同，是单务、无偿合同，是诺成合同。

【保证人资格】

机关法人不得为保证人；以公益为目的的非营利法人、非法人组织不得为保证人；居民委员会、村民委员会不得为保证人。

【保证方式】

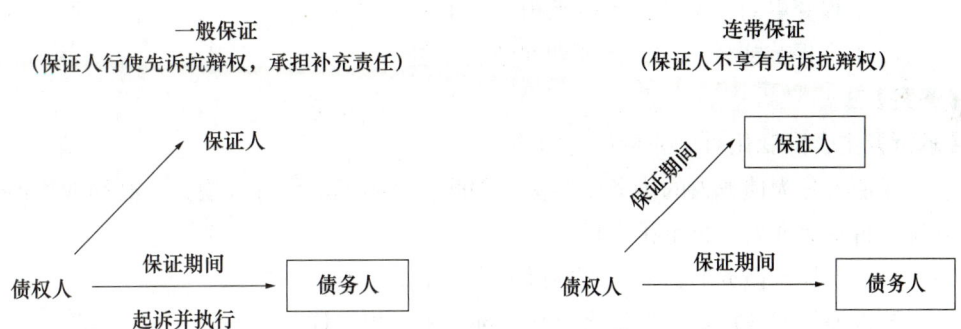

【保证合同及合同漏洞处理】

表 5.3-2　保证合同及合同漏洞处理

一	有约定	无约定或约定不明
保证方式	按约定	按一般保证
保证期间		按主债务履行期限届满之日起 6 个月内
保证范围		按：主债权+利息+违约金或损害赔偿金+实现债权的费用

【例题 1·单选题】关于保证合同，说法正确的是（　　）。

　　A. 保证合同属于要式、双务、有偿、诺成合同

　　B. 保证合同是债权人、债务人与保证人签订的三方协议

　　C. 保证方式、范围、期间未约定的，保证合同无效

　　D. 主合同无效的，保证合同也无效，但法律另有规定的除外

【答案】D

【例题 2·单选题】关于保证责任的说法，正确的是（　　）。

　　A. 居委会、村委会可担任保证人

　　B. 保证方式没有约定的，债权人可直接要求保证人代为履行

C. 保证范围没有约定的，保证人仅对主债权及利息承担责任

D. 未约定保证期间的，保证期间为主债务履行期届满后 6 个月

【答案】D

【例题 3·2022 年二级真题·多选题】根据《民法典》，保证担保范围有（　　　）。

A. 损害赔偿金 　　　　　　　　B. 违约金

C. 主债权的利息 　　　　　　　D. 履行债务的费用

E. 主债务

【答案】A、B、C

【例题 4·单选题】某承包人向发包人提交了银行出具的工程履约保函。工程建设中发生以下事件，说法正确的是（　　　）。

A. 发包人转让全部或部分工程，无需通知保证人

B. 承包人依法将工程分包的（第三人加入债务），保证人保证责任不受影响

C. 工程变更的，保证人不再承担保证责任

D. 工期提前或延后的，保证期间随之变更

【答案】B

【解析】主合同变化对保证责任的影响：

（1）保证人是为债务人的债务做担保。因此，被担保的债务人换人，必须取得保证人书面同意，否则保证人不再承担责任。

（2）第三人加入债务的，保证人的保证责任不受影响。

（3）被担保的债务加重，保证人对加重部分不承担责任。

（4）保证期间，债权人转让全部或者部分债权，无需征得保证人同意，但应通知到保证人。

（5）债权人债务人变更主债务履行期限，未经保证人书面同意，保证期间不受影响。

5. 3. 4　租赁合同

【定期租赁】

租赁合同的期限不得超过 20 年，超过 20 年的，超过部分无效。续期也不得超过 20 年。租赁期限 6 个月以上的，合同应当采用书面形式。租赁期限低于 6 个月的，可以采用书面形式，也可以采用口头形式。

【不定期租赁】

（1）没有约定租赁期限或约定不明的；

（2）租赁期限届满，承租人继续使用租赁物，出租人没有提出异议的；

（3）租赁期限 6 个月以上，当事人未采用书面形式，且"无法确定租赁期限的"。

不定期的租赁合同，出租人和承租人均享有随时解除权，但应当给对方必要的准备时间。

表 5.3-3　租赁合同双方当事人义务

出租人义务	（1）交付租赁物并保持其适租性； （2）对租赁物承担权利瑕疵担保责任； （3）及时维修租赁物
承租人义务	（1）按约支付租金和使用租赁物； （2）妥善保管租赁物； （3）第三人对租赁物主张权利时的通知义务； （4）返还租赁物

表 5.3-4　租赁合同的解除权

出租人解除权	（1）承租人未按照约定的方法或者未根据租赁物的性质使用租赁物，致使租赁物受到损失的，出租人可以解除合同并请求赔偿损失； （2）承租人未经出租人同意转租的； （3）承租人无正当理由未支付或者迟延支付租金的，出租人可以请求承租人在合理期限内支付；承租人逾期不支付的
承租人解除权	（1）租赁物非因承租人原因被司法机关或者行政机关依法查封、扣押，致使租赁物无法使用的； （2）租赁物非因承租人原因发生权属争议，致使租赁物无法使用的； （3）非因承租人原因租赁物具有违反法律、行政法规关于使用条件的强制性规定情形，致使租赁物无法使用的； （4）因租赁物部分或者全部毁损、灭失，致使不能实现合同目的的； （5）租赁物危及承租人的安全或者健康的。 当租赁物的质量瑕疵达到危及承租人人身安全或健康的程度时，即使承租人订立合同时明知该租赁物质量不合格，承租人仍然可以随时解除合同

【例题 1·2023 年二级真题·单选题】关于租赁合同中承租人转租的说法，正确的是（　　）。

　　A. 承租人可以自行决定将租赁物转租给第三人

　　B. 承租人转租的，承租人与出租人之间的租赁合同继续有效

　　C. 第三人造成租赁物损失的，承租人不承担赔偿损失

　　D. 出租人知道承租人转租，但是在 3 个月内未提出异议的，视为出租人同意转租

【答案】B

【解析】承租人经出租人同意，可以将租赁物转租给第三人；承租人转租的，承租人与出租人之间的租赁合同继续有效；第三人造成租赁物损失的，承租人应当赔偿损失。

需要注意的是：出租人知道或者应当知道承租人转租，但是在 6 个月内未提出异议的，视为出租人同意转租。

【例题 2·2024 年二级真题·单选题】甲公司与乙公司订立书面租赁合同，合同约定甲公司租用乙公司的施工设备，租期 12 个月，租金月付。租赁期满后，因工程延期，甲公司继续支付租金，乙公司亦未拒绝。根据《民法典》，关于租期届满后甲乙租赁合同效力的说法，正确的是（　　）。

　　A. 甲乙租赁合同继续有效，但乙有权随时解除租赁合同

B. 甲乙租赁合同效力待定，乙公司事后明确同意续租才有效

C. 因双方并未明确续订租赁合同，甲乙租赁合同终止

D. 乙仍接受甲支付的租金，可视为双方租赁合同续订了 12 个月

【答案】A

【解析】租赁期限届满，承租人继续使用租赁物，出租人没有提出异议的属于不定期租赁；不定期租赁合同，当事人可以随时解除合同，但应当在合理期限之前通知对方。

5.3.5 承揽合同

【特征】

（1）承揽合同以完成一定的工作并交付工作成果为标的（有成果才买单，无成果不买单）。

（2）承揽人须以自己的设备、技术和劳力完成工作。承揽的主要工作交第三人完成的，应当经定作人同意。承揽的辅助工作交第三人完成的，不需要定作人同意。

（3）承揽工作具有独立性。承揽人完成工作中，不受定作人指挥管理，但应接受定作人必要的监督检验。

【承揽合同的履行】

表 5.3-5 承揽合同的履行

承揽人义务	如果是承揽人提供材料，承揽人应当按照约定选用材料并接受定作人检验； 如果是定作人提供材料，承揽人应当及时进行检验，发现不符合约定的，应当及时"通知"定作人更换、补齐
	发现定作人图纸不符合技术标准的，应当及时"通知"定作人
	应当按照定作人的要求保守秘密，未经定作人许可，不得留存复制品或技术资料
定作人义务	按约定期限付款；没有约定或者约定不明的，应当在交付工作成果的同时支付
	定作人中途变更承揽工作的要求，给承揽人造成返工损失的，应当赔偿
	定作人因怠于答复等原因，造成承揽人停工、窝工或返工损失的，应当赔偿

【承揽合同的解除】

表 5.3-6 承揽合同的解除

承揽人解除	【法定解除】定作人不履行协助义务"致使承揽工作不能完成的"，承揽人可以催告其在合理期限内履行义务，并可以顺延工作期限。定作人逾期仍不履行的，承揽人可以解除合同
定作人解除	【法定解除】承揽人未经定作人同意，将"主要工作"交由第三人完成的，定作人可以解除合同
	【任意解除】定作人可以随时解除承揽合同，造成承揽人损失的，应当赔偿

【例题 1·2023 年二级真题·单选题】关于承揽合同的说法，正确的是（　　）。

A. 承揽合同由定作人负责提供相关设备或者技术

B. 承揽合同以完成一定的工作并交付工作成果为标的

C. 承揽人工作不具有独立性

D. 承揽人享有法定任意解除权

【答案】B

【例题2·单选题】关于承揽合同的解除，说法正确的是（　　　）。

A. 承揽人未经定作人同意，将主要工作交由第三人完成的，定作人可以解除合同

B. 定作人不履行协助义务的，承揽人即可直接解除合同

C. 定作人中途变更承揽工作的要求，给承揽人造成损失的，承揽人有权解除合同

D. 定作人和承揽人均有权任意解除承揽合同

【答案】A

【解析】定作人不履行协助义务"致使承揽工作不能完成的"，承揽人可以催告其在合理期限内履行义务，并可以顺延工作期限。定作人逾期仍不履行的，承揽人可以解除合同。

5.3.6　运输合同

【特征】

运输合同属于双务、有偿、诺成合同。特别注意：合同标的为运输行为（而不是货物）。

【托运人任意变更、解除权】

在承运人将货物交付收货人之前，托运人可以请求承运人中止运输、返还货物、变更到达地或者将货物交给其他收货人；但应当赔偿承运人因此受到的损失。

【承运人的拒绝权和留置权】

包装不符合规定或约定的，承运人有权拒绝运输；托运人或收货人不支付运费的，承运人有权留置相应的运输货物。

【赔偿】

承运人对运输过程中货物的毁损、灭失承担损害赔偿责任，但承运人证明货物的毁损、灭失是因（1）不可抗力、（2）货物本身的自然性质或者合理损耗，以及（3）托运人、收货人的过错造成的，不承担损害赔偿责任。

【不可抗力】

货物在运输过程中因不可抗力灭失，未收取运费的，承运人不得要求支付运费；已收取运费的，托运人可以要求返还。

【例题1·2022年二级真题·单选题】因下列原因导致运输过程中货物毁损的情形中，由承运人承担赔偿责任的是（　　　）。

A. 不可抗力　　　　　　　　　B. 承运人未按约定路线行驶

C. 货物本身的自然性质　　　　D. 托运人申报不实

【答案】B

【例题2·2024年二级真题·单选题】货物运输合同中，承运人有权行使留置权的是（　　　）。

A. 托运人违反包装规定的

B. 托运人或收货人不支付运费的

C. 托运人未按规定托运危险物品的

D. 收货人下落不明或无正当理由拒绝受领货物的

【答案】B

【解析】选项 A 为"可以拒绝运输";选项 C，造成承运人损失的，承运人可以要求赔偿；选项 D 为"可以提存"。

5.3.7 仓储合同

【特征】

仓储合同是一种特殊的保管合同，具有下列特征：

（1）仓储合同是诺成合同；

（2）仓储合同的保管对象是动产；

（3）仓储合同是双务合同、有偿合同。

表 5.3-7 仓储合同双方义务

保管人义务	（1）验收义务； （2）出具仓单义务； （3）允许检查或提取样品义务； （4）通知义务； （5）催告或作出必要处置义务； （6）损害赔偿义务
存货人义务	（1）支付仓储费； （2）存储特定物品时的说明义务； （3）按时提取仓储物

【仓储费】

存货人或者仓单持有人逾期提取的，应当加收仓储费；提前提取的，不减收仓储费。

【例题 1·2022 年一级真题·单选题】关于仓储合同保管人的权利义务的说法，正确的是（   ）。

A. 保管人仅负责保管，不负责对入库仓储物进行验收

B. 因仓储物超过有效储存期造成仓储物变质、损坏的，保管人不承担赔偿责任

C. 保管期间，保管人有权拒绝仓单持有人检查仓储物的要求

D. 仓单持有人不得转让提取仓储物的权利

【答案】B

5.3.8 委托合同

【费用】

委托人应当预付处理委托事务的费用。受托人如果垫付了必要费用，委托人应当偿还并支付利息。

【赔偿】

（1）受托人处理事务时，因不可归责于自己的原因受到损失时，可以要求委托人赔偿损失；

（2）有偿的委托合同，因受托人的过错给委托人造成损失的，委托人可以要求赔偿损失；

（3）无偿的委托合同，因受托人的故意或者重大过失给委托人造成损失的，委托人可以要求赔偿损失。

【任何一方的任意解除权】

委托人或者受托人均可以随时解除委托合同（无需对方同意）。

因解除合同给对方造成损失的，除不可归责于该当事人的事由以外，应当赔偿损失。

【例题 1·2023 年二级真题·多选题】根据《民法典》，关于委托合同中委托人义务的说法，正确的是（　　）。

    A. 受托人为处理委托事务垫付的必要费用，委托人应当偿还该费用，但不用支付利息

    B. 委托人应当预付处理委托事务的费用

    C. 受托人完成委托事务的，委托人应当按照约定向其支付报酬

    D. 委托人经受托人同意，可以在受托人之外委托第三人处理委托事务

    E. 因不可归责于受托人的事由，委托事务不能完成的，委托人应当向受托人支付相应的报酬，但当事人另有约定的除外

【答案】B、C、D、E

5.3.9　保险合同

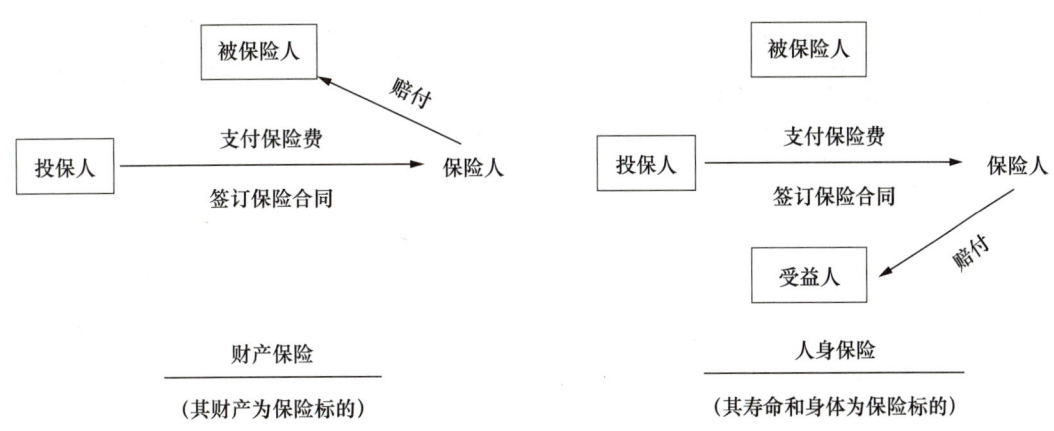

【特征】

保险合同属于双务、有偿、要式、射幸合同。

【保险人（保险公司）的义务】

赔付保险金义务、告知义务（保险合同中规定有关保险人责任免除条款的，保险人在订立保险合同时应当向投保人明确说明，否则，该条款不产生效力）、及时签发保险单证

的义务、降低保费的义务[（1）据以确定保险费率的有关情况发生变化，保险标的危险程度明显减小；（2）保险标的的保险价值明显减少]、承担必要、合理费用的义务。

【例题1·单选题】关于保险合同，说法正确的是（　　）。

　　A. 保险合同是投保人、保险人、被保险人签订的三方协议

　　B. 保单约定的"保险金额"是指将来保险事故发生后，保险公司赔付的最高额

　　C. 保险公司订立合同时，对合同中"免除条款"未尽到提示说明义务的，将导致保险合同无效

　　D. 为查明事故性质、原因、损害程度所需的必要费用，由被保险人承担

【答案】B

【解析】保险合同中规定有关保险人责任免除条款的，保险人在订立保险合同时应当向投保人明确说明，否则，该条款不产生效力。

【例题2·2024年一级真题·单选题】根据《保险法》，下列行为中，属于保险人义务的是（　　）。

　　A. 对保险人责任免除条款的明确说明义务

　　B. 保险事故发生后的及时通知义务

　　C. 保险事故发生时采取必要措施防止或者减少保险标的损失的义务

　　D. 保险标的危险程度增加时的及时通知义务

【答案】A

【解析】选项B、C、D，均为投保人、被保险人、受益人的义务。

本章模拟强化练习

1. 根据《民法典》的规定，下列各项中，属于合同成立的情形是（　　）。

　　A. 甲向乙发出要约，乙作出承诺，该承诺除对履行地点提出异议外，其余内容均与要约一致

　　B. 甲于 5 月 1 日向乙发出要约，规定乙应在 5 月 5 日前回复，乙于 5 月 7 日发出承诺信函，甲收到后未予理睬

　　C. 甲乙谈妥买卖合同条款后约定三日内签订合同书，后来甲将合同寄送给乙，乙反悔没有在合同书上签字盖章

　　D. 甲乙未依法订立书面施工合同，但甲按约定支付了备料款，乙随即进场施工

【答案】D

2. 甲乙双方于 2020 年 1 月 1 日在 A 地签订某施工材料采购合同，约定于 2020 年 3 月 1 日在 B 地履行。当事人对价款没有约定，未达成补充协议，也无法根据合同有关条款或交易习惯确定，则应按照（　　）的市场价格履行。

　　A. 2020 年 1 月 1 日 A 地　　　　　　B. 2020 年 1 月 1 日 B 地

　　C. 2020 年 3 月 1 日 A 地　　　　　　D. 2020 年 3 月 1 日 B 地

【答案】B

【解析】《民法典》511 条规定：合同价款约定不明，且达不成补充协议的，按照订立合同时履行地的市场价格。

3. 以下关于违约责任的案例中，说法正确的是（　　）。

　　A. 甲乙签订的合同并未明确约定违约责任，后来甲违约，乙可以依法要求甲继续履行、采取补救措施、赔偿损失，也可要求甲支付违约金

　　B. 设备采购合同约定，任何一方不履行应支付违约金 8 万元。采购人按照约定向供应商交付定金 5 万元。合同履行期限届满，供应商未能交付设备，造成采购人损失 2 万元。则采购人最多能要求供应商返还 15 万元

　　C. 施工合同约定工期罚款 5 万元 / 天，施工企业因管理不当，实际拖延工期 100 天。建设单位在竣工结算时从工程款中扣除 500 万元工期罚款。但施工企业有证据证明该地区同类同等规模房屋租金仅为 2 万元 / 天，其可以以约定的违约金过高为由，向法院请求予以适当减少

　　D. 在运输合同中约定乙方必须于 2018 年 8 月 1 日前将货物运到甲方指定的地点，货到后付运费。乙方于 8 月 3 日装货起运。8 月 10 日，乙方在运输途中遇到山洪暴发造成公路中断，直到 8 月 20 日乙方才将货物运到指定地点。本案中，乙方可以以不可抗力为由免除违约责任

【答案】C

【解析】选项 A 错误，法定的违约责任是继续履行、采取补救措施、赔偿损失，而违约金和定金是双方需要在合同中约定的违约责任；选项 B 错误，采购人最多能要求供应商返还 13 万元（违、定、损中选最高的 8 万元，并加上已交付的定金 5 万元，8 ＋ 5 ＝

13）；选项 D 错误，乙方在迟延履行后发生不可抗力的，不能免除责任。

4. 一方当事人的违约行为导致工程受到 5 万元的损失时，对方及时地采取了减损措施，支出的费用为 1 万元，但仍未能终止损害，工程实际损害费用为 7 万元。依据《民法典》的违约责任规定，违约方应承担的赔偿额为（　　）万元。

A. 5　　　　　　　　　　　　　　　B. 6

C. 7　　　　　　　　　　　　　　　D. 8

【答案】D

【解析】本题考核的点有两个，一个是"赔偿损失"指的是赔偿直接损失＋可得利益，直接损失就是实际损失。另一个点是"当事人一方违约后，对方应当采取适当措施防止损失的扩大，因防止损失扩大而支出的合理费用，由违约方承担"。考生对 1 万元止损支出没有异议，争议大的是损失部分究竟赔 5 万元还是 7 万元，这里请注意到：只要守约方采取的止损措施并无不当，违约方应当赔偿的当然是最终实际损失。

5. 根据最高法院《施工合同解释》，关于建设工程开工日期和竣工日期的确认，说法正确的是（　　）。

A. 开工通知发出后，尚不具备开工条件的，承包人实际进场施工时间为开工日期

B. 发包人或者监理人未发出开工通知的，以施工许可证载明的开工时间作为开工日期

C. 承包人已经提交竣工验收报告，发包人拖延验收的，以承包人提交验收报告之日为竣工日期

D. 建设工程未经竣工验收，发包人擅自使用的，以承包人实际完工之日为竣工日期

【答案】C

6. 某工程 7 月 5 日发包人未经验收转移占有使用该工程，7 月 12 日承包人提交竣工验收申请，发包人 7 月 20 日组织竣工验收，7 月 21 日合格。该工程的实际竣工日（工期责任）与保修期（质量责任）分别为（　　）。

A. 7 月 5 日，7 月 5 日　　　　　　B. 7 月 12 日，7 月 5 日

C. 7 月 12 日，7 月 21 日　　　　　D. 7 月 5 日，7 月 21 日

【答案】D

【解析】建设工程未经竣工验收，发包人擅自使用的，以转移占有建设工程之日，7 月 5 日为竣工日期；竣工验收合格之后才有保修的概念，因此保修期的起点是 7 月 21 日。

7. 某工程于 2020 年 9 月 1 日通过竣工验收，9 月 6 日承包人提交竣工结算文件，9 月 20 日承包人将工程移交发包人，但发包人却一直未支付工程款。2021 年 5 月 1 日承包人将发包人起诉至法院，要求其支付工程欠款及利息。法院查明，该合同未约定具体付款时间，也未约定欠款利息，同期同类存款利率为 2%，贷款利率 5%。根据相关司法解释，欠款利息起算日及利息标准分别应为（　　）。

A. 2020 年 9 月 7 日，2%　　　　　B. 2021 年 5 月 2 日，5%

C. 2020 年 9 月 21 日，2%　　　　D. 2020 年 9 月 21 日，5%

【答案】D

8. 关于建设工程价款优先受偿权，正确的是（　　　）。

　　A. 承包人优先受偿的范围包括工程款、利息和违约金

　　B. 承包人优先受偿权优于抵押权及其他债权，但不得对抗已支付全部房款并以居住为目的的人

　　C. 承包人行使建设工程价款优先受偿权的期限为 6 个月，自竣工验收之日计算

　　D. 发包人与承包人放弃或者限制建设工程价款优先受偿权的约定一律无效

【答案】B

9. 根据法律规定，下列合同转让行为无效的有（　　　）。

　　A. 总包甲把工程主体结构和关键性工作的施工转让给乙施工单位

　　B. 甲通知乙将自己对乙单位的一笔债务部分转让给丙，随后丙催告乙于 1 个月内确认，乙未置可否

　　C. 甲将中标的某项目的劳务作业分包给具有相应资质的丁企业

　　D. 甲违反不得转让债权的条款，将自己对乙单位的一笔债权转让给丙公司

　　E. 甲将自己对乙单位的一笔债权转让给丙公司，随后通知乙单位，乙未置可否

【答案】A、B、D

【解析】合同转让应合法，因此选项 A 无效而选项 C 有效；合同约定不得转让的，从其约定，因此选项 D 无效；债权转让，通知债务人即生效，选项 E 有效；债务转移，经债权人同意才生效，选项 B 无效。

10. 根据《民法典》，合同权利义务终止的情形为（　　　）。

　　A. 债务人依法将标的物抵押　　　　B. 债权人下落不明

　　C. 当事人一方合并、分立　　　　　D. 债务人依法将标的物提存

【答案】D

11. 甲公司向乙公司订购了一套生产设备，双方签订的买卖合同中对设备的型号、规格、质量等做了明确约定，但未约定质量检验期间。甲公司收到设备后，因故一直未使用，亦未支付剩余货款。收到货物两年后，甲公司才开始使用该设备，却发现该设备的质量与合同约定不符。当乙公司要求甲公司支付剩余货款时，甲公司以设备质量不合格为由拒绝，并要求乙公司承担违约责任。下列关于甲公司权利义务的表述中，符合规定的有（　　　）。

　　A. 因未在法定期间内提出质量异议，甲公司应当向乙公司支付剩余货款

　　B. 虽未在法定期间提出质量异议，但因设备存在质量问题，甲公司有权拒付剩余货款

　　C. 因设备质量不合格，甲公司有权要求乙公司承担违约责任

　　D. 因未在法定期间内提出质量异议，甲公司无权要求乙公司承担违约责任

　　E. 因为已经超过诉讼时效，甲公司和乙公司均无权向对方主张权利

【答案】A、D

【解析】当事人没有约定检验期间的，买受人应当在发现或者应当发现标的物的数量或者质量不符合约定的合理期间内通知出卖人；买受人在合理期限内未通知或者自标的物收到之日起2年内未通知出卖人的，视为标的物的数量或者质量符合约定。

12. 租赁期限六个月以上的，应当采用书面形式。当事人未采用书面形式的，无法确定租赁期限的，（　　）。

  A. 合同不成立   B. 合同无效

  C. 不得对抗善意的第三人   D. 视为不定期租赁

【答案】D

13. 施工设备租赁期间，发生（　　）事件的，不影响租赁合同的继续履行。

  A. 设备未按照国家规定配备保险、限位装置，危及承租人安全

  B. 承租人无正当理由拖延支付租金，经通知，逾期仍不支付

  C. 出租人通知承租人已将该设备转卖他人

  D. 承租人未经出租人同意，将施工设备转租他人

【答案】C

【解析】选项A是承租人可以随时解除合同的情形；选项B、D是出租人可以解除合同的情形；选项C正确，买卖不影响租赁。

14. 承揽人在履行承揽合同中的下列行为错误的是（　　）。

  A. 承揽人发现定作人提供的材料质量不合格，立即停止工作并通知定作人

  B. 承揽人对由自己提供的材料，接受定作人检验

  C. 承揽人未征得定作人同意，可以将其承揽的辅助工作交由第三人完成

  D. 因定作人未按期支付20%的尾款，承揽人可以拒绝交付整个工作成果

【答案】D

【解析】因定作人未按约定支付报酬的，承揽人有权拒绝交付"相应的"工作成果，选项D错在"整个"。

15. 关于货物运输合同，说法正确的是（　　）。

  A. 货物运输合同自托运人向承运人交付标的物时成立

  B. 运输过程中，货物由于不可抗力灭失但已付运费的，托运人可以要求承运人返还

  C. 运输过程中，发生交通事故造成货物毁损的，承运人不承担赔偿责任

  D. 货物运输合同的标的是货物

【答案】B

16. 乙公司将甲承包商订购的材料交由丙公司运送，约定运费由甲支付。运输途中遭遇山洪，全部材料被毁，造成甲停工待料。关于此损失的责任分担，下列说法中正确的是（　　）。

  A. 丙可要求甲支付运费   B. 甲可要求乙赔偿停工损失

  C. 乙可要求丙赔偿货物损失   D. 货物损失由乙承担

【答案】D

【解析】乙公司是卖家，甲承包商是买家。卖家乙公司将材料交由丙公司运送给甲，则卖家送货上门交付之前，损失由卖家承担。本题的陷阱是提到运费由甲支付，这只是双方约定运费的承担方式，并不是交付方式有了改变。

17. 甲与乙签订了仓储合同，约定合同签订后 1 周内甲将物品交乙保管，并向乙支付仓储费。第二天，丙找到乙，双方签订了仓储合同并将物品送抵乙的仓库。由于仓储容量有限，乙便通知甲取消为其保管物品的约定。对此，下列说法中正确的是（　　）。

　　A. 甲向乙交付物品时仓储合同才生效

　　B. 仓储合同不以仓储物交付为要件

　　C. 甲未交付物品，乙不承担违约责任

　　D. 甲无权要求乙承担违约责任

【答案】B

18. 保险合同中被保险人的主要义务有（　　）。

　　A. 防灾防损和施救义务　　　　　　　B. 保险事故通知义务

　　C. 如实告知义务　　　　　　　　　　D. 承担必要、合理费用的义务

　　E. 提供全部事故调查材料的义务

【答案】A、B、C

【解析】选项 D 为保险人的义务；选项 E 错误，投保人、被保险人或者受益人应当向保险人提供其所能提供的与确认保险事故的性质、原因、损失程度等有关的证明和资料。

第6章　建设工程安全生产法律制度

本章考情分析

表 6-1　本章近 1 年真题题型分析（分）

第6章	核心考点	2024 年	
		单选	多选
6.1	建设单位、勘察设计、监理单位安全责任	1	—
	机械设备、检验检测等单位的安全责任	1	—
6.2	申领安全生产许可证的程序和条件	—	—
	安全生产许可证的有效期和撤销	1	2
	安全生产许可证违法行为应承担的法律责任	—	—
6.3	施工单位的安全生产责任	1	—
	施工总、分包的安全生产责任	—	—
	施工单位负责人和项目负责人现场带班制度	1	—
	施工项目负责人和作业人员安全生产权利和义务	1	—
	施工单位安全生产教育培训	—	2
6.4	编制和实施安全技术措施、专项施工方案	—	—
	施工现场安全防范措施和安全生产费用	—	2
	施工现场消防安全责任	1	2
6.5	生产安全事故的等级划分标准	—	—
	生产安全事故的应急救援预案	—	—
	生产安全事故报告、调查和处理	1	2
6.6	建设工程安全生产的监督管理体制	—	—
	政府部门实施安全生产行政执法的法定职权	—	2
	安全生产举报处理、相关信息系统制度	1	—
合计		9	12
		21	

本章核心考点分析

6.1 建设单位和相关单位的安全责任制度

核 心 考 点 提 纲

- 6.1.1 建设单位的安全责任
- 6.1.2 勘察、设计单位的安全责任
- 6.1.3 监理单位的安全责任
- 6.1.4 机械设备、检验检测等单位的安全责任

6.1.1 建设单位的安全责任

（1）到政府部门办理与施工有关的各项手续；

（2）在领取施工许可证时或自开工报告批准之日起15日内报送安全施工措施资料备案；

（3）为施工单位提供真实、准确、完整的现场资料；

（4）确定并提供建设工程安全生产费用；

（5）不得对参建单位提出违法要求，不得明示或暗示施工单位使用不合格材料设备，不得任意压缩合同约定工期；

（6）严格落实安全设施"三同时"，安全设施投资应纳入建设项目概算；

（7）在拆除工程15日前，向政府部门备案。

【建设单位首要安全责任（补充了解内容）】

（1）建设单位应组建项目安全管理机构，需至少配备1名专职安全主管（持有安全资格证书）；

（2）建设单位应对关键岗位人员（包括施工项目经理、专职安全员、总监理工程师）进行安全资格审核和到岗考勤管理；

（3）建设单位应定期组织召开项目安全例会（每周至少1次），牵头组织项目安全巡查检查，如实记录安全隐患排查治理情况，建立隐患排查治理台账。

【例题1·单选题】在整个工程建设中居于主导地位，对建设工程质量、安全承担首要责任的是（　　）。

A. 工程监理单位　　　　　　　　　B. 工程总承包单位

C. 工程建设单位　　　　　　　　　D. 建设行政主管单位

【答案】C

【例题2·单选题】甲企业重新装修办公楼，涉及部分建筑主体和承重结构的变动，乙企业为施工单位，丙企业为甲企业办公大楼的原设计方。丁企业与丙企业具有相同的设计资质。根据《建筑法》，变动的设计方案可以由（　　）。

A. 甲企业委托乙企业提出　　　　　B. 乙企业委托丙企业提出

C. 乙企业委托丁企业提出　　　　D. 甲企业委托丁企业提出

【答案】D

【解析】涉及建筑主体和承重结构变动的装修工程，建设单位应当在施工前委托原设计单位或者具有相应资质等级的设计单位提出设计方案；没有设计方案的，不得施工。房屋建筑使用者在装修过程中，不得擅自变动房屋建筑主体和承重结构。

6.1.2　勘察、设计单位的安全责任

【设计单位安全责任】

（1）在设计文件中注明涉及施工安全的重点部位和环节（危大工程），并对防范生产安全事故提出指导意见；

（2）采用新结构、新材料、新工艺的建设工程和特殊结构的建设工程，设计单位应当在设计中提出保障施工作业人员安全和预防生产安全事故的措施建议；

（3）对设计成果承担责任。

【注意区分】

（1）所有工程设计都要求；

（2）仅三新一特有要求。

【法律后果】

法律要求设计文件注明的内容未注明的，图审不合格。建设行政主管部门对设计单位作出责令改正，予以罚款的行政处罚。

【例题1·2024年二级真题·单选题】 根据《建设工程安全生产管理条例》，特殊结构的建设工程，应当提出保障施工作业人员安全和预防生产安全事故措施建议的是（　　）。

A. 设计单位　　　　　　　　　　B. 造价咨询单位

C. 施工单位　　　　　　　　　　D. 建设单位

【答案】A

【例题2·2024年二级真题·单选题】 关于勘察、设计单位安全责任的说法，正确的是（　　）。

A. 建设项目安全设施的设计单位应当对安全设施设计负责

B. 建设工程勘察、设计文件中规定采用的新技术，全部应当由国家认可的检测机构进行试验、论证

C. 未按照工程建设强制性标准进行勘察、设计，造成损失的，由勘察、设计单位的直接责任人员承担赔偿责任

D. 勘察、设计单位的注册执业人员未执行法律、法规和工程建设强制性标准的，终身不予注册

【答案】A

【解析】选项B错误，《建设工程勘察设计管理条例》规定，建设工程勘察、设计文件中规定采用的新技术、新材料，可能影响建设工程质量和安全，又没有国家技术标准

的，应当由国家认可的检测机构进行试验、论证，出具检测报告，并经国务院有关部门或者省、自治区、直辖市人民政府有关部门组织的建设工程技术专家委员会审定后，方可使用。选项 C、D 的法律责任都没有依据罚责结构循序渐进的原则。选项 C 错误，未按照工程建设强制性标准进行勘察、设计，造成损失的，责令限期改正，处 10 万元以上 30 万元以下的罚款；情节严重的，责令停业整顿，降低资质等级，直至吊销资质证书；造成重大安全事故，构成犯罪的，对直接责任人员，依照刑法有关规定追究刑事责任；造成损失的，依法承担赔偿责任。选项 D 错误，注册执业人员未执行法律、法规和工程建设强制性标准的，责令停止执业 3 个月以上 1 年以下；情节严重的，吊销执业资格证书，5 年内不予注册；造成重大安全事故的，终身不予注册；构成犯罪的，依照刑法有关规定追究刑事责任。

6.1.3 监理单位的安全责任

【监理单位安全责任】

（1）对建设工程安全生产的总体监督；

（2）根据强制性标准审查安全技术措施和专项施工方案；

（3）事故隐患处理：

```
一般事故隐患 ——→ 要求施工单位整改 ——→ 拒不整改 ┐
                                              ├——→ 报告主管部门
严重事故隐患 ——→ 要求暂时停工＋ ——→ 拒不停工 ┘
                报告建设单位
```

【例题 1·2024 年二级真题·单选题】关于工程监理单位安全责任的说法，正确的是（　　）。

    A. 工程监理单位未对施工组织设计中的专项施工方案进行审查造成损失的，由直接责任人员承担赔偿责任

    B. 当施工出现安全隐患，总监理工程师认为有必要停工以消除隐患的，可以签发工程停工令

    C. 施工企业对发现的安全事故隐患拒不整改的，工程监理单位不再承担责任

    D. 工程监理单位在实施监理过程中，发现存在安全事故隐患的，应当要求施工企业立即暂时停止施工

【答案】B

6.1.4 机械设备、检验检测等单位的安全责任

表 6.1-1　机械设备、检验检测等单位的安全责任

一般机械设备	**【三证】**《生产许可证》、《产品合格证》、《安全性能检测合格证明》
建筑起重机械（特种设备）的出租	**【五证一书】**《特种设备制造许可证》、《产品合格证》、《制造监督检验证明》、《备案证明》、《自检合格证明》、《安装使用说明书》

建筑起重机械（特种设备）的出租	【五种情况不得出租】 （1）国家明令淘汰或禁止使用； （2）超过安全技术标准规定使用年限或厂家规定使用年限； （3）经检验达不到安全技术指标； （4）没有完整技术档案； （5）没有齐全有效的保护装置。 注：（1）～（3）应强制报废并在备案机关办理注销手续
建筑起重机械的安装拆卸	（1）安装、拆卸应当外包给建筑起重机械安装资质单位承担； （2）安装单位应当编制拆装专项方案，由安装单位技术负责人签字，并由安装单位专业技术人员和专职安全员现场监督； （3）安装完毕后，安装单位应当自检，出具自检合格证明，并向施工单位进行安全使用说明，办理验收手续并签字

【例题1·2024年二级真题·单选题】 根据《建设工程安全生产管理条例》，出租的机械设备和施工机械及配件，应当具有（　　）。

A. 自检合格证明
B. 制造监督检验证明
C. 备案证明
D. 生产（制造）许可证、产品合格证

【答案】 D

【解析】 选项A、B、C、D均属于签订建筑起重机械租赁合同时出租方应提供的文件，本题中仅选项D适用出租一般机械设备和施工机械及配件时应当具有的文件。

【例题2·2024年二级真题·多选题】 关于施工起重机械和自升式架设设施安装、拆卸单位的安全责任的说法，正确的有（　　）。

A. 从事建筑起重机械安装、拆卸活动的单位，应当依法取得建筑施工企业安全生产许可证
B. 在施工现场安装、拆卸施工起重机械，必须由具有相应资质的单位承担
C. 在施工现场安装、拆卸整体提升脚手架，应当编制拆装方案，制定安全施工措施，并由专业技术人员现场监督
D. 施工起重机械安装完毕后，施工总承包单位应当自检，出具自检合格证明
E. 在施工现场安装、拆卸整体提升脚手架，必须由具有相应资质的单位承担

【答案】 A、B、C、E

【解析】 选项D错误，安装完毕后，安装单位应当自检，出具自检合格证明，并向施工单位进行安全使用说明，办理验收手续并签字。

【例题3·单选题】 关于建筑起重机械安装单位安全责任的说法，正确的是（　　）。

A. 安装单位应当与建设单位签订建筑起重机械安装、拆卸工程安全协议书
B. 施工总承包企业不负责对建筑起重机械安装、拆卸工程专项施工方案的审核
C. 建筑起重机械安装完毕后，安装单位应向建设单位进行安全使用说明，办理验收手续并签字
D. 建筑起重机械的使用达到国家规定的检测期限的，必须经有专业资质的检测机构检测

【答案】D

【例题4·单选题】根据《特种设备安全法》，关于特种设备检验、检测及法律责任的说法，正确的是（　　）。

　　A. 特种设备检验、检测人员可以同时在两个检验、检测机构中执业

　　B. 特种设备检验、检测人员开展的检验、检测，以单位名义出具报告，个人无需承担责任

　　C. 特种设备检验、检测人员应当对特种设备生产经营进行监制、监销

　　D. 特种设备检验、检测人员发现特种设备存在严重事故隐患的，应当立即向负责特种设备安全监督管理的部门报告

【答案】D

【解析】选项A错误，特种设备检验、检测机构的检验、检测人员不得同时在两个以上检验、检测机构中执业；变更执业机构的，应当依法办理变更手续。选项B错误，检验检测机构和检验检测人员对检验检测结果、鉴定结论依法承担法律责任。选项C错误，特种设备检验、检测机构及其检验、检测人员不得从事有关特种设备的生产、经营活动，不得推荐或者监制、监销特种设备。对检验、检测过程中知悉的商业秘密，负有保密义务。

6.2　施工安全生产许可证制度

核 心 考 点 提 纲

　　6.2.1　申领安全生产许可证的程序和条件
　　6.2.2　安全生产许可证的有效期和撤销
　　6.2.3　安全生产许可证违法行为应承担的法律责任

6.2.1　申领安全生产许可证的程序和条件

表 6.2-1　申领安全生产许可证的程序和条件

申请主体	建筑施工企业
申请方式	一般在线上申请，发电子证书
申请材料	《营业执照》＋12项安全生产条件证明（或承诺）
审批机关	企业所在地省级建设行政主管部门，自受理申请45日内审批完成
申请条件	（1）建立、健全安全生产责任制，制定完备的安全生产规章制度和操作规程； （2）保证本单位安全生产条件所需资金的投入； （3）设置安全生产管理机构，按照规定配备专职安全生产管理人员； （4）主要负责人、项目负责人、专职安全生产管理人员经建设主管部门或者其他有关部门考核合格； （5）特种作业人员经有关业务主管部门考核合格，取得特种作业操作资格证书； （6）管理人员和作业人员每年至少进行一次安全生产教育培训并考核合格；

申请条件	（7）依法参加工伤保险，依法为施工现场从事危险作业的人员办理意外伤害保险，为从业人员缴纳保险费； （8）施工现场的办公、生活区及作业场所和安全防护用具、机械设备、施工机具及配件符合有关安全生产法律要求； （9）有职业危害防治措施，并为作业人员配备符合国家标准或者行业标准的安全防护用具和安全防护服装； （10）有对危险性较大的分部分项工程及施工现场易发生重大事故的部位、环节的预防、监控措施和应急预案； （11）有生产安全事故应急救援预案、应急救援组织或者应急救援人员，配备必要的应急救援器材、设备； （12）其他

【例题1·单选题】下列有关安全生产许可证的申请和领取，说法正确的是（   ）。

　　A. 建筑施工企业未取得安全生产许可证的，只能承揽小型工程

　　B. 建筑施工企业应当向县级以上应急管理部门申请安全生产许可证

　　C. 建筑施工企业申请安全生产许可证，应当提交资质证书和财务状况证明

　　D. 建筑施工企业申请安全生产许可证，应当提交营业执照和安全生产条件证明

【答案】D

【例题2·2022年二级真题·多选题】建筑施工企业取得安全生产许可证应当具备的安全生产条件有（   ）。

　　A. 特种作业人员经有关业务主管部门考核良好，取得特种作业操作资格证书

　　B. 施工现场的办公、生活区及作业场所和安全防护用具、机械设备、施工机具及配件符合有关安全生产法律、法规、标准和规程的要求

　　C. 有对危险性较大的分部分项工程及施工现场易发生重大事故的部位、环节的预防、监控措施和应急预案

　　D. 管理人员和作业人员每半年至少进行一次安全生产教育培训并考核合格

　　E. 有职业危害防治措施，并为管理人员配备符合国家标准或者行业标准的安全防护用具和安全防护服装

【答案】B、C

【解析】选项A错误，特种作业人员经有关业务主管部门考核"合格"，取得特种作业操作资格证书；选项D错误，管理人员和作业人员每年至少进行1次安全生产教育培训并考核合格；选项E错误，有职业危害防治措施，并为"作业人员"配备符合国家标准或者行业标准的安全防护用具和安全防护服装。

【例题3·2023年二级真题·单选题】根据《建筑施工企业安全生产许可证管理规定》，建筑施工企业取得安全生产许可证，应当具备的安全生产条件是（   ）。

　　A. 保证本单位生产经营所需资金的投入

　　B. 建立健全安全生产责任制，制定完备的安全生产规章制度和操作规程

　　C. 管理人员经建设主管部门或者其他有关部门考核合格

　　D. 为施工现场作业人员办理意外伤害保险

【答案】B

6.2.2 安全生产许可证的有效期和撤销

表 6.2-2　安全生产许可证的管理

换证	安全生产许可证有效期为 3 年。企业应当于期满前 3 个月向原发证机关办理延期手续，经审查符合安全生产条件后，批准延期 3 年（一般规则）。企业在安全生产许可证有效期内严格守法，未发生死亡事故的，可以申请免审延期（例外规则）
	企业变更名称、地址、法定代表人等，应当在变更后 10 日内，到原发证机关办理安全生产许可证变更手续
补证	安全生产许可证纸质证书遗失的，由申请人告知资质许可机关，资质许可机关在官网发布信息，2 个工作日内补办
注销	施工企业破产、倒闭、撤销的，应当将安全生产许可证交回原发证机关予以注销
撤销	（1）机关工作人员滥用职权，玩忽职守颁发安全生产许可证的； （2）超越法定职权颁发安全生产许可证的； （3）违反法定程序颁发安全生产许可证的； （4）对不具备安全生产条件的企业颁发安全生产许可证的； （5）其他

【例题 1·单选题】关于建筑施工企业安全生产许可证的说法，正确的是（　　）。

　　A. 建设单位应当在项目开工前申请领取安全生产许可证

　　B. 安全生产许可证有效期届满后应当向原安全生产许可证颁发管理机关申请延期

　　C. 建筑施工企业撤销的，其安全生产许可证应当注销

　　D. 安全生产许可证遗失，向原安全生产许可证颁发管理机关报告后即可申请补办

【答案】C

6.2.3 安全生产许可证违法行为应承担的法律责任

表 6.2-3　安全生产许可证违法行为应承担的法律责任

违法行为	法律责任
有效期满未办理延期手续，继续施工活动的	责令停工补办，没收违法所得，处罚款 5 万~10 万
转让安全生产许可证的	没收违法所得，罚款 10 万~50 万，并"吊销"安全生产许可证
发生重大安全事故的	"暂扣"安全生产许可证并限期整改
领证后不再具备安全生产条件的	"暂扣"安全生产许可证并限期整改；情节严重的，吊销
隐瞒有关情况或提供虚假材料申请的	（没骗成的）警告，1 年内不得再次申请
骗取、贿赂取得的	（骗成了的）撤销，3 年内不得再次申请

【例题 1·2022 年二级真题·单选题】下列施工企业的行为中，应当暂扣安全生产许可证并限期整改的是（　　）。

A. 施工企业不再具备安全生产条件，且情节严重

B. 发生重大安全事故的

C. 施工企业转让安全生产许可证的

D. 施工企业安全生产许可证有效期满未办理延期手续

【答案】B

【解析】注意选项 A 不选，且"情节严重"时，应吊销安全生产许可证。

【例题 2·2022 年一级真题·单选题】根据《建筑施工企业安全生产许可证管理规定》，下列安全生产许可证违法行为中，罚款额度区间最小的是（　　）。

A. 未取得安全生产许可证从事施工活动

B. 转让安全生产许可证

C. 冒用安全生产许可证

D. 安全生产许可证有效期满未办理延期手续继续从事施工活动

【答案】D

【解析】选项 A、B、C 均处以 10 万元以上 50 万元以下的罚款；选项 D 应处以 5 万元以上 10 万元以下的罚款。

6.3　施工单位安全生产责任制度

核心考点提纲

6.3.1　施工单位的安全生产责任

6.3.2　施工总承包和分包单位的安全生产责任

6.3.3　施工单位负责人和项目负责人施工现场带班制度

6.3.4　施工项目负责人的安全生产责任

6.3.5　施工作业人员安全生产的权利和义务

6.3.6　施工单位安全生产教育培训

6.3.1　施工单位的安全生产责任

◆考法 1：施工企业的安全生产体系

【施工企业的安全生产体系】

（1）主要负责人对企业安全生产全面负责（企业主要负责人包括法定代表人、总经理、分管安全生产的副总经理、分管生产经营的副总经理、技术负责人、安全总监等）；

（2）企业应当设置安全生产机构（安委会或安全科），并配备足够专职安全员；

（3）施工企业可以设置专职安全生产分管负责人，协助法定代表人做好安全生产管理工作。

【例题 1·2024 年二级真题·多选题】关于施工企业安全生产工作的说法，正确的有（　　）。

A. 建筑施工企业的法定代表人对本企业的安全生产负责

B. 国有大中型企业和规模以上企业要建立安全生产委员会

C. 施工企业主要负责人应当协助专职安全生产分管负责人履行安全生产管理职责

D. 施工企业领导班子成员和管理人员实行安全生产"一岗双责"

E. 施工企业主要负责人负责本单位加强安全生产标准化建设

【答案】A、B、D、E

【解析】

$$安全生产机构 \longrightarrow \begin{cases} 国有大中型企业 \longrightarrow 安委会 \\ 小型企业；分公司等 \longrightarrow 安全科 \end{cases}$$

【施工企业安全生产管理机构中专职安全员配备】

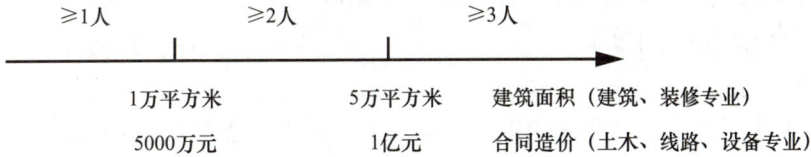

【项目专业承(分)包单位专职安全员的配备】≥1人

◆ **考法 2：施工企业项目部的安全生产体系**

【施工总承包项目的安全生产体系】

（1）总承包企业、专业承包企业和劳务分包企业项目经理、技术负责人和专职安全生产管理人员组成项目安全生产领导小组（简记为：三家企业三类人员）；

（2）按法定要求配备足够数量的专职安全员。工程量大、施工作业难度大、致害因素多或采用新技术、新工艺、新材料的工程项目，专职安全员数量应在法定标准上适当增加配备。

【项目总承包单位专职安全员的配备】

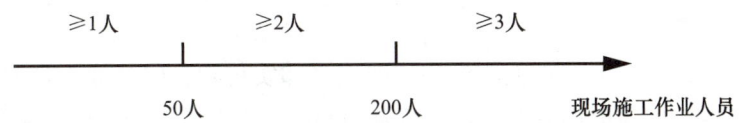

【项目专业承(分)包单位专职安全员的配备】≥1人

【项目劳务分包单位专职安全员的配备】

【例题2·单选题】关于施工现场安全生产管理人员配备要求的说法，正确的是（　　）。

A. 合同造价 9000 万元的市政工程，总承包单位应当至少配备 3 名专职安全员

B. 建筑面积 52000m² 的房屋建筑，施工总承包单位应当至少配备 2 名专职安全员

C. 专业承包单位应当在施工现场配备至少 2 名兼职安全员

D. 劳务分包单位应当根据作业人数配备足够专职安全员

【答案】D

◆ 考法 3：安全生产责任制

表 6.3-1 安全生产责任制

企业负责人 （管企业）	项目负责人 （管项目管钱管分包）	工程项目专职安全员 （管现场管工人）	技术负责人 （管技术）
建立健全安全生产责任制	建立项目安全生产体系，落实生产责任制、安全生产规章制度和操作规程	现场安全生产日常检查并做好检查记录	安全施工技术交底 （项目总工）
组织制定安全生产规章制度和操作规程	组织制订安全施工措施、消除事故隐患	现场监督专项施工方案的实施	签署专项施工方案并定期巡查落实情况 （企业总工）
保证本单位安全生产投入的有效实施	确保安全施工费用的有效使用	对作业人员违章行为有权予以纠正或查处	
对承建工程进行定期和专项安全检查	定期考核分包单位安全管理状况	对现场安全隐患有权责令立即整改	—
及时、如实报告安全事故	及时、如实报告安全事故	发现重大安全隐患，有权向企业安全生产管理机构报告	—

【例题 3 · 2024 年二级真题 · 多选题】下列属于企业安全管理机构安全员的职责的是（　　）。

A. 监督危险性较大方案的实施

B. 监督项目安全管理人员履职情况

C. 监督项目安全费用使用情况

D. 监督作业人员安全防护用品的配备及使用情况

E. 制定安全管理制度并实施

【答案】B、D

【解析】选项 A 为工程项目专职安全生产管理人员的职责，选项 C、E 为施工单位安全生产管理机构的职责。

◆ 考法 4：风险分级管控、安全事故隐患排查治理双重机制

（1）生产经营单位应当建立安全生产风险分级管控制度，按照风险等级采取相应管控措施（4 级：红、橙、黄、蓝）；

（2）事故隐患排查（2 级：一般、重大）治理情况应当如实记录，向从业人员通报。其中，重大事故隐患排查治理应及时向安全生产监管部门和职工大会（或职工代表大会）报告。

【例题 4 · 单选题】关于施工现场安全风险分级管控与安全事故隐患排查治理的说法，正确的是（　　）。

A. 施工现场安全风险分为重大、较大、一般风险三个等级

B. 安全风险与安全事故隐患是同一个概念

C. 施工企业及项目主要负责人对重大事故隐患排查治理全面负责

D. 重大事故隐患排查治理情况仅需向工会报告

【答案】C

【解析】生产经营单位应建立安全生产风险分级管控制度，根据风险等级采取相应的管控措施。风险等级通常分为四级，分别用红、橙、黄、蓝四种颜色表示：

红色（重大风险）：风险最高，需立即采取措施，可能停产整顿，直至风险消除。

橙色（较大风险）：风险较高，需制定专项方案，加强管控，定期检查。

黄色（一般风险）：风险中等，需采取常规管控措施，定期检查。

蓝色（低风险）：风险较低，需保持日常管理，定期巡查。

◆考法5："安全生产管理"重大事故隐患判定标准

根据住律部的《房屋市政工程生产安全重大事故隐患判定标准（2022版）》，"施工安全管理"有下列情形之一的，应当判定为"重大事故隐患"：

（1）建筑施工企业未取得安全生产许可证擅自从事建筑施工活动；

（2）施工单位的主要负责人、项目负责人、专职安全生产管理人员未取得安全考核合格证书从事相关工作；

（3）建筑施工特种作业人员未取得特种作业人员操作资格证书上岗作业；

（4）危险性较大的分部分项工程未编制、未审核专项施工方案，或未按规定组织专家对"超过一定规模的危险性较大的分部分项工程范围"的专项施工方案进行论证。

【例题5·2023年二级真题·单选题】根据《房屋市政工程生产安全重大事故隐患判定标准（2022版）》，下列重大事故隐患中，应当判定为施工安全管理重大事故隐患的是（　　）。

A. 对因基坑工程施工可能造成损害的毗邻重要建筑物、构筑物和地下管线等，未采取专项防护措施

B. 模板支架拆除及滑模、爬模爬升时，混凝土强度未达到设计或规范要求

C. 建筑施工特种作业人员未取得特种作业人员操作资格证书上岗作业

D. 有限空间作业时现场未有专人负责监护工作

【答案】C

【解析】选项A为"基坑作业"重大隐患，选项B为"模架作业"重大隐患，选项D为"有限空间作业"重大隐患。

【例题6·2024年一级真题·单选题】下列情形中，应当判定为施工安全管理重大事故隐患的是（　　）。

A. 施工企业未取得安全生产许可证

B. 施工从业人员未取得安全生产考核合格证书从事相关工作

C. 分部分项工程未编制、未审核专项施工方案

D. 建筑施工特种作业人员未取得特种作业人员操作资格证书上岗作业

【答案】D

【解析】选项A、B、C均表述不完整。

6.3.2 施工总承包和分包单位的安全生产责任

（1）分包合同应当明确总分包双方的安全生产责任，该约定不能违反法律强制规定，否则无效；

（2）总承包统一组织编制建设工程生产安全应急救援预案；

（3）总承包负责上报施工生产安全事故；

（4）总承包应自行完成建设工程主体结构的施工；

（5）总分包单位就分包工程的安全生产承担连带责任。分包不服管理导致事故发生的，负主要责任。

【例题1·2023年二级真题·单选题】根据《建设工程安全生产管理条例》，施工总承包单位应当承担的安全生产责任是（　　）。

  A. 总承包合同应当明确总分包单位双方的安全生产责任

  B. 负责调查施工生产安全事故

  C. 与分包单位对分包工程的安全生产责任承担按份责任

  D. 统一组织编制建设工程生产安全应急救援预案

【答案】D

【解析】分包合同应当明确总、分包单位各自的安全生产责任。

【例题2·2022年二级真题·单选题】某施工现场除施工总承包单位外，还有四家分包单位同时施工，关于该施工现场安全生产责任承担的说法，正确的是（　　）。

  A. 仅由施工总承包单位向建设单位承担全部责任

  B. 仅由各分包单位向建设单位承担全部责任

  C. 各分包单位就所有分包工程和施工总承包单位向建设单位承担连带责任

  D. 各分包单位就各自分包工程和施工总承包单位向建设单位承担连带责任

【答案】D

6.3.3 施工单位负责人和项目负责人施工现场带班制度

【企业负责人带班检查】

（1）施工企业负责人要定期带班检查，每月检查时间不少于其工作日的25%。企业负责人带班检查时，应认真做好检查记录，并分别在企业和工程项目存档备查。

（2）工程项目进行超过"一定规模的危险性较大的分部分项工程"施工时，及工程项目"出现险情或发现重大隐患"时，建筑施工企业负责人应到施工现场带班检查。

（3）集团负责人因故不能到现场的，可书面委托工程所在地的分公司负责人对施工现场进行带班检查。

【项目负责人带班生产】

（1）项目负责人是工程项目质量安全管理的第一责任人，应对工程项目落实带班制度负责。

（2）项目负责人在同一时期只能承担一个工程项目的管理工作。项目负责人带班生产时，要全面掌握工程项目质量安全生产状况，加强对重点部位、关键环节的控制，及时消除隐患。

（3）项目负责人每月带班生产时间不得少于本月施工时间的80%。因其他事务需离开施工现场时，应向工程项目的建设单位请假，经批准后方可离开。离开期间应当委托项目相关负责人负责其外出时的日常工作。

【例题1·2024年一级真题·单选题】下列情形中，施工企业负责人应当到施工现场进行带班检查的是（　　）。

  A. 工程项目进行超过一定规模的分部分项工程施工时

  B. 项目负责人因故暂时离岗时

  C. 工程项目出现险情时

  D. 工程项目发现一般隐患时

【答案】 C

【解析】 工程项目进行超过一定规模的危险性较大的分部分项工程施工时，及工程项目出现险情或发现重大隐患时，建筑施工企业负责人应到施工现场带班检查，督促工程项目进行整改，及时消除险情和隐患。

【例题2·2024年二级真题·多选题】关于项目负责人施工现场带班制度的说法，正确的有（　　）。

  A. 项目负责人应当对工程项目落实带班制度负责

  B. 项目负责人带班生产是项目负责人在施工现场组织协调工程项目的质量安全生产状况

  C. 项目负责人在同一时期只能承担不超过2个工程项目的管理工作

  D. 项目负责人要认真做好带班生产记录并签字存档备查

  E. 项目负责人每月带班生产时间不得少于本月施工时间的60%

【答案】 A、B、D

6.3.4　施工单位负责人的安全生产责任

本节内容略。

6.3.5　施工作业人员安全生产的权利和义务

【施工作业人员的安全生产权利（7个）】

（1）施工作业危险的知情权（3个内容：危险因素、事故防范措施、应急措施）和建议权；

（2）安全防护用品获得权；

（3）对危险行为的批评、检举、控告权及拒绝违章指挥权；

（4）紧急避险权；

（5）获得救治和请求民事赔偿权；

（6）获得工伤保险、安全生产责任保险和意外伤害保险赔偿的权利；

（7）依靠工会维护合法权益。

【施工作业人员的安全生产义务（3个）】

（1）遵章守规和正确使用安全防护用具等；

（2）接受安全生产教育培训；

（3）及时报告安全事故隐患及其他危险。

法律上，权利和义务的区分在于：权利可以放弃，可做可不做。而义务必须履行，必须做。

【例题1·2024年二级真题·多选题】关于施工作业人员安全生产权利的说法，正确的有（　　）。

    A. 从业人员有权了解其作业场所和工作岗位存在的危险因素、防范措施及事故应急措施

    B. 施工企业应当向作业人员书面告知危险岗位的操作规程和违章操作的危害

    C. 施工企业应当向作业人员提供安全防护用具和安全防护服装

    D. 因生产安全事故受到损害的作业人员，享有工伤保险的，不得再获得民事赔偿

    E. 作业人员有权拒绝违章指挥和强令冒险作业

【答案】A、B、C、E

【例题2·单选题】下列施工作业人员的做法中，（　　）属于行使紧急避险权。

    A. 甲凭经验判断脚手架可能不稳，向现场管理人员提出加固意见

    B. 乙发现基坑四周地表出现大量裂纹并有土石滑落现象，立即报告现场安全管理人员

    C. 丙因为安全防护帽损坏，回到工人宿舍更换

    D. 丁发现吊装预制构件欲脱落而拒绝继续作业并迅速躲避

【答案】D

【解析】选项A为建议权，选项B为及时报告安全事故隐患义务，选项C为正确使用安全防护用具义务。

【例题3·2024年二级真题·单选题】关于施工作业人员依靠工会维护合法权益的说法，正确的是（　　）。

    A. 工会无权组织职工参加本单位安全生产管理工作

    B. 工会有权参加事故调查，向有关部门提出处理意见，并要求追究有关人员的责任

    C. 施工作业人员认为施工现场存在安全问题的，均应首先向工会提出

    D. 工会对施工企业违反安全生产法规，侵犯从业人员合法权益的行为，有权代表从业人员提起诉讼

【答案】B

【解析】工会对生产经营单位违反安全生产法律、法规，侵犯从业人员合法权益的行为，有权要求纠正；发现生产经营单位违章指挥、强令冒险作业或者发现事故隐患时，有

权提出解决的建议，生产经营单位应当及时研究答复；发现危及从业人员生命安全的情况时，有权向生产经营单位建议组织从业人员撤离危险场所，生产经营单位必须立即作出处理。

6.3.6 施工单位安全生产教育培训

表 6.3-2　施工单位安全生产教育培训

三类安管人员	【A证】企业主要负责人（包括董事长、总经理、安全生产或生产经营副总、安全总监、企业总工）
	【B证】项目负责人
	【C证】专职安全员（机械 C1、土建 C2、综合 C3）
	安管人员应当通过所属企业，向省住建厅申请安全生产考核。合格后方可任职。 安全生产考核合格证书有效期 3 年，在全国范围内有效
特种作业人员	（1）建筑电工； （2）建筑架子工； （3）建筑起重信号司索工； （4）建筑起重机械司机； （5）建筑起重机械安装拆卸工； （6）高处作业吊篮安装拆卸工； （7）经"省级以上人民政府建设主管部门"认定的其他特种作业

【例题 1·多选题】根据《建筑施工企业主要负责人、项目负责人和专职安全生产管理人员安全管理规定》，关于"安管人员"安全生产考核的说法，正确的有（　　）。

　　A. "安管人员"应当自行申请安全生产考核

　　B. 安全生产考核证书的有效期无限制

　　C. 安全生产考核证书在全国范围内有效

　　D. 安全生产考核应当向省级人民政府城乡建设主管部门申请

　　E. "安管人员"的安全生产考核由国务院住房城乡建设行政主管部门统一颁发合格证书

【答案】C、D

【解析】选项 A、E 错误，"安管人员"应当通过其受聘企业，向企业工商注册地的省、自治区、直辖市人民政府住房城乡建设主管部门申请安全生产考核，并取得安全生产考核合格证书。

【例题 2·单选题】关于建筑特种作业资格证书，说法正确的是（　　）。

　　A. 吊装作业前仅需要查验建筑起重机械司机的特种作业操作资格证书

　　B. 特种作业岗位人员脱岗 6 个月的，应当在师傅带领下实习 2 个月方可独立上岗

　　C. 建筑行业特种作业范围由省级以上人社部门和应急管理部门确定

　　D. 特种作业岗位人员无证上岗，将被判定为工程项目重大事故隐患

【答案】D

【解析】选项 B 错误，危险作业岗位的新职工，应当在师傅带领下实习 2 个月方可独立上岗作业；特种作业人员脱岗 6 个月的，在重新通过实操能力考核后方可重新上岗作业。选项 C 错误，应急管理部门的特种作业证书，与建筑行业特种作业证书，在各自行业范围内使用，一般不可以跨行业互认。建筑工地哪些岗位需要考特种作业证书，哪些岗位不需要考，由省级以上建设行政主管部门确定。

6.4　施工现场安全防护制度

核 心 考 点 提 纲

6.4.1　编制和实施安全技术措施、专项施工方案
6.4.2　施工现场安全防范措施和安全生产费用
6.4.3　特种设备安全管理
6.4.4　施工现场消防安全责任

6.4.1　编制和实施安全技术措施、专项施工方案

表 6.4-1　编制和实施安全技术措施、专项施工方案

编制范围	（1）基坑支护与降水工程； （2）土方开挖工程； （3）模板工程； （4）起重吊装工程； （5）脚手架工程； （6）拆除、爆破工程； （7）其他
方案内容	（1）分部工程概况； （2）编制依据； （3）施工计划； （4）施工工艺技术； （5）施工安全保证措施； （6）劳动力计划； （7）计算书及相关图纸； （8）应急救援预案
方案编制与审查	（1）专项方案由施工企业技术部门组织技术、质量、安全三部门专业人员编制，由企业技术负责人审查签字，然后总监审查； （2）分包编制专项方案的，由分包总工、总包总工、总监签字
方案论证	对于超规模的危大工程，由施工总承包组织专家论证会。专家论证前专项施工方案应当通过施工单位审核和总监理工程师审查。专家应当从住建部门建立的专家库中选取，符合专业要求且不得少于 5 名。与本工程有利害关系的人员不得以专家身份参加专家论证会
方案交底	（1）交底方式为书面交底、分两级交底； （2）方案编制人员或项目技术负责人向现场管理人员进行方案交底； （3）现场管理人员向作业人员进行安全技术交底； （4）交底人、被交底人、专职安全员三方在交底记录上签名

方案实施	（1）项目部应当严格按照专项施工方案组织施工，不得擅自修改专项施工方案，专职安全员负责现场监督； （2）需要第三方监测的，由建设单位委托具有勘察资质的单位监测； （3）如因规划设计变更等原因，确需调整专项施工方案的，应重新进行方案审核、方案论证
方案验收	（1）按规定需要验收的危大工程，施工单位、监理单位应当组织相关人员进行验收； （2）经施工单位项目技术负责人及总监理工程师签字确认合格后，方可进入下一道工序； （3）施工现场明显位置设置验收标识牌，公示验收时间及责任人

【例题 1·2022 年二级真题·多选题】根据《建设工程安全生产管理条例》，关于对达到一定规模、危险性较大的分部分项工程编制的专项施工方案的说法，正确的有（　　）。

A. 应当附具安全验算结果

B. 应当经施工企业项目经理签字

C. 应当经总监理工程师签字

D. 由专职安全生产管理人员进行现场监督

E. 应当经建设单位负责人签字

【答案】A、C、D

【例题 2·2022 年二级真题·多选题】关于危大工程安全专项施工方案的说法正确的有（　　）。

A. 修改后的专项施工方案可以直接实施

B. 施工企业不得擅自修改专项施工方案

C. 因规划调整原因可以修改专项施工方案

D. 修改后的专项施工方案涉及工期变化的，建设单位不予调整

E. 修改后的专项施工方案涉及资金变化的建设单位应当调整

【答案】B、C、E

【解析】施工单位应当严格按照专项施工方案组织施工，不得擅自修改专项施工方案。因规划调整、设计变更等原因确需调整的，修改后的专项施工方案应当按照规定重新审核和论证。涉及资金或者工期调整的，建设单位应当按照约定予以调整。

【例题 3·单选题】危大工程中，建设单位的安全责任是（　　）。

A. 在招标文件中列出危大工程清单

B. 组织超过一定规模的危大工程专家论证

C. 专人现场监督危大工程方案实施

D. 委托有设计资质的单位进行第三方监测

【答案】A

【解析】

（1）建设单位要在招标文件中列出危大工程清单，要求施工单位在投标时补充完善危大工程清单并明确相应的安全管理措施；

（2）勘察单位要在勘察文件中说明地质风险；

（3）设计单位要在设计文件中注明危大工程及防范事故的措施建议，必要时进行专项设计；

（4）监理单位应当结合危大工程专项施工方案编制监理实施细则，并对危大工程施工实施专项巡视检查；

（5）按规定需要第三方监测的危大工程（基坑和路基等），建设单位应当委托具有相应勘察资质的单位进行监测。监测单位应当编制监测方案，由监测单位技术负责人审核签字并加盖单位公章，报送监理单位后方可实施。监测单位应当按照监测方案开展监测，及时向建设单位报送监测成果，并对监测成果负责，发现异常时，及时向建设、设计、施工、监理单位报告。

6.4.2　施工现场安全防范措施和安全生产费用

表 6.4-2　施工现场安全生产费用

费用组成	文明施工费＋环境保护费＋临时设施费＋安全施工费
费用计提	施工企业以建筑安装工程造价为安全费用的计提依据，提取标准如下： （1）矿山 3.5%； （2）铁路、建筑、城市轨道交通 3%； （3）水利水电、电力工程 2.5%； （4）冶炼、机电、化工石油、通信工程 2%； （5）市政、港口与航道、公路 1.5%
费用确定	安全费用，由建设单位在工程概算中确定并单独列支。投标报价时，安全费用属于非竞争费用，不参与评标。投标方安全防护、文明施工措施的报价，不得低于依据工程所在地工程造价管理机构测定费率计算所需费用总额的 90%
费用支付	建设单位与施工单位在施工合同中对安全防护、文明施工措施费用预付、支付计划未作约定或约定不明的，合同工期＜1 年的，建设单位预付安全费用不得低于 50%；合同工期≥1 年的，预付安全费用不得低于 30%，其余费用应按照施工进度支付
费用使用	包括配备完善安全设施、改善安全环境、安全条件，以及与安全生产直接相关的各项支出
费用结余	竣工决算后结余的安全费用，应当退回建设单位

【例题 1·2024 年二级真题·多选题】下列费用中，应列入建筑工程安全防护、文明施工措施费用的有（　　）。

A. 环境保护费　　　　　　　　　B. 临时设施费

C. 建设管理费　　　　　　　　　D. 安全施工费

E. 文明施工费

【答案】A、B、C、E

6.4.3　特种设备安全管理

本节内容略。

6.4.4 施工现场消防安全责任

【例题1·2024年二级真题·单选题】根据《关于加强和改进消防工作的意见》，施工企业的消防安全第一责任人是其（　　）。

　　A. 法定代表人　　　　　　　　B. 专职安全员

　　C. 专职消防安全员　　　　　　D. 施工项目负责人

【答案】A

【例题2·单选题】关于施工现场消防安全责任的说法，正确的是（　　）。

　　A. 施工企业设有消防控制室的，实行24小时值班制度，每班不少于3人，持证上岗

　　B. 施工企业应当不定期检验维修，对建筑消防设施每年至少进行一次检测，确保完好有效

　　C. 施工企业安全费用应当优先用于消防工作

　　D. 项目经理是施工现场消防安全第一责任人

【答案】D

【解析】选项A错误，超高层民用建筑等按规范如果需要设置消防控制室，应当单独设置在建筑物一层（或地下一层），采取严格防火措施，实行24小时值班制度，每班不少于2人，持证上岗；选项B错误，施工企业应定期检验维修，对建筑消防设施每年至少进行一次全面检测，确保完好有效；选项C错误，生产经营单位安全费用应当保证适当比例用于消防工作。

【例题3·2024年二级真题·多选题】企业应当落实的消防安全主体责任有（　　）。

　　A. 保证安全费用高比例用于消防工作

　　B. 明确各级、各岗位消防安全责任人及其职责

　　C. 对建筑消防设施每年至少进行1次全面检测

　　D. 所有单位均实行24小时消防值班制度

　　E. 定期开展防火检查、巡查

【答案】B、C、E

【解析】选项D少了前提条件，设有"消防控制室"的，实行24小时值班制度。

6.5　施工生产安全事故的应急救援和调查处理

核 心 考 点 提 纲

　　┌ 6.5.1　生产安全事故的等级划分标准
　　├ 6.5.2　生产安全事故应急救援预案
　　└ 6.5.3　生产安全事故报告、调查和处理

6.5.1 生产安全事故的等级划分标准

报告:	(设区的市)		(省)		(国)		(国) —— 建设主管部门
调查:	县		设区的市		省		国 —— 政府

1人	一般	3人	较大	10人	重大	30人	特别重大	(死亡)
1人		10人		50人		100人		(重伤)
100万元		1000万元		5000万元		1亿元		(直接经济损失)

【例题1·单选题】下列关于生产安全事故等级划分和确定，说法正确的是（   ）。

A. 生产安全事故划分为一般事故、较大事故、严重事故3个等级

B. 无人员伤亡事故，一定属于一般事故

C. 3人死亡，50人重伤，2000万元直接经济损失，属于较大事故

D. 事故等级关系到事故调查处理的级别，以及问责的力度

【答案】D

6.5.2 生产安全事故应急救援预案

表6.5-1 生产安全事故应急预案

类型	针对	主要内容
综合应急预案	本单位应对生产安全事故的总体工作程序、措施和应急预案体系的总纲	单位应急组织机构及职责、应急预案体系、事故风险描述、预警及信息报告、应急响应、保障措施等
专项应急预案	针对特定类型生产安全事故，或者针对重要生产设施、重大危险源编制	应急指挥机构与职责、处置程序和措施
现场处置方案	针对具体场所、具体装置或者具体设施	应急工作职责、应急处置措施和注意事项

表6.5-2 生产安全事故应急救援预案编制

预案编制	包括3层：综合预案、专项预案、现场处置方案
	还应当对重点岗位人员编制《应急处置卡》，规定应急处置程序和措施，以及相关联络人员和联系方式，便于随身携带
预案评审	施工单位应当组织外部专家对预案进行评审
预案签署	由法定代表人签署公布
预案备案	在当地负有安全生产监管职责部门申请备案登记： （1）应急预案备案申报表； （2）应急预案评审意见； （3）应急预案电子文档； （4）风险评估结果和应急资源调查清单
预案演练	建筑施工单位，应当至少每半年组织一次预案演练，并将演练情况报送县级以上负有安全生产监管职责部门

【应急救援队伍】

建筑施工单位应当建立应急组织；生产经营规模较小的，可以不建立应急救援组织，但应当指定兼职的应急救援人员。

【费用】

应急救援队伍根据救援命令参加生产安全事故应急救援所耗费用，由事故责任单位承担；事故责任单位无力承担的，由有关人民政府协调解决。

【例题 1·2023 年一级真题·单选题】根据《生产安全事故应急预案管理办法》，关于生产经营单位应急预案的说法，正确的是（　　）。

　　A. 综合应急预案应规定应急处理处置措施和注意事项

　　B. 专项应急预案应当规定事故风险描述，预警和信息报告

　　C. 现场处置方案应规定应急指挥机构与职责

　　D. 在编制应急预案时，生产单位应同时编制应急处置卡

【答案】D

【例题 2·2022 年二级真题·多选题】根据《建设工程安全生产管理条例》，关于编制建设工程生产安全事故应急救援预案的说法，正确的有（　　）。

　　A. 应急救援预案应当由建设行政主管部门批准

　　B. 分包单位不得参与应急救援预案编制

　　C. 应急救援预案应当针对施工现场特点编制

　　D. 总承包单位应当统一组织编制应急救援预案

　　E. 应急救援预案编制的重点是施工现场易发生重大事故的部位和环节

【答案】C、D、E

【例题 3·单选题】关于建筑施工企业应急救援工作，做法正确的是（　　）。

　　A. 应急救援预案无须向主管部门备案

　　B. 至少每年组织一次应急预案演练

　　C. 配备、更新和补充必要的应急救援装备和物资

　　D. 应急救援人员须持证方可参加应急救援工作

【答案】C

6.5.3　生产安全事故报告、调查和处理

◆ **考法 1：施工生产安全事故报告制度**

表 6.5-3　施工生产安全事故报告制度

事故报告流程	现场人员应立即报告本单位负责人
	单位负责人立即如实报告当地负有安全生产监管职责的部门。特种设备发生事故的，还应当同时向特种设备安全监管部门报告
	实行施工总承包的建设工程，由总承包单位负责上报事故
	情况紧急时，现场人员也可以越级上报事故

事故报告内容	（1）事故发生单位概况； （2）事故发生的时间、地点和现场情况； （3）事故的简要经过； （4）事故已造成或可能造成的伤亡人数（包括下落不明的人数）和初步估计的直接经济损失； （5）已经采取的措施； （6）其他应当报告的情况
事故补报	事故报告后出现新情况，以及事故发生之日起 30 日内（火灾、道路交通事故发生 7 日内）伤亡人数发生变化的，应当及时补报

【例题 1·单选题】某施工现场塔吊安装过程中发生 1 起高空坠落事故并造成 1 名工人死亡，有关人员未按照规定上报给有关主管部门。本起事故瞒报责任应当由（　　）承担。

　　A. 安装单位项目负责人　　　　　B. 总监理工程师

　　C. 总承包单位项目负责人　　　　D. 总承包单位主要负责人

【答案】D

【例题 2·单选题】施工单位在地下室浇筑施工中发生事故，施工单位除了向有关部门上报事故造成的伤亡损失之外，还应当报告（　　）。

　　A. 建设单位概况和事故详细经过　　B. 事故的原因、性质和责任

　　C. 事故现场情况　　　　　　　　　D. 准备采取的措施

【答案】C

【例题 3·2022 年二级真题·多选题】关于施工生产安全事故发生后应当采取措施的说法，正确的有（　　）。

　　A. 施工企业作业人员不得在事故调查处理期间擅离职守

　　B. 不得移动事故现场物件

　　C. 施工企业主要负责人应当立即组织抢救

　　D. 施工企业应当采取措施防止事故扩大

　　E. 实行总包的建设工程，由总包负责上报

【答案】C、D、E

◆ 考法 2：施工生产安全事故调查制度

表 6.5-4　施工生产安全事故调查制度

事故调查组的职责（经常考）	事故调查报告内容
（1）查明事故发生经过、原因、人员伤亡及直接经济损失； （2）认定事故性质和事故责任； （3）提出对事故责任者的处理建议； （4）总结事故教训，提出防范和整改措施； （5）提交事故报告	（1）事故发生单位概况； （2）事故发生经过和事故救援情况； （3）事故造成的人员伤亡和直接经济损失； （4）事故发生的原因和事故性质； （5）事故责任的认定和事故责任者的处理建议； （6）事故防范和整改措施

【事故调查报告】

事故调查组应当自事故发生之日起 60 日内提交事故调查报告（技术鉴定时间不计入调查时限）。事故调查报告应当附具有关证据材料。事故调查组成员应当在事故调查报告上签名。

【事故处理时限】

有关政府在收到报告后 15 日内进行《批复》（特别重大事故 30 日内），特殊情况下，批复时间可适当延长，但延长的时间最长不超过 30 日。

【事故处理】

有关机关和事故发生单位应当按照政府的《批复》行政处罚和处理责任单位和责任人。

【例题 4·单选题】关于生产安全事故调查的管辖，下列说法中错误的是（　　）。

　　A. 特别重大事故由国务院或者授权有关部门组织事故调查组进行调查

　　B. 重大事故，省级人民政府可以委托有关部门组织事故调查组进行调查

　　C. 一般事故，县级人民政府也可以委托事故发生单位组织事故调查组进行调查

　　D. 事故发生地与事故发生单位不在一个行政区域的，由事故发生地人民政府负责调查

【答案】C

【解析】一般事故，区分两种情况：

（1）无人员伤亡，只有直接经济损失的，县政府可以委托事故发生单位自行组织调查；

（2）有人员伤亡的，不得委托。故选项 C 错误。

【例题 5·2022 年二级真题·多选题】根据《生产安全事故报告和调查处理条例》，生产安全事故调查组应当履行的职责有（　　）。

　　A. 查明事故发生的经过、原因、人员伤亡情况及直接经济损失

　　B. 认定事故的性质和事故责任

　　C. 提出对事故责任者的处理建议

　　D. 总结事故教训，采取防范和整改措施

　　E. 批复事故调查报告

【答案】A、B、C

【解析】选项 D 错误，"提出"防范和整改措施，不是采取；选项 E 错误，"提交"事故调查报告，不是批复。

【例题 6·单选题】根据《生产安全事故报告和调查处理条例》，关于事故调查报告，说法正确的是（　　）。

　　A. 事故调查组应当自成立之日起 90 日内提交事故调查报告

　　B. 事故既然已经发生，因此事故调查报告中不必包括事故防范和整改措施

　　C. 事故调查报告在认定事故原因、性质和责任时，应当附具有关证据材料

　　D. 有关部门应当根据事故调查报告处理责任单位和责任人

【答案】C

6.6 政府主管部门安全生产监督管理

核 心 考 点 提 纲

- 6.6.1 建设工程安全生产的监督管理体制
- 6.6.2 政府主管部门对涉及安全生产事项的审查
- 6.6.3 政府主管部门实施安全生产行政执法工作的法定职权
- 6.6.4 安全生产举报处理、相关信息系统和工艺、设备、材料淘汰制度

6.6.1 建设工程安全生产的监督管理体制

【施工安全监督机构（安监站）应当具备的条件】

（1）具有完整的组织体系，岗位职责明确；

（2）具有符合规定的施工安全监督人员，人员数量满足监督工作需要且专业结构合理，其中监督人员应当占监督机构总人数的75%以上；

（3）具有固定的工作场所，配备满足监督工作需要的仪器、设备、工具及安全防护用品；

（4）有健全的施工安全监督工作制度，具备与监督工作相适应的信息化管理条件。

【施工安全监督人员应当具备的条件】

（1）具有工程类相关专业大专及以上学历或初级以上专业技术职称；

（2）具有两年以上施工安全管理经验；

（3）熟悉掌握相关法律法规和工程建设标准规范；

（4）经业务培训考核合格，取得相关执法证书；

（5）具有良好的职业道德。

【安全生产监督内容】

（1）抽查工程建设责任主体履行安全生产职责情况；

（2）抽查工程建设责任主体执行法律、法规、规章、制度及工程建设强制性标准情况；

（3）抽查建筑施工安全生产标准化开展情况；

（4）组织或参与工程项目施工安全事故的调查处理；

（5）依法对工程建设责任主体违法违规行为实施行政处罚；

（6）依法处理与工程项目施工安全相关的投诉、举报。

【中止施工安全监督 vs 终止施工安全监督】

（1）工程项目因故中止施工的，监督机构对工程项目中止施工安全监督。监督机构对工程项目中止施工期间不实施施工安全监督。

（2）工程项目经建设、监理、施工单位确认施工结束的，监督机构对工程项目终止施工安全监督。

【施工安全监督档案】

工程项目施工安全监督档案保存期限 3 年，自归档之日起计算。

【例题 1·2024 年二级真题·单选题】关于建设工程安全生产监督管理体制的说法，错误的是（　　）。

  A. 国务院负责安全生产监督管理的部门对全国建设工程安全生产工作实施综合监督管理

  B. 国务院建设行政主管部门对全国的建设工程安全生产实施监督管理

  C. 施工安全监督人员应当具有 5 年及以上施工安全管理经验

  D. 县级以上地方人民政府住房城乡建设主管部门可以将施工安全监督工作委托所属的施工安全监督机构具体实施

【答案】 C

【例题 2·2024 年二级真题·单选题】根据《房屋建筑和市政基础设施工程施工安全监督规定》，关于建设工程施工安全监督管理的说法，正确的是（　　）。

  A. 施工安全监督人员应当具有工程类中级及以上专业技术职称

  B. 施工安全监督机构监督人员应当占监督机构总人数的 60% 以上

  C. 工程项目因故中止施工的，监督机构不得对工程项目中止施工安全监督

  D. 施工安全监督包括处理与工程项目施工安全相关的投诉、举报

【答案】 D

6.6.2　政府主管部门对涉及安全生产事故的审查

本节内容略。

6.6.3　政府主管部门实施安全生产行政执法工作的法定职权

【安全生产执法】

负有安全生产监督管理职责的部门对涉及安全生产的事项进行审查、验收，不得收取费用；不得要求接受审查、验收的单位购买其指定品牌或者指定生产、销售单位的安全设备、器材或者其他产品。

【监管部门职权】

（1）进入生产经营单位进行检查，调阅有关资料，了解情况。

（2）对检查中发现的安全生产违法行为，当场予以纠正或要求限期改正。

（3）对检查中发现的事故隐患，应当责令立即排除；重大事故隐患排除前或者排除过程中无法保证安全的，应当责令从危险区域内撤出作业人员，责令暂时停产停业或者停止使用相关设施、设备；重大事故隐患排除后，经审查同意，方可恢复生产经营和使用。

（4）对不符合保障安全生产的国标或者行标的设施、设备、器材以及违法生产、储存、使用、经营、运输的危险物品予以查封或者扣押，对违法生产、储存、使用、经营危险物品的作业场所予以查封，并依法作出处理决定。

（5）监督检查不得影响被检查单位的正常生产经营活动。

【例题1·2024年一级真题·多选题】施工企业拒不执行负有安全生产监督管理职责的部门作出的停止施工的决定，有发生生产安全事故的现实危险的，在保证安全的前提下，负有安全生产监督管理职责的部门可以通知有关单位采取的措施有（　　）。

　　A. 禁止通行　　　　　　　　B. 停止拨付资金

　　C. 停止供电　　　　　　　　D. 停止供应民用爆炸物品

　　E. 限制供应食品、药品

【答案】C、D

【解析】生产经营单位存在重大事故隐患又拒不执行停止生产的决定，有发生生产安全事故的现实危险的，在保证安全的前提下，经本部门主要负责人批准，负有安全生产监督管理职责的部门可以采取通知有关单位停止供电、停止供应民用爆炸物品等措施，强制生产经营单位履行决定。通知应当采用书面形式，有关单位应当予以配合（属于行政强制措施）。

　　负有安全生产监督管理职责的部门依照前款规定采取停止供电措施，除有危及生产安全的紧急情形外，应当提前24小时通知生产经营单位。生产经营单位依法履行行政决定、采取相应措施消除事故隐患的，负有安全生产监督管理职责的部门应当及时解除前款规定的措施。

【例题2·单选题】关于建设工程安全生产行政执法监督检查工作的说法，正确的是（　　）。

　　A. 为保证安全，监管部门可以对施工中使用的安全设备、设施指定品牌

　　B. 监管部门对施工项目的安全生产措施进行审查时，可以适当收取费用

　　C. 监管部门可以委托工程监理企业对本行政区域内工程的现场安全生产进行监督检查

　　D. 监管部门的监督检查不得影响被检查单位的正常生产经营

【答案】D

6.6.4　安全生产举报处理、相关信息系统和工艺、设备、材料的淘汰制度

【例题1·2024年一级真题·单选题】关于安全生产举报的说法，正确的是（　　）。

　　A. 由应急管理部门集中受理举报

　　B. 受理的举报事项经调查核实后，根据性质和程度决定是否形成书面材料

　　C. 负有安全生产监督管理职责的部门应当公开举报电话、信箱或者电子邮件地址等网络举报平台

　　D. 涉及人员重伤的举报事项，应当由县级以上人民政府组织核查处理

【答案】C

【解析】负有安全生产监督管理职责的部门应当建立举报制度，公开举报电话、信箱或者电子邮件地址等网络举报平台，受理有关安全生产的举报；受理的举报事项经调查核实后，应当形成书面材料；需要落实整改措施的，报经有关负责人签字并督促落实。对不属于本部门职责，需要由其他有关部门进行调查处理的，转交其他有关部门处理。涉及人

员死亡的举报事项，应当由县级以上人民政府组织核查处理。

【例题 2·2024 年二级真题·单选题】根据《安全生产法》关于安全生产相关信息系统的说法，正确的是（　　）。

  A. 各生产经营单位应当建立安全生产违法行为信息库

  B. 负有安全生产监督管理职责的部门应当对生产经营单位作出处罚决定后 5 个工作日内在监督管理部门公示系统予以公开曝光

  C. 对违法行为情节严重的生产经营单位及其有关从业人员，应当及时向社会公告

  D. 一经记入违法行为信息库则不得从事生产经营活动

【答案】C

【解析】负有安全生产监督管理职责的部门应当建立安全生产违法行为信息库，如实记录生产经营单位及其有关从业人员的安全生产违法行为信息；对违法行为情节严重的生产经营单位及其有关从业人员，应当及时向社会公告，并通报行业主管部门、投资主管部门、自然资源主管部门、生态环境主管部门、证券监督管理机构以及有关金融机构。有关部门和机构应当对存在失信行为的生产经营单位及其有关从业人员采取加大执法检查频次、暂停项目审批、上调有关保险费率、行业或者职业禁入等联合惩戒措施，并向社会公示。负有安全生产监督管理职责的部门应当加强对生产经营单位行政处罚信息的及时归集、共享、应用和公开，对生产经营单位作出处罚决定后 7 个工作日内在监督管理部门公示系统予以公开曝光，强化对违法失信生产经营单位及其有关从业人员的社会监督，提高全社会安全生产诚信水平。

【例题 3·多选题】根据《安全生产法》，安全生产监管部门应当建立安全生产违法行为信息库，对严重违法失信的单位和人员进行联合惩戒，惩戒措施包括（　　）。

  A. 加大执法检查频率   B. 暂停项目审批

  C. 上调有关保险费率   D. 行业或者职业禁入

  E. 责令停产停业

【答案】A、B、C、D

【解析】

表 1 惩戒措施

行为——行政处罚（罚）	人——惩戒措施（惩）
警告、通报批评、罚款	加大执法检查频率
限制生产经营	暂停项目审批
责令停产停业	上调有关保险费率
降低资质等级、吊销证照	行业或者职业禁入

本章模拟强化练习

1. 关于监理单位安全责任的说法，正确的是（　　）。

    A. 监理单位未对施工组织设计中的安全技术措施进行审查的，应当吊销资质证书

    B. 监理单位发现存在安全事故隐患的，可以提醒施工单位整改

    C. 事故隐患情况严重的，监理单位应当及时向有关主管部门报告

    D. 监理单位对施工组织设计中的安全技术措施进行审查，重点审查其是否符合工程建设强制性标准

【答案】D

2. 根据《建筑起重机械安全监督管理规定》，建筑起重机械应当强制报废的情形有（　　）。

    A. 经检验未达到安全技术标准规定的

    B. 属于国家不鼓励使用的

    C. 没有完整安全技术档案的

    D. 安全保护装置不齐全的

    E. 超过安全技术标准规定的使用年限的

【答案】A、E

3. 甲施工总承包单位委托乙单位在施工现场安装 3 台施工塔吊。根据《安全生产管理条例》和《建筑起重机械安全监督管理规定》，乙单位应当（　　）。

    A. 具有机电安装工程专业承包资质

    B. 编制安装、拆卸方案和事故应急预案

    C. 派出技术人员和专职安全员现场监督

    D. 安装完毕后，出具自检合格证明

    E. 安装完毕后，组织验收

【答案】B、C、D

4. 建筑施工企业应当取得营业执照、资质证书、安全生产许可证，方可以承揽工程业务。下列有关申请安全生产许可证的条件中，说法正确的是（　　）。

    A. 管理人员都有安全资格证书

    B. 有符合规定的净资产、机施设备和工程业绩

    C. 作业人员都有操作资格证书

    D. 保证本单位安全生产条件所需资金的投入

【答案】D

5. 关于安全生产许可证的说法，正确的是（　　）。

    A. 建设单位在项目开工前申请领取安全生产许可证

    B. 安全生产许可证和资质证书有效期相同

    C. 企业在安全生产许可证有效期内发生死亡事故的，不予延期

    D. 企业遗失安全生产许可证纸质证书的，挂失补办即可，不影响投标承揽工程

【答案】D

6. 下列情形中，可以撤销安全生产许可证的是（　　）。

　　A. 转让安全生产许可证的

　　B. 企业破产、倒闭的

　　C. 发生重大安全事故的

　　D. 超越法定职权颁发安全生产许可证的

【答案】D

7. 关于施工现场专职安全员安全生产责任的说法，正确的是（　　）。

　　A. 现场监督专项施工方案的实施

　　B. 对项目重大隐患排查治理负第一责任

　　C. 定期考核分包安全管理状况

　　D. 建立项目安全生产体系

【答案】A

8. 根据《房屋市政工程重大事故隐患判定标准（2022版）》，以下应当被判定为"安全生产管理"重大事故隐患的是（　　）。

　　A. 施工企业负责人未取得注册建造师资格证书

　　B. 建设单位项目负责人未取得安全资格证书从事管理工作

　　C. 建筑施工特种作业人员未取得特种作业操作资格证书上岗

　　D. 施工项目负责人未在现场监督危大工程专项方案实施

【答案】C

9. 有关总分包安全生产责任的说法，正确的是（　　）。

　　A. 分包不服总包管理，导致安全事故发生的，由分包自行承担全部责任

　　B. 建设单位指定分包的，由建设单位和分包单位对该分包工程安全生产承担连带责任

　　C. 分包合同应当明确总、分包单位各自的安全生产责任

　　D. 施工总承包单位和分包单位对施工现场安全生产承担同等责任

【答案】C

10. 建筑施工企业负责人带班检查时间不得少于每月工作日的25%。带班检查时，应认真做好检查记录，并分别在企业和工程项目存档备查。除了常规要求外，还有几个"必须到场"，包括（　　）。

　　A. 出现重大合同争议时

　　B. 超过一定规模的危险性较大分部分项工程施工时

　　C. 工程施工出现险情时

　　D. 竣工验收时

　　E. 工程施工发生重大事故隐患时

【答案】B、C、E

11. 关于"项目负责人施工现场带班生产"，说法正确的是（　　）。

A. 项目负责人带班生产是指项目负责人在施工现场组织协调工程项目的质量安全生产

B. 项目负责人每月带班生产时间不得少于本月施工时间的 85%

C. 项目负责人因其他事务需要离开施工现场的，向企业负责人请假并经批准方可离开

D. 项目负责人离开施工现场期间，其委托负责项目部日常工作的项目副经理是项目质量安全第一责任人

【答案】A

12. 下列关于安管人员的说法，正确的是（　　）。

A. 安管人员仅指专职安全员

B. 安管人员在任职后自行申请安全生产考核

C. 安全生产考核合格证书在全省范围内有效

D. 专职安全员分为机械、土建、综合三类

【答案】D

13. 有关建筑施工企业安全生产教育培训，说法正确的是（　　）。

A. 上岗作业人员，安全生产教育培训合格率至少达到 90%

B. 作业人员进入新现场、新岗位的，可以进行专门的安全教育培训

C. 建筑企业应对新职工进行至少 32 学时的安全培训

D. 高危岗位新职工安全培训合格后，应实习至少 1 个月才能独立上岗

【答案】C

【解析】选项 B 错在"可以"；选项 D 错在 1 个月，实习至少 2 个月才能独立上岗。

14. 某建筑施工企业在进行安全生产培训时组织其员工进行课堂讨论，以下说法正确的是（　　）。

A. 张某认为安全生产知情权是指从业人员有权了解其工作岗位的安全责任、安全规章制度和操作规程

B. 王某认为安全生产请求赔偿权是指因安全事故受到损害的从业人员，在已经办理工伤社会保险的情况下，不可以再向本单位提出赔偿要求

C. 李某认为只要发现存在任何事故隐患时，就有权立即停止作业或采取可能的应急措施后撤离作业场所

D. 丁某认为在发现工地上存在事故隐患时，应当立即向现场安全管理人员报告

【答案】D

【解析】安全生产请求赔偿权是指因安全事故受到损害的从业人员，除依法享有工伤保险外，依照有关民事法律尚有获得赔偿的权利的，有权向本单位提出赔偿要求；紧急避险权是指从业人员发现"直接危及人身安全的紧急情况"时，有权停止作业或者在采取可能的应急措施后撤离作业场所，而不是发现任何事故隐患就逃命。

15. 下列分部分项工程中，全部需要编制专项施工方案，并附具安全验算结果的有（　　）。

A. 基坑支护与降水工程，模板工程，脚手架工程

B. 拆除、爆破工程，玻璃幕墙工程，电气工程

C. 装饰装修工程，防水工程，土方开挖工程

D. 起重吊装工程，地基工程，混凝土工程

【答案】A

16. 关于专项施工方案的专家论证会，下列说法正确的是（　　）。

A. 专项施工方案签署前一律需要组织专家论证

B. 由建设单位在行业协会专家库中抽取至少3名专家

C. 专家应当专业对口，且与本工程不存在利害关系

D. 因设计变更需要调整专项施工方案的，不必重新组织专家论证

【答案】C

【解析】

（1）危大——橙色——3老总；

（2）超危大——红色——3老总＋5专家。

17. 关于施工企业的应急救援队伍和应急救援预案的说法，正确的是（　　）。

A. 所有施工企业都必须建立应急救援队伍，建立应急值班制度，配备应急值班人员

B. 应急救援队伍根据救援命令参加生产安全事故应急救援所耗费用，由有关人民政府承担

C. 施工企业应每年组织一次预案演练，并将演练结果报送安全生产监管部门

D. 施工企业安全生产面临的风险和重要应急资源发生重大变化的，应当及时修订

【答案】D

【解析】选项C错误，应每半年组织一次预案演练。

18. 关于施工生产安全事故报告的说法，正确的有（　　）。

A. 发生事故后，事故现场有关人员应当立即报告本单位负责人

B. 事故可能造成的伤亡人数不属于事故报告的内容

C. 特种设备发生事故的，应当同时向特种设备安全监督管理部门报告

D. 事故发生之日起30日内伤亡人数发生变化的，应当及时补报

E. 事故发生之后出现新情况的，应当及时补报

【答案】A、C、D、E

19. 下列职责中，属于施工生产安全事故调查组职责的是（　　）。

A. 查明事故发生的经过、原因、损失

B. 追究责任人的法律责任

C. 落实防范和整改措施

D. 提出对事故责任者的处理建议

E. 认定事故性质和事故责任

【答案】A、D、E

20. 关于建设工程安全生产监督机构（住建局下属事业单位）的说法，正确的是（　　）。

　　A. 建设行政主管部门将施工现场的安全生产监督委托给建设工程安全生产监督机构具体实施的，相应责任由安全生产监督机构全部承担

　　B. 监督人员应当占工作人员总数的 75% 以上，并取得相关执法证书

　　C. 工程项目中止施工的，监督机构不得停止实施监督

　　D. 终止监督后，工程项目安全监督档案至少保存 2 年

【答案】B

第7章 建设工程质量法律制度

本章考情分析

表7-1 本章近1年真题题型分析（分）

第7章	核心考点	2024年	
		单选	多选
7.1	工程建设标准	—	—
	工程建设强制性标准实施	—	—
	建设工程抗震管理制度	1	2
7.2	无障碍设施建设	—	—
	无障碍环境建设保障措施	1	—
	无障碍环境建设监督管理	—	2
7.3	建设单位的质量责任和义务	—	—
	勘察、设计单位的质量责任和义务	—	2
	工程监理单位的质量责任和义务	1	—
7.4	施工单位对施工质量负责以及总、分包单位的质量责任	—	—
	建筑材料、设备等的检验检测	—	—
	施工质量检验和返修	—	—
	建立健全职工教育培训制度	1	2
7.5	竣工验收的主体和法定条件	1	—
	规划、消防、节能和环保验收	—	2
	竣工验收备案	—	—
	应提交的档案资料	1	—
7.6	质量保修书和最低保修期限	—	—
	缺陷责任期和工程质量保证金	1	—
合计		7	10
		17	

本章核心考点分析

7.1 工程建设标准

核心考点提纲

- 7.1.1 工程建设标准
- 7.1.2 工程建设强制性标准实施
- 7.1.3 建设工程抗震管理制度

7.1.1 工程建设标准

标准划分为：国家标准、行业标准、地方标准、团体标准、企业标准。

国家标准又划分为：强制性标准（GB）和推荐性标准（GB/T）。

行业标准（JGJ/T）、地方标准（DB/T）属于推荐性标准。

强制性标准必须执行。国家鼓励采用推荐性标准。

表 7.1-1 工程建设标准

类别	范围	组织制订机关	批准或备案
强制性国家标准	保障人身健康和生命财产安全、国家安全、生态环境安全，以及满足经济社会管理基本需要的技术要求	国务院行业主管部门（住建部、工信部等）	报国务院批准
推荐性国家标准	满足基础通用、与强制性国家标准配套、对各行业起引领作用的技术要求	国务院标准化行政主管部门	由国标委统一批准、编号，以公告形式发布
行业标准	没有推荐性国家标准，需要在本行业内统一的技术要求	国务院行业主管部门（住建部等）	报国标委备案
地方标准	为满足本地方特殊自然条件、风俗习惯等的技术要求	省级或设区的市级标准化委员会	报国标委备案
团体标准	为满足市场和创新需要而制定。国家支持重要行业、战略性新兴产业、关键共性技术领域等采用自主创新技术	社会团体（学会、协会、商会）	自我声明公开、自我监督
企业标准	没有国标、行标时，企业应当制定企业标准作为生产依据；有国标、行标时，国家也鼓励企业自主创新标准	企业	

【强制性国家标准】

（1）国务院有关行政主管部门依据职责负责强制性国家标准的"项目提出、组织起草、征求意见和技术审查"；

（2）国务院标准化行政主管部门负责强制性国家标准的"立项、编号和对外通报"；

（3）强制性国家标准由国务院"批准发布或者授权批准发布"；

（4）强制性国家标准文本应当免费公开，国家对标准的解释与标准具有同等效力；

（5）复审周期一般不超过 5 年。

表 7.1-2　工程建设强制性标准的实施管理

实施阶段	监管部门／机构
工程规划	规划行政主管部门
工程勘察、设计	施工图审查机构
工程施工安全	建设工程安全监督机构
工程施工、监理、验收	建设工程质量监督机构

【监管重点】

（1）工程技术人员是否熟悉、掌握强标；

（2）项目规划、勘察、设计、施工、验收是否符合强标；

（3）材料、设备；

（4）项目安全、质量；

（5）项目采用导则、指南、手册、计算机软件是否符合强标

【行业标准】

没有推荐性国家标准时，可以先行制定行业标准。相应的国标公布实施后，行业标准应当及时修订或废止。行业标准经修订后，个别规定与国标不一致的，应当有充足的科学依据和理由，并经过该国标的批准部门的审批。

【团体标准】

社会团体（学会、协会、商会等）协调市场主体共同制定，供团体成员约定采用，也可以供社会自愿采用。团体标准不得低于强制性标准的技术要求，鼓励其制定高于推荐性标准的技术要求。

【企业标准】

团体标准、企业标准均实行自我声明公开、自我监督制度。企业应当公开声明其执行的标准编号和名称。如果企业执行的不是国家标准、行业标准，而是自己制定的企业标准，需要公开产品、服务的功能指标和产品的性能指标。

◆考法 1：工程建设国家标准

【例题 1·2022 年二级真题·单选题】关于工程建设强制性国家标准的说法，正确的是（　　）。

　　A. 强制性标准文本可以收费

　　B. 国务院标准化行政主管部门根据国务院授权作出的强制性国家标准的解释与标准具有同等效力

　　C. 应当由国务院标准化行政主管部门批准发布

　　D. 对各有关行业起引领作用的技术要求应当制定强制性国家标准

【答案】B

【解析】强制性国家标准的解释与标准具有同等效力。选项 D 错误，对满足基础通用、

与强制性国家标准配套、对各有关行业起引领作用等需要的技术要求，可以制定推荐性国家标准。

【例题 2·2022 年二级真题·多选题】根据《工程建设国家标准管理办法》，下列标准中，属于强制性标准的有（　　）。

A. 工程建设通用的信息技术要求

B. 工程建设通用的有关安全、卫生和环保的标准

C. 工程建设通用的术语、符号、代号、制图方法标准

D. 工程建设通用的试验检验和评定方法

E. 工程建设勘察、规划、设计及验收等通用的综合标准和重要的通用的质量标准

【答案】B、E

【解析】下列标准属于强制性标准：（1）工程建设勘察、规划、设计、施工（包括安装）及验收等"通用的"综合标准和"重要的通用的"质量标准；（2）工程建设"通用的"有关安全、卫生和环境保护的标准；（3）工程建设"重要的通用的"术语、符号、代号、量与单位、建筑模数和制图方法标准；（4）工程建设"重要的通用的"试验、检验和评定方法等标准；（5）工程建设"重要的通用的"信息技术标准；（6）国家需要控制的其他工程建设通用的标准。选项 A、C、D 缺少"重要的"。

◆ **考法 2：工程建设行业标准**

【例题 3·2022 年二级真题·单选题】关于工程建设行业标准的说法，正确的是（　　）。

A. 行业标准由国务院标准化行政主管部门制定

B. 行业标准的某些规定与国家标准不一致时审批部门不得批准

C. 行业标准的制定以国家标准的存在为前提

D. 行业标准一般每 5 年复审一次

【答案】D

【例题 4·单选题】关于工程建设行业标准的说法，正确的是（　　）。

A. 对没有推荐性国家标准，需要在全国工程建设行业范围内统一的技术要求，可以制定行业标准

B. 行业标准可以由行业协会制定

C. 工程建设行业标准中包括强制性标准

D. 行业标准的制定，应当报国务院标准化行政主管部门批准

【答案】A

◆ **考法 3：工程建设团体标准、工程建设企业标准**

【例题 5·单选题】关于团体标准的说法，正确的是（　　）。

A. 在关键共性技术领域应当利用自主创新技术制定团体标准

B. 团体标准的技术要求不得高于强制性标准的相关技术要求

C. 团体标准由依法成立的社会团体协调相关市场主体共同制定

D. 团体标准对本团体成员强制适用

【答案】C

【解析】团体标准是依法成立的社会团体为满足市场和创新需要，协调相关市场主体共同制定的标准。选项 A 不完整，国家支持在重要行业、战略性新兴产业、关键共性技术等领域利用自主创新技术制定团体标准、企业标准；选项 B 错误，团体标准的技术要求"不得低于"强制性标准的相关技术要求；选项 D 错误，团体标准由本团体成员"约定采用"或者按照本团体的规定供社会"自愿采用"。

7.1.2 工程建设强制性标准实施

【工程建设强制性标准实施中的疑难问题】

（1）强制性国家标准发布后实施前，企业可以选择执行原强标或者新强标；

（2）勘察、设计文件中规定采用的新技术、新材料，可能影响建设工程质量和安全，又没有国家技术标准的，应当由国家认可的检测机构进行试验、论证，出具检测报告，并经国务院有关主管部门或者省级主管部门组织的建设工程技术专家委员会审定后，方可使用。

【例题 1·2022 年二级真题·单选题】关于对工程建设各阶段执行强制性标准的情况实施监督的机构的说法，正确的是（　　　）。

A. 工程建设全过程的执行情况由建设项目规划审查机构实施监督

B. 工程建设前期咨询阶段的执行情况由工程质量监督机构实施监督

C. 工程建设验收阶段的执行情况由建筑安全监督管理机构实施监督

D. 工程建设勘察阶段的执行情况由施工图设计文件审查机构实施监督

【答案】D

【例题 2·2024 年二级真题·单选题】关于工程建设强制性标准监督检查的说法，正确的是（　　　）。

A. 监督检查不得采取抽查方式

B. 强制性标准监督检查结果应当保密

C. 国务院住房城乡建设主管部门负责全国实施工程建设性标准的监督管理工作

D. 建设项目规划审查机构应当对工程建设勘察、设计阶段执行强制性标准的情况实施监督

【答案】C

【解析】工程建设标准批准部门应当对工程项目执行强制性标准情况进行监督检查。监督检查可以采取重点检查、抽查和专项检查的方式。工程建设标准批准部门应当将强制性标准监督检查结果在一定范围内公告。

【例题 3·单选题】关于工程建设强制性标准实施中的一些特殊情况，说法正确的是（　　　）。

A. 强制性国家标准发布后实施前，企业应当继续执行原强制性标准

B. 工程建设中约定采用国际或国外标准的，可以不符合强制性国家标准

C. 新材料、新技术可能影响建设工程质量和安全，又无相关国家技术标准的，一律不得使用

D. 工程建设中采用新技术、新工艺、新材料，有强制性国家技术标准的，应当满足强制性国家标准

【答案】D

7.1.3　建设工程抗震管理制度

【新建、改建工程】

（1）隔震减震装置属于主体结构，应当由总承包单位自行完成，不得分包；

（2）隔震减震装置用于建设工程前，应当见证取样，送第三方检测；

（3）建设单位应当组织各参建单位建立隔震减震工程质量可追溯制度；

（4）建设单位交房，应当将建筑的设计使用年限、结构体系、抗震设防烈度、抗震设防类别和使用维护要求记入使用说明书，并将使用说明书交付使用人或者买受人。

【既有建筑】

（1）重大建设工程；

（2）可能发生严重次生灾害的建设工程；

（3）具有重大历史、科学、艺术价值或者重要纪念意义的建设工程；

（4）学校、医院等人员密集场所的建设工程；

（5）地震重点监视防御区内的建设工程。

所有权人必须委托有资质的鉴定机构进行抗震鉴定，采取必要抗震加固措施。

上述范围外的工程，鼓励进行抗震鉴定和抗震加固。

【例题1·单选题】根据《建设工程抗震管理条例》，关于隔震减震装置施工，说法正确的是（　　）。

A. 建筑物隔震减震装置的施工，总承包单位可依法进行分包

B. 抗震减震装置应当在建设工程质量监督站的见证下做现场取样

C. 抗震减震装置试样应当送质量监督站指定的质量检测机构检测

D. 施工单位未对隔震减震装置取样送检的，责令改正，处以罚款

【答案】D

【例题2·2024年二级真题·单选题】根据《建设工程抗震管理条例》，各质量主体的责任和义务，说法正确的是（　　）。

A. 设计单位应当将结构类型、建筑抗震设防烈度、类别等情况记入《建筑使用说明书》

B. 建设单位应当组织工程各参建单位建立隔震减震工程质量可追溯制度

C. 实行施工总承包的项目，隔震减震装置可以分包给专业承包单位施工

D. 施工单位应当对已经建成的工程抗震构件等进行检查和修缮

【答案】B

【例题3·2024年二级真题·单选题】根据《建设工程抗震管理条例》，下列已经投

入使用的建设工程中，所有权人必须委托有资质的鉴定机构进行抗震性能鉴定，并采取必要抗震加固措施的是（　　）。

A. 具有艺术价值的建设工程　　　　B. 可能发生次生灾害的建设工程

C. 学校、医院等人员密集场所工程　D. 地震监视防御区内的建设工程

【答案】C

【例题4·2024年一级真题·单选题】关于政府主管部门实施建设工程抗震监督管理措施的说法，正确的是（　　）。

A. 对建设单位或者施工现场随时进行监督检查

B. 不得复制被检查单位有关建设工程的文件和资料

C. 查封涉嫌违反抗震设防强制性标准的施工企业

D. 对隔震减震装置实施抽样检测

【答案】D

【解析】县级以上人民政府住房和城乡建设主管部门或者其他有关监督管理部门履行建设工程抗震监督管理职责时，有权采取以下措施：（1）对"建设工程或者施工现场"进行监督检查；（2）向有关单位和人员调查了解相关情况；（3）查阅、复制被检查单位有关建设工程抗震的文件和资料；（4）对抗震结构材料、构件和隔震减震装置实施抽样检测；（5）查封涉嫌违反抗震设防强制性标准的"施工现场"；（6）发现可能影响抗震质量的问题时，责令相关单位进行必要的检测、鉴定。

7.2　无障碍环境建设制度

核心考点提纲

7.2.1　无障碍设施建设

7.2.2　无障碍环境建设保障措施

7.2.3　无障碍环境建设监督管理

7.2.1　无障碍设施建设

【新建、扩建项目】

（1）无障碍设施应当与主体工程同步规划、同步设计、同步施工、同步验收、同步交付使用（五同步），并与周边的无障碍设施有效衔接、实现贯通；

（2）鼓励建设单位在工程规划、设计、竣工验收环节，邀请老年人、残疾人及相关组织代表进行意见征询和体验试用；

（3）无障碍设施未经竣工验收的，住建部门等不予办理竣工验收备案；

（4）无障碍设施经验收交付后，所有权人或者管理人应当对无障碍设施履行维护和管理责任，保障设施功能正常和使用安全。

【既有建筑、场所进行无障碍改造】

无障碍设施经验收交付后，所有权人或者管理人应当对无障碍设施履行维护和管理责

任，保障设施功能正常和使用安全。

所有权人、管理人和使用人之间约定改造责任的，由约定的责任人负责。

不具备无障碍设施改造条件的，责任人应当采取必要的替代性措施。

【例题1·2024年二级真题·多选题】关于各参建单位无障碍环境建设义务的说法正确的有（　　）。

    A. 个人不得参与无障碍环境建设

    B. 无障碍设施经验收交付后，所有权人或管理人应当对无障碍设施承担维护和管理责任

    C. 工程建设单位应当将无障碍设施建设经费纳入工程建设项目概预算

    D. 施工图审查机构不对无障碍设施设计内容进行审查

    E. 修改涉及无障碍环境建设的规划应当征求残疾人代表意见

【答案】B、C、E

【解析】选项A错误，无障碍环境建设不能仅依赖于政府投入，还需要全员参与。国家鼓励和支持企业事业单位、社会组织、个人等社会力量，通过捐赠、志愿服务等方式参与无障碍环境建设。选项D错误，工程设计单位应按照无障碍设施工程建设标准进行设计。依法需要进行施工图设计文件审查的，施工图审查机构应按照法律、法规和无障碍设施工程建设标准，对无障碍设施设计内容进行审查；不符合有关规定的，不予审查通过。

7.2.2　无障碍环境建设保障措施

【例题1·2024年二级真题·多选题】根据《无障碍环境建设法》，关于无障碍建设的说法，正确的有（　　）。

    A. 斑马线应设置提示装置

    B. 文明村镇把无障碍建设作为首要内容

    C. 停车位优先提供给残疾人或乘坐的机动车使用

    D. 新闻媒体应当积极开展无障碍环境建设方面的公益宣传

    E. 残疾人联合会、老龄协会等组织可以依法提出制定或者修改无障碍环境建设标准的建议

【答案】B、D、E

【解析】选项A错误，城市主干路、主要商业区等无障碍需求比较集中的区域的人行道，应按照标准设置盲道；城市中心区、残疾人集中就业单位和集中就读学校周边的人行横道的交通信号设施，应按照标准安装过街音响提示装置。选项C错误，"无障碍"停车位优先提供给肢体残疾人驾驶或乘坐的机动车使用。

【例题2·2024年二级真题·单选题】根据《无障碍环境建设法》，关于无障碍环境建设宣传教育的说法，正确的是（　　）。

    A. 高等学校、中等职业学校等应当开设无障碍环境建设相关专业和课程

    B. 各类职业资格和继续教育的考试内容应当包括无障碍环境建设知识

    C. 建筑、交通运输等相关学科专业应当增加无障碍环境建设的教学和实践

D. 企业事业单位应当对工作人员进行无障碍服务知识与技能培训

【答案】C

【解析】选项 A 错误，国家"鼓励"高等学校、中等职业学校等开设无障碍环境建设相关专业和课程；选项 B 错误，"相关领域"职业资格和继续教育的考试内容应当包括无障碍环境建设知识；选项 D 错误，国家"鼓励"机关、企业事业单位、社会团体以及其他社会组织，对工作人员进行无障碍服务知识与技能培训。

【例题 3·2024 年一级真题·单选题】根据《无障碍环境建设法》，关于无障碍环境建设保障措施的说法，正确的是（　　）。

A. 残疾人联合会有权修改涉及无障碍环境建设的标准

B. 地方结合本地实际制定的地方无障碍环境建设标准应当高于国家标准的相关技术要求

C. 文明城市创建活动，应当将无障碍环境建设情况作为重要内容

D. 中等职业学校应当开设无障碍环境建设相关专业和课程

【答案】C

【解析】选项 A 错误，残疾人联合会、老龄协会等组织"可以依法提出制定或者修改无障碍环境建设标准的建议"；选项 B 错误，地方结合本地实际制定的地方标准"不得低于"国家标准的相关技术要求。

7.2.3　无障碍环境建设监督管理

【例题 1·2024 年二级真题·多选题】根据《无障碍环境建设法》，关于无障碍环境建设监督管理的说法，正确的有（　　）。

A. 县级以上人民政府建立无障碍环境建设信息公示制度，定期发布无障碍环境建设情况

B. 无障碍环境建设评估结果应当向社会公布

C. 残疾人联合会应当聘请残疾人代表对无障碍环境建设情况进行监督

D. 对违反《无障碍环境建设法》规定损害社会公共利益的行为，老年人代表可以提起公益诉讼

E. 乡镇人民政府应当在职责范围内，开展无障碍环境建设工作

【答案】A、B

【解析】选项 C 错误，残疾人联合会、老龄协会等组织根据需要，"可以"聘请残疾人、老年人代表以及具有相关专业知识的人员，对无障碍环境建设情况进行监督；选项 D 错误，对违反《无障碍环境建设法》规定损害社会公共利益的行为，"人民检察院"可以提起公益诉讼；选项 E 错误，"县级"以上人民政府及其有关主管部门依法对无障碍环境建设进行监督检查，根据工作需要开展联合监督检查。乡镇人民政府、街道办事处应当"协助"有关部门做好无障碍环境建设工作。

【例题 2·2024 年一级真题·多选题】根据《无障碍环境建设法》，关于无障碍环境建设监督管理的说法，正确的有（　　）。

A. 无障碍环境建设应当发挥企业主导作用，调动市场主体积极性，引导社会组织和公众广泛参与

B. 对违反《无障碍环境建设法》规定损害社会公共利益的行为，人民检察院可以提起公益诉讼

C. 县级以上人民政府建立无障碍环境建设信息公示制度，不定期发布无障碍环境建设情况

D. 乡镇人民政府、街道办事处应当协助有关部门做好无障碍环境建设工作

E. 新闻媒体可以对无障碍环境建设情况开展舆论监督

【答案】B、D、E

【解析】选项 A 错误，无障碍环境建设应当坚持中国共产党的领导，发挥政府主导作用，调动市场主体积极性，引导社会组织和公众广泛参与；选项 C 错误，县级以上地方人民政府有关主管部门定期委托第三方机构开展无障碍环境建设评估，并将评估结果向社会公布，接受社会监督；选项 D 正确，乡镇人民政府、街道办事处应当协助有关部门做好无障碍环境建设工作。

7.3 建设单位及相关单位的质量责任和义务

核 心 考 点 提 纲

- 7.3.1 建设单位的质量责任和义务
- 7.3.2 勘察、设计单位的质量责任和义务
- 7.3.3 工程监理单位的质量责任和义务

7.3.1 建设单位的质量责任和义务

（1）建设单位是工程质量第一责任人，依法对工程质量承担首要责任、全面责任。对因工程质量给工程所有权人、使用人或第三方造成损失，建设单位依法承担赔偿责任，有其他责任人，可向其他责任人追偿。

（2）建设单位依法报审施工图设计文件，办理工程质量监督手续。工程质量监督手续可以与施工许可证或者开工报告合并办理。需提交下列材料：

① 经规划部门审核的建设规划总平面图；

② 施工图审查合格书；

③ 保证建设工程质量和施工安全措施的资料；

④ 勘察、设计、施工、监理合同；

⑤ 勘察、设计、施工、监理等单位的资质证书；

⑥ 施工单位的中标通知书和安全生产许可证等；

⑦ 项目负责人应当在办理工程质量监督手续前签署工程质量终身责任承诺书，连同法定代表人授权书，报工程质量监督机构备案。

（3）建设单位对下列工程必须委托工程监理单位：

① 国家重点建设工程；

② 大中型（投资额≥3000万元）公用事业和基础设施项目；

③ 成片开发建设的住宅小区、建筑面积≥5万m²的住宅工程；

④ 利用外国政府或国际组织贷款、援助资金的工程；

⑤ 学校、影剧院、体育场馆项目。

【例题1·单选题】根据《建设工程质量管理条例》，关于建设单位质量责任和义务的说法，正确的是（　　）。

  A. 建设单位应当就施工图设计文件向施工企业进行技术交底

  B. 建设单位在开工后，应当尽快办理工程质量监督手续

  C. 建设单位应当对其负责采购的材料设备自行检验检测

  D. 建设单位应当依法申请建设工程消防设计审查、消防验收

【答案】D

【例题2·2024年二级真题·单选题】关于建设单位质量责任和义务的说法，正确的是（　　）。

  A. 不得直接发包预拌混凝土等专业分包工程

  B. 不得购入用于工程的装配式建筑构配件、建筑材料和设备

  C. 工程质量监督手续应当与施工许可证或者开工报告合并办理

  D. 不得更换签署工程质量终身责任承诺书的项目负责人

【答案】A

【例题3·2024年二级真题·多选题】下列建设工程中，必须实行监理的有（　　）。

  A. 项目总投资额为4000万元的商业项目

  B. 国家重点建设工程

  C. 项目总投资额为2000万元的滩涂治理项目

  D. 使用世界银行贷款资金的项目

  E. 项目总投资额为3500万元的体育场馆项目

【答案】B、D、E

7.3.2　勘察、设计单位的质量责任和义务

（1）设计单位应当根据勘察成果文件进行建设工程设计。

（2）设计文件应当符合国家规定的设计深度要求，注明工程合理使用年限（自竣工验收合格日起算）。

（3）设计单位在设计文件中选用的建筑材料、建筑构配件和设备，应当注明规格、型号、性能等技术指标。除有特殊要求的建筑材料、专用设备、工艺生产线等外，设计单位不得指定生产厂、供应商（注意逻辑：无特殊要求，不得指定；有特殊要求，可以指定）。

【例题1·2024年二级真题·多选题】关于设计单位质量责任和义务的说法，正确的有（　　）。

A. 应当取得相应等级的资质证书

B. 应当执行工程建设强制性标准

C. 应当参与建设工程质量事故分析

D. 应当对建设工程质量承担全面责任

E. 不得对有特殊要求的专用设备指定供应商

【答案】A、B、C

【解析】选项 D 错误，建设单位依法对工程质量承担首要责任、全面责任。选项 E 错误，无特殊要求，不得指定；有特殊要求，可以指定。

【例题 2·单选题】下列属于设计单位的质量责任的是（　　　）。

A. 保证勘察成果真实、准确　　　　B. 提出建设工程的合理使用年限

C. 向施工图审查机构报审设计文件　　D. 对质量缺陷进行返修

【答案】B

【例题 3·2024 年二级真题·多选题】编制建设工程勘察、设计文件的法定依据包括（　　　）。

A. 项目的招标文件

B. 项目批准文件

C. 城乡规划

D. 工程建设强制性标准

E. 国家规定的建设工程勘察、设计深度要求

【答案】B、C、D、E

【解析】选项 A 错误，《建设工程勘察设计管理条例》规定，编制建设工程勘察、设计文件，应当以下列规定为依据：（1）项目批准文件；（2）城乡规划；（3）工程建设强制性标准；（4）国家规定的建设工程勘察、设计深度要求。

【例题 4·2024 年一级真题·多选题】关于勘察、设计单位质量责任和义务的说法，正确的有（　　　）。

A. 未经注册的建设工程勘察人员，可以借用已注册执业人员的名义从事建设工程勘察活动

B. 勘察、设计单位可以转包所承揽的工程

C. 注册建筑师、注册结构工程师等注册执业人员应当在设计文件上签字，对设计文件负责

D. 对有特殊要求的建筑材料，设计单位可以指定生产厂、供应商

E. 设计单位应当就审查合格的施工图设计文件向施工企业作出详细说明

【答案】C、D、E

【解析】选项 A、B 明显错误，未经注册的建设工程勘察、设计人员，不得以注册执业人员的名义从事建设工程勘察、设计活动；勘察、设计单位不得转包或者违法分包所承揽的工程。

7.3.3 工程监理单位的质量责任和义务

【监理回避义务】

监理单位和监理对象（承包商＋供货商）有隶属利害关系的，不得承担监理业务。

【监理依据】

（1）法律法规及工程建设标准；

（2）建设工程勘察、设计文件；

（3）建设工程监理合同及其他合同文件。

【监理方式】

旁站、巡视和平行检验等形式。

【监理权限】

未经监理工程师签字，建筑材料、构配件和设备不得在工程上使用，施工单位不得进行下道工序施工。未经总监理工程师签字，建设单位不拨付工程款，不进行竣工验收。（监理管小事，总监管大事）

【例题1·2024年二级真题·单选题】关于工程监理单位质量责任和义务，正确的是（　　）。

    A. 建设工程勘察设计文件是实施建设工程监理的依据

    B. 工程监理单位与被监理的工程设备的供应单位有隶属关系的，可以承担该项建设工程的监理义务

    C. 未经总工程师签字，建筑材料不得在工程上使用或者安装

    D. 未经监理工程师签字，建设单位不得进行竣工验收

【答案】A

【例题2·2024年二级真题·单选题】根据《建设工程质量管理条例》，关于工程监理单位质量责任和义务的说法，正确的是（　　）。

    A. 不得与建设单位有隶属关系　　B. 对施工质量承担连带责任

    C. 不得转让工程监理业务　　　　D. 组织建设工程竣工验收

【答案】C

7.4 施工单位的质量责任和义务

核心考点提纲

    7.4.1 施工单位对施工质量负责以及总、分包单位的质量责任

    7.4.2 按照工程设计图纸和施工技术标准施工

    7.4.3 建筑材料、设备等的检验检测

    7.4.4 施工质量检验和返修

    7.4.5 建立健全职工教育培训制度

7.4.1 施工单位对施工质量负责以及总、分包单位的质量责任

◆ **考法 1：五方责任主体及其项目负责人质量终身责任**

表 7.4-1 五方责任主体及其项目负责人质量终身责任

责任主体	建设单位项目负责人、勘察单位项目负责人、设计单位项目负责人、施工单位项目经理、监理单位总监理工程师
追责期限	（1）在工程设计使用年限内对建设工程质量承担相应责任； （2）单位关闭注销、项目负责人离职、退休后，其负责的工程发生质量事故或不能正常使用的，仍应承担责任
永久性标牌	建筑物显著位置应当设置永久性标牌，注明建设、勘察、设计、施工、监理单位及相关项目负责人姓名
质量终身承诺书	相关项目负责人应当亲笔书写质量终身承诺书，与法定代表人的授权书一并在建设工程质量监督机构进行备案

【例题 1·多选题】关于建筑工程质量终身责任制落实的说法，正确的有（　　）。

A. 建筑物显著位置应当设置永久性标牌，注明建设、勘察、设计、施工、监理单位及相关项目负责人

B. 相关项目负责人应当书写质量终身承诺书，与法定代表人的授权书一并在建设工程质量监督机构进行备案

C. 相关项目负责人应当在工程设计年限内对工程质量承担终身责任

D. 施工企业破产注销或者项目经理退休的，不再追究项目经理的责任

E. 工程交付后，因施工质量原因不能正常使用，项目经理为相关注册执业人员的，吊销执业资格证书，终身不予注册

【答案】A、B、C

【解析】一般质量事故：停止执业 1 年；重大质量事故：吊销资格证书，5 年内不予注册；重大质量事故＋情节恶劣的：吊销资格证书，终身不予注册。

◆ **考法 2：施工单位的质量责任**

【例题 2·2023 年二级真题·单选题】关于施工企业的质量责任的说法，正确的是（　　）。

A. 国家鼓励施工企业建立工程质量责任制度

B. 施工企业对建设工程的施工质量负责

C. 施工企业应当通过信息化手段采集、留存隐蔽工程施工质量信息

D. 施工企业技术负责人对因施工导致的工程质量问题承担主要责任

【答案】B

【解析】施工单位对建设工程的施工质量负责。施工单位应当建立质量责任制，确定工程项目的项目经理、技术负责人和施工管理负责人。国家鼓励工程总承包单位、施工单位采用信息化手段采集、留存隐蔽工程施工质量信息。施工单位项目经理应当按照经审查合格的施工图设计文件和施工技术标准进行施工，对因施工导致的工程质量事故或质量问

题承担责任。

◆ **考法 3：总分包单位的质量责任**

【例题 3·单选题】关于建设工程总分包责任说法正确的是（　　）。

A. 总承包单位应当对分包工程的质量与分包单位向建设单位承担连带责任

B. 分包工程出现质量问题，建设单位仅能要求分包单位承担责任

C. 经建设单位同意分包的工程，总承包单位对分包工程的质量可以不承担责任

D. 总承包单位与分包单位对分包工程的质量各自向建设单位承担相应责任

【答案】A

◆ **考法 4：按图施工**

施工单位必须按照：（1）工程设计图纸（直接依据）和（2）施工技术标准（间接依据）施工，不得擅自修改工程设计，不得偷工减料。

施工单位在施工过程中发现设计文件和图纸（1）有差错的，应当及时提出意见和建议。（使得（1）符合（2），然后按新的（1）施工）

【例题 4·多选题】在施工过程中，施工人员发现设计图纸不符合技术标准，施工单位技术负责人采取的正确做法是（　　）。

A. 继续按照工程设计图纸施工　　　B. 按照技术标准修改工程设计

C. 及时向设计单位索赔　　　　　　D. 及时提出意见和建议

E. 通过建设单位要求设计单位予以变更

【答案】D、E

7.4.2　按照工程设计图纸和施工技术标准施工

本节内容略。

7.4.3　建筑材料、设备等的检验检测

表 7.4-2　建筑材料、设备等的检验检测

进场检验（围墙外）	【检验对象】建筑材料、构配件、设备、商品混凝土
	【检验依据】技术标准、设计文件、合同约定
	【检验记录】应当形成书面记录，由专人签字负责
见证取样（围墙内）	【取样地点】作业现场 【取样人】施工人员 【见证人】建设单位或监理单位具备建筑施工试验知识的专业技术人员 【取样对象】简记为：承重、水泥、防水 （1）用于承重结构的混凝土试块； （2）用于承重墙体的砌筑砂浆试块； （3）用于承重结构的钢筋及连接接头试件； （4）用于承重墙的砖和混凝土小型砌块； （5）用于拌制混凝土和砌筑砂浆的水泥； （6）用于承重结构的混凝土中使用的掺加剂； （7）地下、屋面、厕浴间使用的防水材料；

见证取样（围墙内）	（8）国家规定的其他试块、试件和材料。 【见证取样送检比例】不得低于规范规定应取样数量的30% 【样品标识和封志】取样人员应在试样或其包装上作出标识、封志。并标明"工程名称、取样部位、取样日期、样品名称、样品数量"，并由见证人员和取样人员签字。见证人员应制作见证记录，并将见证记录归入施工技术档案。取样人员和见证人员对试样的真实性、代表性负责

◆ **考法1：建筑材料进场检验制度**

【例题1·2023年二级真题·单选题】根据《建设工程质量管理条例》，关于建筑材料检验的说法，正确的是（　　）。

　　A. 书面检验记录应当由项目负责人签字

　　B. 应当按照工程设计要求、施工技术标准和合同约定进行检验

　　C. 当事人在合同中约定不检验的，可以不进行检验

　　D. 厂家附带合格证的，不再进行检验

【答案】B

◆ **考法2：围墙内见证取样和送检制度**

【例题2·单选题】关于建设工程见证取样的说法，正确的是（　　）。

　　A. 试样标识上注明工程名称、取样日期、样品名称，由见证人员签字即可

　　B. 见证取样比例不得低于有关技术标准中规定应取样数量的50%

　　C. 见证人员应当由施工企业中具备施工试验知识的专业技术人员担任

　　D. 隔震减震装置属于主体结构，必须实施见证取样

【答案】D

【例题3·2022年二级真题·单选题】根据《房屋建筑工程和市政基础设施工程实行见证取样和送检的规定》，下列试块、试件和材料必须实施见证取样和送检的是（　　）。

　　A. 用于拌制混凝土和砌筑砂浆的水泥

　　B. 用于填充墙体的砖

　　C. 用于混凝土中使用的掺加剂

　　D. 用于各种结构的钢筋及连接接头试件

【答案】A

◆ **考法3：工程质量检测机构的相关规定**

表7.4-3　工程质量检测机构（营利性中介机构，四库一平台可查）

检测业务委托	检测资质分为综合类资质、专项类资质。资质证书有效期为5年
	检测机构不得与本项目的建设、施工、监理单位，以及供应商存在隶属关系或者其他利害关系（4家单位，没有勘察和设计单位）
	检测人员具有检测注册执业资格，不得同时受聘于两家机构
	检测机构及工作人员不得推荐或者监制建筑材料、构配件和设备
检测报告	检测报告经检测人员、审核人员、检测机构法定代表人或其授权的签字人等签署，并加盖检测专用章后方可生效（3字1章）

检测结果不合格	检测机构在检测过程中发现建设、施工、监理单位存在违反强制性标准，涉及结构安全、主要使用功能检测结果不合格的，应当及时报告工程所在地建管部门
	检测机构应当单独建立检测结果不合格项目台账
	利害关系人对检测结果存在争议的，可以委托共同认可的检测机构复检
检测档案	检测机构应当建立档案管理制度：（1）检测合同、（2）委托单、（3）检测数据原始记录、（4）检测报告按照年度统一编号，编号应当连续，不得随意抽撤、涂改

【例题4·单选题】关于工程质量检测的说法，正确的是（　　）。

　　A. 检测机构不得与本工程设计单位存在利害关系

　　B. 检测机构应当监制建筑材料、构配件和设备

　　C. 检测报告经质量监督机构确认后，由建设单位归档

　　D. 检测机构应当单独建立检测结果不合格项目台账

【答案】D

【例题5·单选题】关于工程质量检测报告的说法，正确的是（　　）。

　　A. 检测报告经检测人员签字即可生效

　　B. 检测结果利害关系人对检测结果发生争议的，由建设行政主管部门复检

　　C. 检测报告应当按年度统一编号，编号应当连续；但检测合同、委托单、检测原始数据无此要求

　　D. 非建设单位委托的质量检测机构出具的检测报告，不得作为工程质量验收资料

【答案】D

【解析】施工企业委托的检验检测仅作为施工自检资料；

　　　　建设单位委托的检测报告可作为工程验收资料。

【例题6·多选题】根据《建设工程质量检测管理办法》，检测机构应当建立档案管理制度。（　　）应当按照年度统一编号，编号应当连续，不得随意抽撤、涂改，并单独建立不合格项目台账。

　　A. 检测合同　　　　　　　　　　B. 委托单

　　C. 检测数据原始记录　　　　　　D. 检测报告

　　E. 检测仪器设备

【答案】A、B、C、D

7.4.4　施工质量检验和返修

表 7.4-4　施工质量检验和返修

隐蔽工程检验	隐蔽工程隐蔽前，施工单位应当通知建设单位和建设工程质量监督机构
工程返修	【施工单位造成的质量问题】发包人有权要求施工人无偿修理、返工或改建。经过修理或者返工、改建后，造成逾期交付的，施工人应当承担迟延交付的违约责任
	【非施工单位原因造成的质量问题】施工单位也应负责返修，但由此造成的损失和费用，可以向建设单位提出索赔（最终由责任方承担）

【例题1·单选题】关于施工企业质量责任的说法，正确的是（　　）。

　　A. 施工企业法定代表人对施工项目质量承担终身责任

　　B. 对于非施工企业的原因造成的建设工程质量问题，施工企业可以拒绝返修

　　C. 施工企业在隐蔽工程隐蔽前，应当通知设计单位和安全生产监督机构

　　D. 施工企业经过修理或者返工、改建后，造成逾期交付的，施工人应承担违约责任

【答案】D

7.4.5　建立健全职工教育培训制度

【例题1·2024年二级真题·多选题】根据《住房和城乡建设部办公厅关于开展施工现场技能工人配备标准制定工作的通知》，关于施工现场技能工人的说法，正确的有（　　）。

　　A. 扩建市政基础设施工程建设项目，可以不制定相应的施工现场技能工人配备标准

　　B. 技能工人包括一般技术工人和建筑施工特种作业人员

　　C. 经省级以上人民政府住房和城乡建设主管部门认定的特种作业人员也属于建筑施工特种作业人员

　　D. 鼓励企业和行业协会积极举办各类技能竞赛，以赛促练、以赛促训

　　E. 建筑起重机械司机不属于建筑施工特种作业人员

【答案】B、C、D

【解析】选项A错误，新建、改建、扩建房屋建筑与市政基础设施工程建设项目，均应制定相应的施工现场技能工人配备标准；选项C正确、E错误，建筑施工特种作业人员包括建筑电工、建筑架子工、建筑起重信号司索工、建筑起重机械司机、建筑起重机械安装拆卸工、高处作业吊篮安装拆卸工和经省级以上人民政府住房和城乡建设主管部门认定的其他特种作业人员等。

【例题2·2024年一级真题·多选题】关于施工企业工程质量职工教育培训制度的说法，正确的有（　　）。

　　A. 施工企业应当建立、健全教育培训制度，加强对职工的教育培训

　　B. 未经教育培训或者考核不合格的人员，不得上岗作业

　　C. 推行终身职业技能培训制度，加强建筑工人岗前培训和技能提升培训

　　D. 大力推行现代学徒制和企业新型学徒制

　　E. 施工企业应当建立培训基地

【答案】A、B、C、D

【解析】选项D正确、E错误，大力推行现代学徒制和企业新型学徒制，"鼓励"企业采取建立培训基地、校企合作、购买社会培训服务等多种形式，解决建筑工人理论与实操脱节的问题，实现技能培训、实操训练、考核评价与现场施工有机结合。

7.5 建设工程竣工验收制度

7.5.1 竣工验收的主体和法定条件

【建设工程竣工验收】

建设单位收到建设工程竣工报告后，应当组织设计、施工、工程监理等有关单位进行竣工验收。

其中，涉及公众利益、公共安全的内容包括"规划、消防、人防、节能、环保、抗震、无障碍设施及档案"等，应当依法进行竣工专项验收。

建设工程未进行专项验收或专项验收不合格的，竣工验收不合格，无法进行竣工验收备案。

表 7.5-1　建设工程竣工验收

—		验收人
竣工总验收		建设单位
竣工专项验收	规划专项验收	规划局
	档案专项验收	城建档案馆
	消防专项验收	（1）人员密集场所、特殊工程：住建局； （2）其他消防工程：建设单位
	人防专项验收	（1）地下空间开发：人防办； （2）其他人防工程：建设单位
	抗震专项验收	（1）重要工程：住建局抗震办＋地震局； （2）其他工程：建设单位
	节能专项验收	建设单位
	配套环保设施验收	建设单位
	无障碍设施专项验收	建设单位

【建设工程竣工验收的条件】

（1）已完成设计和合同约定的"各项内容"；

（2）有"完整的"技术档案资料和施工管理资料（档案验收合格）；

（3）工程主要建筑材料、建筑构配件和设备等《进场试验报告》（不是"进场记录"）；

（4）"勘察、设计、施工、监理"等单位分别签署的质量合格文件；

（5）有施工单位签署的工程保修书。

【例题1·2024年一级真题·单选题】建设工程竣工后，应当及时组织验收的主体是（　　）。

A. 建设单位　　　　　　　　　B. 总承包单位

C. 监理单位　　　　　　　　　D. 质量监督机构

【答案】A

7.5.2　规划、消防、节能和环保验收

◆考法1：建设工程规划验收

（1）建设工程竣工后，建设单位应当依法向城乡规划行政主管部门提出竣工规划验收申请。

（2）县级以上规划主管部门按国务院规定对建设工程是否符合规划条件予以核实。未经核实或者经核实不符合规划条件的，建设单位不得组织竣工验收。

（3）对于验收合格的，由城乡规划行政主管部门出具规划认可文件或核发《建设工程竣工规划验收合格证》。

（4）建设单位应当在竣工验收后6个月内向城乡规划主管部门报送有关竣工验收资料。

【例题1·单选题】关于建设工程竣工规划验收的说法，正确的是（　　）。

A. 建设单位应当向住房城乡建设主管部门提出竣工规划验收申请

B. 对于验收合格的建设工程，城乡规划行政主管部门出具建设工程规划许可证

C. 建设单位应当在竣工验收后3个月内向城乡规划行政主管部门报送有关竣工验收资料

D. 建设工程未经核实或者经核实不符合规划条件的，建设单位不得组织竣工验收

【答案】D

【解析】选项A错误，建设单位应当依法向"城乡规划行政主管部门"提出竣工规划验收申请，不是建管部门；选项B错误，对于验收合格的，由城乡规划行政主管部门出具"规划认可文件"或核发《建设工程竣工规划验收合格证》，而建设工程规划许可证是建设单位申请施工许可证前应取得的条件之一。

◆考法2：建设工程消防验收

表7.5-2　建设工程消防验收

大型人员密集场所、特殊工程	官方消防验收	由建设单位向住建局提出申请，验收合格后，投入使用
其他工程	建设单位自行消防验收	验收合格后报住建局备案。未备案的，责令限期改正，逾期不改正的，罚款。 住建局有权对备案工程进行抽查。抽查不合格的，责令停止使用

【例题2·单选题】根据《消防法》，关于建设工程竣工消防验收，正确的是（　　）。

A. 所有建设工程都须经住房和城乡建设主管部门消防验收

B. 申请消防验收，须提供施工、监理、检测单位的资质证明文件，以及消防产品、消防设施、防火材料等的生产许可证、产品合格证、防火性能检测合格证明等

C. 建设单位自行消防验收合格的工程，应当在应急管理部门办理备案

D. 实行消防验收备案的建设工程，由消防救援主管部门对其进行抽查

【答案】B

◆ 考法 3：建设工程环保验收

（1）编制环境影响报告书、环境影响报告表的建设项目竣工后，建设单位应当按照国务院环保部门规定的标准和程序，对配套建设的环境保护设施进行验收，编制验收报告。除按照国家规定需要保密的情形外，建设单位应当依法向社会公开验收报告。

（2）分期建设、分期投入生产或者使用的建设项目，其相应的环境保护设施应当分期验收。编制环境影响报告书、环境影响报告表的建设项目，其配套建设的环境保护设施，未经验收或者验收不合格的，不得投入生产或者使用。

【例题 3·单选题】根据《建设项目环境保护管理条例》规定，关于环境保护设施竣工验收的说法，正确的是（　　）。

A. 编制环境影响报告书、环境影响报告表的建设项目，其配套建设的环境保护设施可直接投入生产或使用

B. 建设单位应当按照本省生态环境厅规定的标准和程序，对配套建设的环境保护设施进行验收，编制验收报告

C. 除国家规定保密的情形外，建设单位应当依法向社会公开环境保护设施的验收报告

D. 分期建设、分期投入生产或者使用的建设项目，其相应的环境保护设施应当同时验收

【答案】C

◆ 考法 4：建筑工程节能验收

（1）国家实行固定资产投资项目节能评估和审查制度。不符合"强制性"节能标准的项目，建设单位不得开工建设；已经建成的，不得投入生产、使用。政府投资项目不符合强制性节能标准的，依法负责项目审批的机关不得批准建设。

（2）建设单位组织竣工验收，应当对民用建筑是否符合民用建筑节能强制性标准进行查验；对不符合民用建筑节能强制性标准的，不得出具竣工验收合格报告。

（3）建筑节能分部工程的质量验收，应在施工单位自检合格，且检验批、分项工程全部合格的基础上，进行外墙节能构造、外窗气密性现场实体检测和设备系统节能性能检测，确认建筑节能工程质量达到验收的条件后方可进行。

（4）单位工程竣工验收应在建筑节能分部工程验收合格后进行。

【例题 4·2024 年二级真题·单选题】建筑节能分部工程验收，应当进行节能性能检测的是（　　）。

A. 外墙节能构造   B. 外窗气密性

C. 管道系统   D. 设备系统

【答案】D

【解析】建筑节能分部工程验收条件：施工单位自检合格；检验批、分项工程全部合格；进行外墙节能构造、外窗气密性现场实体检测；设备系统节能性能检测，确认达到验收条件。

【例题5·2024年二级真题·单选题】关于建筑工程节能验收的说法，正确的是（　　）。

A. 国家实行固定资产投资项目节能评估和备案制度

B. 对不符合推荐性节能标准的项目，建设单位不得开工建设

C. 建筑节能分部工程验收合格后方可进行单位工程竣工验收

D. 建筑节能检验批、分项工程全部合格即可进行节能分部工程验收

【答案】C

7.5.3 竣工验收备案

表 7.5-3　竣工验收备案

申请人	建设单位
申请时限	自竣工验收合格之日起 15 日内
备案机关	工程所在地县以上建设主管部门
备案材料	（1）备案表； （2）建设单位《竣工验收报告》； （3）规划、消防、人防、节能、环保、抗震、无障碍设施、档案等专项验收的文件； （4）施工单位签署的《质量保修书》
	住宅工程还应提交《住宅质量保证书》、《住宅使用说明书》
通过备案的关键	质量监督机构应当在工程竣工验收之日起 5 日内，向备案机关提交《工程质量监督报告》
备案文件的签收和处理	备案机关收到建设单位报送的竣工验收备案文件，验证文件齐全后，应当在工程竣工验收备案表上签署"文件收讫"。工程竣工验收备案表一式 2 份，1 份由建设单位保存，1 份留备案机关存档
备案不通过	备案机关发现竣工验收违法违规，应当责令停止使用建设工程，重新组织竣工验收。备案机关决定重新组织竣工验收并责令停止使用的工程，建设单位在备案之前已投入使用或者建设单位擅自继续使用造成使用人损失的，由建设单位依法承担赔偿责任

【例题1·2024年二级真题·单选题】关于房屋建筑与市政工程竣工备案，说法正确的是（　　）。

A. 备案材料应当包括工程所有技术档案和各种证明

B. 备案表一式三份，分别由建设单位、施工单位和备案机关留存

C. 备案机关认为建设单位在竣工验收中有违法违规行为的，应当责令停止使用，重新组织竣工验收

D. 备案机关因施工质量不合格，决定重新组织竣工验收的工程，建设单位擅自继续使用或者擅自交付使用，造成他人损失的，由施工单位依法承担赔偿责任

【答案】C

7.5.4 应提交的档案资料

每项建设工程应编制一套电子档案，随纸质档案，在竣工验收后 3 个月内一并移交城建档案管理机构（一般规则）。

电子档案上有电子签名、电子盖章的，可以不移交纸质档案（例外规则）。

对改建、扩建和重要部位维修的工程，应组织监理、施工单位据实修改、补充和完善原建设工程档案（改档案，一般规则）。

改扩建活动导致结构和平面布置等改变的，应重新编制和报送建设工程档案（换档案，例外规则）。

【例题 1·单选题】关于建设工程档案的说法，正确的是（　　）。

A. 建设单位应当在建设工程竣工验收后 6 个月内，向城建档案馆移交建设项目档案

B. 每项工程都应编制一套电子档案，随纸质档案一并移交城建档案馆

C. 纸质档案签署了具有法律效力的印章、签名的，可以不移交电子档案

D. 工程改扩建和重要部位维修的，应当重新编制和报送建设工程档案

【答案】B

【解析】选项 C 错误，可简记为："电√＋纸？"；选项 D 错误，"导致结构和平面布置改变"的，才需要重新编制档案。

【例题 2·单选题】工程投入使用后，如果发生（　　），建设单位应当重新编制和报送工程档案。

A. 改建、扩建　　　　　　　　　B. 重要部位维修

C. 结构和平面布置改变　　　　　D. 外墙面改变

【答案】C

7.6 建设工程质量保修制度

核心考点提纲

　　7.6.1 质量保修书和最低保修期限
　　7.6.2 缺陷责任期和工程质量保证金

7.6.1 质量保修书和最低保修期限

◆ **考法 1：质量保修书的起始日和内容**

【质量保修书】

承包单位在提交工程竣工验收申请报告时，应当向建设单位出具质量保修书。质量保修书中应当明确建设工程的保修范围、保修期限和保修责任等。

【例题 1·2022 年一级真题·单选题】建设工程质保期的起算日是（　　）。

　　A. 工程完工之日　　　　　　　　B. 工程竣工验收合格之日

　　C. 工程开始使用之日　　　　　　D. 发包人签收竣工验收申请之日

【答案】B

【例题 2·单选题】2024 年 3 月 2 日，某工程施工单位向建设单位提交竣工验收报告，3 月 7 日经验收不合格，施工单位返修后于 3 月 20 日再次验收合格，3 月 31 日，建设单位将有关材料报送建设行政主管部门备案，则施工单位出具工程保修书时间应为（　　）。

　　A. 3 月 2 日　　　　　　　　　　B. 3 月 7 日

　　C. 3 月 20 日　　　　　　　　　 D. 3 月 31 日

【答案】A

【解析】首先，应注意出具保修书的时间与保修期的起始时间是两个不同时间。本案中，3 月 2 日应出具保修书，但保修期自 3 月 20 日起算。其次，应注意返修和保修是两个不同的法律概念：验收合格前，返修；验收合格后，保修。

◆ **考法 2：保修范围和保修期限**

【保修责任】

保修责任＝保修范围内＋保修期内

【保修范围】

工程质量问题（包括施工、设计或勘察错误等原因）均属于保修范围，施工单位负责保修，费用由责任方承担。但如果是非工程质量问题（如：使用不当、人为损坏或者自然灾害），则不属于保修范围，施工单位没有保修责任。

表 7.6-1　保修范围和保修期限

法定保修范围	法定最低保修期限
基础设施工程、房屋建筑工程地基基础、主体结构	设计文件注明的合理使用年限
防水工程、节能保温	≥5 年
供热系统、供冷系统	≥2 个供暖期（冬天）、2 个供冷期（夏天）
电气管线、给排水管道、设备安装、装修工程	≥2 年

【例题 3·多选题】下列情形中，属于保修范围的有（　　）（＝"工程质量问题"）。

　　A. 八级地震造成主体结构倾斜　　B. 因设计缺陷导致外墙装饰脱落

　　C. 因他人纵火烧毁装修工程　　　D. 将住宅屋顶改为菜地，致使屋面渗漏

　　E. 因预埋件松动造成设备损坏

【答案】B、E

【例题4·2024年二级真题·单选题】建筑工程最低使用合理年限说法正确的是（　　　）。

A. 屋面防水5年
B. 供暖2年
C. 管道安装5年
D. 主体设计70年

【答案】A

◆考法3：建设工程超过合理使用年限后继续使用

【例题5·单选题】关于建设工程在超过合理使用年限后需要继续使用进行鉴定的说法，正确的是（　　　）。

A. 应当委托具有相应资质的施工企业鉴定
B. 委托人应当为建设单位
C. 加固费用较高的，应当报废或者拆除
D. 根据鉴定结果，采取加固、维修等措施后，重新界定使用期

【答案】D

【解析】选项C错误，无法律依据。（程序不能少，简记为："鉴定→加固、维修→重新界定使用期"）《建设工程质量管理条例》规定，建设工程在超过合理使用年限后需要继续使用的，产权所有人应当委托具有相应资质等级的勘察、设计单位鉴定（不要求"原勘察、设计单位"），并根据鉴定结果采取加固、维修等措施，重新界定使用期。

7.6.2　缺陷责任期和工程质量保证金

表7.6-2　缺陷责任期和工程质量保证金

一	保修期（强制的）	缺陷责任期（非强制的）
法律依据	《建设工程质量管理条例》国务院（1999）	《建设工程质量保证金管理暂行办法》建设部、财政部（2005）
含义	承包人承担维修义务的时间（质量责任）	发包人退还质保金的时间（经济责任）
期限	约定≥法定，才有效	约定（≤24个月）
起算	竣工验收合格日	工程通过竣工验收之日
		（由于承包人原因）实际通过竣工验收日
		（由于发包人原因）提交验收报告90日后
适用	违反《条例》规定不履行保修义务的，承担行政处罚	发包人违反约定逾期不返还的，仅承担民事违约责任，不存在行政违法

【质量保证金】

从应付工程款中预留不高于结算总额的3%。承包人提交质量保险、质量保函的，发包人不得再预留保证金。承包人已经缴纳履约保证金的，发包人不得同时预留工程质量保证金（简记为：减轻承包人负担，避免重复担保）。

【缺陷责任期】

双方谈判后具体约定，一般 1 年，最长不超过 2 年，自工程通过竣工验收之日起计算（一般规则）；但因发包人原因未能及时验收的，在承包人提交竣工验收申请报告 90 日后，自动进入缺陷责任期（例外规则）。

"缺陷责任期到期"后，承包人向发包人申请返还保证金。

【缺陷责任期内责任划分】

缺陷责任期内，由承包人原因造成的缺陷，承包人应负责维修，并承担鉴定及维修费用。承包人维修并承担相应费用后，不免除对工程的损失赔偿责任。

承包人拒绝维修的，发包人可以另行委托他人维修，并从保证金中扣除相应费用。

◆ **考法 1：缺陷责任期的确定**

【例题 1·多选题】 关于工程建设缺陷责任期确定的说法，正确的有（　　）。

A. 发包人导致竣工迟延的，在承包人提交竣工验收报告后进入缺陷责任期

B. 缺陷责任期一般为 1 年，最长不超过 24 个月，由发、承包双方在合同中约定

C. 发包人导致竣工迟延的，在承包人提交竣工验收报告 60 天后，自动进入缺陷责任期

D. 缺陷责任期一般从工程通过竣（交）工验收之日起计

E. 承包人导致竣工迟延的，缺陷责任期从实际通过竣工验收之日起计

【答案】 B、D、E

◆ **考法 2：工程质量保证金**

【例题 2·2024 年二级真题·单选题】 关于建设工程质量保证金的说法，正确的是（　　）。

A. 在工程项目竣工前，已经缴纳履约保证金的，建设单位可以同时预留工程质量保证金

B. 工程质量保证金总预留比例不得高于工程价款结算总额的 5%

C. 采用工程质量保证担保的，建设单位不得再预留工程质量保证金

D. 建设单位返还工程质量保证金后，施工企业不再履行工程保修义务

【答案】 C

【例题 3·多选题】 根据《建设工程质量保证金管理办法》，关于质量保证金的说法正确的有（　　）。

A. 缺陷责任期内，实行国库集中支付的政府投资项目，保证金的管理应按照国库集中支付的有关规定执行

B. 缺陷责任期内，如发包方被撤销，保证金随交付使用资产一并移交给当地建设行政主管部门统一管理

C. 社会投资项目采用预留保证金方式的，发、承包双方可以将保证金交由第三方金融机构托管

D. 缺陷责任期内，由第三人原因造成的缺陷，发包人应当负责组织维修并从保证金中扣除费用

E. 发包人在接到承包人返还保证金申请后 14 天内不予答复的，视同认可承包人的返还保证金申请

【答案】A、C

【解析】选项 B 错误，缺陷责任期内，如发包方被撤销，保证金随交付使用资产一并移交使用单位管理，由使用单位代行发包人职责；选项 D 错误，缺陷责任期内，由第三人原因造成的缺陷，发包人应当负责组织维修，承包人不承担费用，且发包人不得从保证金中扣除费用；选项 E 错误，发包人在接到承包人返还保证金申请后 14 天内不予答复，经催告后 14 天内仍不予答复，视同认可承包人的返还保证金申请。

◆考法 3：责任划分

【例题 4·多选题】对于维修义务和相关经济责任，说法正确的有（　　）。

　　A. 施工造成的质量缺陷，由施工单位维修并承担经济责任

　　B. 设计造成的质量缺陷，由施工单位维修，并直接向设计单位索赔

　　C. 因使用甲方采购的建筑材料不合格引起的质量缺陷，施工单位可以拒绝维修

　　D. 因监理单位错误指令引起的工程缺陷，施工单位负责维修，并可以向建设单位索赔

　　E. 因使用人使用不当或自然灾害引起的工程损坏，施工单位承担维修费用

【答案】A、D

◆考法 4：质量保证金的返还

【例题 5·单选题】根据最高法院《施工合同解释》，关于工程质量保证金返还，说法正确的是（　　）。

　　A. 当事人已约定质量保证金返还期限为 5 年的，承包人可以主张 2 年期满即返还

　　B. 当事人未约定质量保证金返还期限的，承包人可以在工程通过竣工验收之日满 2 年要求返还

　　C. 因发包人原因导致工程未及时组织验收的，承包人可以在提交验收申请之日起满 2 年要求返还

　　D. 发包人返还质保金后，承包人的保修责任终止

【答案】B

【解析】《最高人民法院关于审理建设工程施工合同纠纷案件适用法律问题的解释（一）》规定，有下列情形之一，承包人请求发包人返还工程质量保证金的，人民法院应予支持：（1）当事人约定的工程质量保证金返还期限届满。（2）当事人未约定工程质量保证金返还期限的，自建设工程通过竣工验收之日起满 2 年。（3）因发包人原因建设工程未按约定期限进行竣工验收的，自承包人提交工程竣工验收报告 90 日后当事人约定的工程质量保证金返还期限届满；当事人未约定工程质量保证金返还期限的，自承包人提交工程竣工验收报告 90 日后起满 2 年。发包人返还工程质量保证金后，不影响承包人根据合同约定或者法律规定履行工程保修义务。

本章模拟强化练习

1. 关于《建筑工程施工质量统一验收标准》（GB 50300—2013），说法正确的是（　　）。

    A. 属于工程建设行业标准

    B. 施工合同未明确约定采用该标准的，不作为工程施工、监理和验收的依据

    C. 有关施工现场执行该标准的情况，建设行政主管部门可以委托建设工程质量监督机构具体监督

    D. 团体标准、企业标准的技术要求，不得高于该标准中确定的技术要求

【答案】C

2. 根据新修订的《标准化法》，国务院标准化主管部门（简称为"国标委"）的职责是（　　）。

    A. 批准发布工程建设强制性国家标准

    B. 制定工程建设行业标准

    C. 制定工程建设推荐性国家标准

    D. 对工程建设强制性国家标准进行技术审查

【答案】C

【解析】选项 A 是国务院职责；选项 B、D 是住房和城乡建设部职责。

3. 根据《无障碍环境建设法》，鼓励建设单位在工程规划、设计、竣工验收环节，邀请（　　）代表参加意见征询和体验试用。

    A. 老龄委　　　　　　　　　　　B. 妇联

    C. 工会　　　　　　　　　　　　D. 残联

    E. 居委会

【答案】A、D

4. 根据《无障碍环境建设法》，老旧小区多层住宅需要加装电梯的，（　　）。

    A. 需全体业主同意

    B. 由地方政府筹措所需资金

    C. 由居委会具体组织实施

    D. 如不具备改造条件的，责任人采取必要的替代措施

【答案】D

5. 下列属于设计单位的质量责任的是（　　）。

    A. 在设计文件中注明工程合理使用年限

    B. 在设计文件中注明保障施工作业人员安全的各项具体措施

    C. 应当参与工程质量事故分析

    D. 与本工程的承包商或供应商存在利害关系的，应当回避

    E. 不得对有特殊要求的专用设备指定供应商

【答案】A、C

6. 设计文件中应当注明（　　）。

A. 工程合理使用年限

B. 工程保修期限

C. 建筑材料、构配件、设备的规格、型号和性能指标

D. 建筑材料、构配件、设备的生产厂、供应商

E. 涉及施工安全的重点部位和环节

【答案】A、C、E

7. 关于工程监理的说法，正确的是（　　）。

A. 监理工程师对建设工程项目现场实施监理，采取的主要监理形式是书面审查

B. 工程款支付证书需要总监理工程师签章

C. 监理工作的主要依据是施工组织设计

D. 工程监理单位与勘察设计单位有利害关系的，应当回避

【答案】B

8. 关于建设工程见证取样，说法正确的是（　　）。

A. 施工人员对防水材料，应当在项目技术负责人监督下在生产厂家进行现场取样

B. 见证取样和送检的样品比例不得低于有关技术标准中规定应取样数量的30%

C. 填充墙的混凝土小型砌块、混凝土掺加剂、用于拌制砌筑砂浆的水泥均应当进行见证取样

D. 样品应当有标识和封志，由取样人员签字并标明工程名称、样品名称、样品数量

【答案】B

【解析】选项A错误，应当在建设单位或监理单位的监督下"现场取样"，而非生产厂家；选项C错误，填充墙的混凝土小型砌块、混凝土掺加剂都不是"涉及结构安全的"的材料，所以无需见证取样；选项D错误，取样人员应在试样或其包装上作出标识、封志。标识和封志应标明工程名称、取样部位、取样日期、样品名称和样品数量，并由见证人员和取样人员签字。

9. 第三方检测机构受建设单位委托对试样进行检测，发现（　　）检测结果不合格情况，应当及时报告建设行政主管部门。

A. 屋面、厕浴间使用的防水材料

B. 非承重结构的钢筋及连接接头试件

C. 用于防水层上保护层的商品混凝土

D. 抹灰砂浆中使用的掺加剂

【答案】A

【解析】检测机构应当将"涉及结构安全的"检测结果的不合格情况，及时报告工程所在地建设主管部门。"涉及结构安全的"材料一般简记为："承重、水泥、防水"。

10. 建设单位收到（　　）后，应当组织设计、施工、监理等有关单位进行竣工验收。

A. 监理单位出具的质量评估报告

B. 施工单位出具的质量保修书

C. 设计单位签署的质量合格文件

D. 施工单位提交的建设工程竣工报告

【答案】D

【解析】建设单位收到建设工程竣工报告后，应当组织设计、施工、工程监理等有关单位进行竣工验收。

11. 根据《建设工程质量管理条例》，建设工程竣工验收应当具备的条件有（　　　）。

A. 有完整的技术档案和施工管理资料

B. 完成建设工程设计和合同约定的主体工程

C. 有工程使用的主要建筑材料、建筑构配件和设备的进场记录

D. 有施工企业签署的工程保修书

E. 有设计、施工、质量监督单位分别签署的质量合格文件

【答案】A、D

12. 关于建筑节能工程验收，正确的是（　　　）。

A. 不符合强制性节能标准的项目，已经建成的，必须拆除重建

B. 监理工程师收到节能验收申请，直接组织进行外墙节能构造、外窗气密性的现场实体检测和设备系统的节能性能检测

C. 节能验收，应在施工单位自检合格，且检验批、分项工程全部合格的基础上进行

D. 建设单位对不符合民用建筑节能强制性标准的项目，注明限期整改的意见后可以验收通过

【答案】C

13. 关于建设工程质量保修的说法，正确的是（　　　）。

A. 基础设施工程的保修期为设计文件规定的该工程合理使用年限

B. 屋面防水工程的保修期可以约定为 10 年

C. 建设工程保修期的起始日是提交竣工验收报告之日

D. 保修期结束后返还质量保证金

E. 施工企业对非工程质量缺陷（例如人为损坏、火灾、水灾等导致的），不承担保修责任

【答案】A、B、E

14. 关于建设工程质量保修的说法，正确的是（　　　）。

A. 施工单位应当在竣工验收合格后向建设单位出具质量保修书

B. 质量保修书应当注明设计使用年限、结构体系、抗震设防烈度、类别等

C. 保修书中注明的保修期与法定保修期限不一致的，应当以法定的为准

D. 施工单位签署质量保修书是建设单位组织竣工验收的一个重要条件，也是办理竣工验收备案必不可少的材料

【答案】D

【解析】选项 B 错误，质量保修书应当注明保修范围、保修期限和保修责任；建筑使

用说明书应当注明设计使用年限、结构体系、抗震设防烈度、类别。选项 C 错误，约定 ≥法定，按约定；约定＜法定，按法定。

15. 建设工程在超过合理使用年限后需要继续使用的，产权所有人应当委托（ ）鉴定，并根据鉴定结果采取加固、维修等措施，重新界定使用期。

  A. 勘察、设计单位   B. 监理单位

  C. 建筑安全监督管理机构   D. 工程质量监督机构

【答案】A

16. 根据国家有关规定，有关质量保证金和缺陷责任期，说法正确的有（ ）。

  A. 所谓"缺陷"仅指建设工程质量不符合工程建设强制性标准

  B. 所谓"缺陷责任期"一般不超过 2 年，由发承包双方在合同中具体约定期限

  C. 所谓"质量保证金"，是指通过承包合同约定，从应付工程款中预留，用以保证承包人在缺陷责任期内对工程缺陷进行维修的资金

  D. 缺陷责任期内，工程发生缺陷，经鉴定为承包人原因的，发包人可以按照约定没收质量保证金

  E. 缺陷责任期到期后，承包人可以向发包人请求返还质量保证金

【答案】B、C、E

第8章 建设工程环境保护和历史文化遗产保护法律制度

本章考情分析

表 8-1 本章近 1 年真题题型分析（分）

第 8 章	核心考点	2024 年	
		单选	多选
8.1	建设工程大气污染防治	—	—
	建设工程水污染防治	1	—
	建设工程固体废物污染环境防治	—	—
	建设工程噪声污染防治	1	—
8.2	受法律保护的各类历史文化遗产范围	1	—
	在各类历史文化遗产保护范围和建设控制地带施工	—	—
	施工发现文物报告和保护	1	2
合计		4	2
		6	

本章核心考点分析

8.1 建设工程环境保护制度

核 心 考 点 提 纲

- 8.1.1 建设工程大气污染防治
- 8.1.2 建设工程水污染防治
- 8.1.3 建设工程固体废物污染环境防治
- 8.1.4 建设工程噪声污染防治

8.1.1 建设工程大气污染防治

【施工现场扬尘防治】

（1）建设单位应当将防治扬尘污染的费用列入工程造价，并在施工承包合同中明确施工单位扬尘污染防治责任。

（2）暂时不能开工的建设用地，建设单位应当对裸露地面进行覆盖。超过3个月的，应当进行绿化、铺装或遮盖。

（3）施工单位应当制定具体的施工扬尘污染防治实施方案，在施工工地公示扬尘污染防治措施、负责人、扬尘监督管理主管部门等信息。

（4）施工单位应当在施工工地设置硬质围挡，并采取覆盖、分段作业、洒水、冲洗等有效防尘降尘措施。建筑土方、工程渣土、建筑垃圾应当及时清运；在场地内堆存的，应当采用密闭式防尘网遮盖。工程渣土、建筑垃圾应当进行资源化处理。

（5）对施工现场实行封闭管理。城市范围内主要路段的施工工地应设置高度不小于2.5m的封闭围挡，一般路段的施工工地应设置高度不小于1.8m的封闭围挡。

【例题1·2024年二级真题·单选题】关于扬尘抑制说法正确的是（　　）。

A. 市区主要道路围挡高度1.8m

B. 施工现场不定期清扫、洒水

C. 施工现场环境污染物不定期焚烧

D. 施工现场堆放按平面设置图设置进行码放

【答案】D。

【例题2·单选题】关于施工现场扬尘污染的防治，下列说法正确的是（　　）。

A. 暂时不能开工的建设用地，施工单位应当对裸露地面进行覆盖

B. 施工现场的裸露地面应当进行绿化

C. 施工现场防治扬尘污染的费用不列入工程造价

D. 施工单位应当制定具体的施工扬尘污染防治实施方案，在施工现场显著位置设置扬尘污染防治告示牌

【答案】D

【例题3·单选题】关于施工现场扬尘防治，说法正确的是（　　）。

A. 施工单位应当将防治扬尘的费用列入工程造价

B. 施工现场主要道路和材料加工区地面可以进行硬化处理

C. 环境空气质量达到中度以上污染时，应当停止施工作业

D. 高层建筑内施工垃圾的清运，应当采用器具或管道运输

【答案】D

【解析】施工现场的"主要"道路及材料加工区地面"应"进行硬化处理，道路应畅通，路面应平整坚实。鼓励施工工地安装在线监测和视频监控设备，并与当地有关主管部门联网。当环境空气质量指数达到中度及以上污染时，施工现场应增加洒水频次，加强覆盖措施，减少易造成大气污染的施工作业。

8.1.2　建设工程水污染防治

【城镇排水设施的保护】

建设工程开工前，建设单位应当查明工程建设范围内地下城镇排水与污水处理设施的

相关情况。城镇排水主管部门应及时提供相关资料。

建设单位应当与施工单位、设施维护运营单位共同制定设施保护方案，并采取相应的安全保护措施。

【城镇排水设施的拆改】

因工程建设需要拆除、改动城镇排水与污水处理设施的，由建设单位制定拆除、改动方案，报城镇排水主管部门审核，并承担重建、改建和采取临时措施的费用。

【排污许可证 vs 接管许可证】

直接或者间接向水体排放工业废水和医疗污水，城镇污水集中处理设施的运营单位，应当取得《排污许可证》。

从事"工业、建筑、餐饮、医疗"等活动的企业事业单位向城镇排水设施排放污水的，应当向城镇排水主管部门申请领取《污水排入排水管网许可证》。城镇排水主管部门重点对影响城镇排水与污水处理设施安全运行的事项进行审查。排水户应当按证件规定的种类、浓度、排放口排放。不得有穿凿、堵塞、加压等危害设施安全的行为。排水单位已缴纳污水处理费的，不再缴纳排污费（税）。

【水污染防治】

在饮用水水源保护区内，禁止设置排污口。

【饮用水水源一级保护区内】

禁止新建、改建、扩建与供水设施和保护水源无关的建设项目。

【饮用水水源二级保护区内】

禁止新建、改建、扩建排放污染物的建设项目。

【饮用水水源准保护区内】

禁止新建、扩建对水体污染严重的建设项目；改建项目，不得增加排污量。

【例题1·2023年二级真题·单选题】根据《城镇排水与污水处理条例》，关于在城镇排水与污水处理设施保护范围内施工，正确的是（　　）。

    A. 城镇排水主管部门及其他相关部门和单位应当及时提供相关资料

    B. 建设工程开工前，施工企业负责查明工程建设范围内地下城镇排水与污水处理设施的相关情况

    C. 因工程建设需要拆除、改动城镇排水与污水处理设施的，施工单位应当承担改建和采取临时措施的费用

    D. 工程施工范围内有城镇排水与污水处理设施的，建设单位应当与设计单位、施工企业共同制定设施保护方案

【答案】A

【例题2·单选题】根据《城镇排水与污水处理条例》，向城镇污水处理设施申请接管排放污水的说法，正确的是（　　）。

    A. 应当向建设主管部门申请领取污水排入排水管网许可证

    B. 可根据实际需要向城镇排水设施加压排放污水

    C. 主管部门应当重点对排水户排放污水的缴费情况进行审查

D. 已经缴纳污水处理费的，不再缴纳排污费（税）

【答案】D

【例题3·2024年二级真题·单选题】关于施工水污染防治禁止事项的说法，正确的是（　　）。

    A. 禁止向水体排放含放射性物质的废水
    B. 禁止向水体排放含热废水
    C. 禁止向城镇排水设施排放污水
    D. 禁止向水体排放工业废渣

【答案】D

【解析】选项A错误，禁止向水体排放、倾倒放射性固体废物或者含有"高放射性"和"中放射性"物质的废水；选项B错误，向水体排放含热废水，应当采取措施，保证水体水温符合水环境质量标准；选项C错误，从事工业、建筑、餐饮、医疗等活动的企事业单位可以向主管部门申请接管许可，向市政排水设施排污。

【例题4·2024年一级真题·单选题】根据《水污染防治法》，禁止设置排污口的是（　　）。

    A. 风景名胜区水体　　　　　　　B. 货运码头
    C. 饮用水水源保护区内　　　　　D. 具有特殊经济文化价值的水体

【答案】C

【例题5·2024年二级真题·单选题】根据《城镇排水与污水处理条例》，关于建设项目水污染防治的说法，正确的是（　　）。

    A. 在江河、湖泊新建排污口，应当向水行政主管部门备案
    B. 禁止在饮用水水源准保护区改建排放污染物的建设项目
    C. 因工程建设需要拆除、改动城镇排水与污水处理设施的，应制定拆除、改动方案，报设施运营维护单位审核
    D. 间接向水体排放工业废水的，应当取得排污许可证

【答案】D

【解析】选项A错误，建设单位在江河、湖泊新建、改建、扩建排污口的，应当取得水行政主管部门或者流域管理机构同意；选项B错误，禁止在饮用水水源"二级保护区"内新建、改建、扩建排放污染物的建设项目；选项C错误，因工程建设需要拆除、改动城镇排水与污水处理设施的，应制定拆除、改动方案，报"城镇排水主管部门"审核；选项D正确，直接或者间接向水体排放工业废水和医疗污水以及其他按照规定应当取得排污许可证方可排放的废水、污水的企业事业单位和其他生产经营者，应当取得排污许可证。

8.1.3　建设工程固体废物污染环境防治

【建设项目固体废物排放】

建设产生、贮存、利用、处置固废的项目，应当依法进行环境影响评价。建设单位应当对配套建设的固废污染防治设施进行验收，编制验收报告，并向社会公开。

在生态保护红线区域、永久基本农田集中区域和其他需要特别保护的区域内，禁止建设工业固体废物、危险废物集中贮存、利用、处置的设施、场所和生活垃圾填埋场。

【施工中的建筑垃圾】

施工单位对建筑垃圾实行分类收集、分类存放、分类处置。鼓励以末端处置为导向对建筑垃圾进行细化分类。

项目部严禁将危险废物和生活垃圾混入建筑垃圾（理由是：涉及三项不同的资质）。

建筑垃圾尽量就地回填、加工、再利用。施工现场不具备再利用条件的，施工单位应当委托有资质的单位运输建筑垃圾，运往符合条件的处置场所处置，运输中应随车携带《建筑垃圾处置核准文件》备查。

【例题1·单选题】 根据《住房和城乡建设部关于推进建筑垃圾减量化的指导意见》，关于建筑垃圾污染防治，说法正确的是（　　）。

　　A. 建筑垃圾应当分类收集、分类存放、统一处置

　　B. 不鼓励将危险废物、生活垃圾混入建筑垃圾

　　C. 建筑垃圾必须在施工现场就地再利用，不得转运

　　D. 施工单位应当实时统计并监控建筑垃圾产生量

【答案】 D

【例题2·2022年二级真题·单选题】 关于施工中产生的建筑垃圾防治的说法，正确的是（　　）。

　　A. 施工现场的生活垃圾可以混入建筑垃圾进行处置

　　B. 施工企业可以将建筑垃圾交给个人运输

　　C. 施工企业应当以末端处置为导向对建筑垃圾进行细化分类

　　D. 处置建筑垃圾的单位在运输建筑垃圾时，应当随车携带建筑垃圾处置核准文件

【答案】 D

【例题3·单选题】 关于危险废物污染环境防治的说法，正确的是（　　）。

　　A. 危险废物的容器和包装物应当根据实际需要设置危险废物识别标志

　　B. 产生危险废物的单位，应按照国家有关规定制定危险废物计划并建立危险废物管理台账

　　C. 危险废物管理计划，应当经行政主管部门批准

　　D. 将危险废物混入非危险废物中贮存的，应当依法制定意外事故的防范措施和应急预案

【答案】 B

【解析】 选项A错误，对危险废物的容器和包装物以及收集、贮存、运输、利用、处置危险废物的设施、场所，应当按照规定设置危险废物识别标志；选项C错误，危险废物管理计划应当报产生危险废物的单位所在地生态环境主管部门"备案"；选项D错误，禁止混合收集、贮存、运输、处置性质不相容而未经安全性处置的危险废物，禁止将危险废物混入非危险废物中贮存。

8.1.4 建设工程噪声污染防治

【建筑施工噪声】

（1）建设单位应当按照规定将噪声污染防治费用列入工程造价，在施工合同中明确施工单位的噪声污染防治责任；

（2）在噪声敏感建筑物集中区域施工作业，应当"优先"使用低噪声施工工艺和设备；

（3）建设单位应当按照国家规定，设置噪声自动监测系统，与监督管理部门联网，保存原始监测记录，对监测数据的真实性和准确性负责。

【夜间施工】

在城市市区噪声敏感建筑物集中区域内，禁止夜间进行有噪声污染的建筑施工作业，但（1）抢修、抢险作业和（2）因生产工艺上要求或者（3）特殊需要必须连续作业的除外。

因（3）特殊需要必须连续施工作业的，必须取得地方建管、环保或政府指定部门的证明，并在施工现场显著位置公示或者以其他方式公告附近居民。

【题外话】

这里法律规定的官方证明事项，并不是一种行政许可。过去几十年各地发的《夜间施工许可证》是错误的，应该发《因特殊需要进行夜间施工作业的官方证明》。"发证机关"应当改为"证明机关"。各地已经在清理、纠正。

【例题1·单选题】某市拟修建一条轻轨线路，部分路段邻近居民住宅区，为了尽量减少将来轻轨噪声对居民生活环境的不利影响，应采取的措施是（　　）。

　　A. 施工单位必须提交环境影响报告书，报建设行政主管部门批准

　　B. 提交的环境影响报告书中，应当有项目所在地单位和居民同意建设项目的意见

　　C. 轻轨项目投入试运营后，建设单位根据噪声检测结果决定是否修建声屏障等降噪设施

　　D. 竣工验收时，建设单位应当对配套的声屏障等降噪设施组织专项验收，编制验收报告，并向社会公开

【答案】 D

【解析】 建设项目的噪声污染防治设施应当与主体工程同时设计、同时施工、同时投产使用。建设项目在投入生产或者使用之前，建设单位应当依照有关法律法规的规定，对配套建设的噪声污染防治设施进行验收，编制验收报告，并向社会公开。未经验收或者验收不合格的，该建设项目不得投入生产或者使用。

【例题2·2024年一级真题·单选题】在噪声敏感建筑物集中区域因特殊需要必须连续施工作业的，应当取得地方人民政府住房城乡建设、生态环境主管部门或者地方人民政府指定的部门的证明，并（　　）。

　　A. 向附近居民支付赔偿费用

　　B. 在施工现场显著位置公示或者以其他方式公告附近居民

　　C. 报经应急管理部门审批

　　D. 经居民小区业主委员会同意

【答案】B

【例题3·2024年二级真题·单选题】关于建筑施工噪声污染防治的说法正确的是（　　）。

  A. 建设单位应当在可能造成噪声污染的重点路段设置噪声自动监测系统

  B. 在噪声敏感建筑物集中区域，禁止夜间进行产生噪声的抢险施工作业

  C. 在噪声敏感建筑物集中区域施工作业，应当使用低噪声施工设备

  D. 建设单位应当按照规定将噪声污染防治费用列入工程造价

【答案】D

【解析】选项A错误，"在噪声敏感建筑物集中区域施工作业"，建设单位应当按照国家规定，设置噪声自动监测系统，与监督管理部门联网，保存原始监测记录，对监测数据的真实性和准确性负责。建设单位应当在可能造成噪声污染的重点路段设置声屏障或者采取其他减少振动、降低噪声的措施。选项C错误，在噪声敏感建筑物集中区域施工作业，应当"优先使用"低噪声施工工艺和设备。

8.2　施工中历史文化遗产保护制度

核心考点提纲

  8.2.1　受法律保护的各类历史文化遗产范围
  8.2.2　在各类历史文化遗产保护范围和建设控制地带施工
  8.2.3　施工发现文物报告和保护

8.2.1　受法律保护的各类历史文化遗产范围

◆考法1：受国家保护的文物范围

表8.2-1　受国家保护的文物范围

文物	不可移动文物	（1）具有"历史、艺术、科学价值"的古文化遗址、古墓葬、古建筑、石窟寺和石刻、壁画； （2）与"重大"历史事件、革命运动或者著名人物有关的以及具有重要纪念意义、教育意义或者史料价值的近代现代重要史迹、实物、代表性建筑
	可移动文物	（1）历史上各时代"珍贵的"艺术品、工艺美术品； （2）历史上各时代"重要的"文献资料以及"具有历史、艺术、科学价值"的手稿和图书资料等； （3）反映历史上各时代各民族社会制度、社会生产生活的"代表性"实物
化石		化石不是文物。但具有科学价值的古脊椎动物化石和古人类化石，同文物一样受国家保护

【注意】

文物受国家保护和归国家所有是两个不同概念。

历史文化遗产/文物可能是国家所有、集体所有和私人所有（祖传或合法购买的），但无论谁所有，都受到国家的保护。

例如：老张有一幅祖传的古代名人字画，被认定为三级保护文物。该字画为老张私人所有，受国家保护。

【例题1·单选题】根据《文物保护法》，属于受国家保护的文物的是（ ）。

　　A. 与历史事件有关的史迹　　　　B. 具有历史价值的壁画

　　C. 古脊椎动物化石　　　　　　　D. 古人类化石

【答案】B

【解析】选项A错误，与"重大"历史事件、革命运动或者著名人物有关的以及具有重要纪念意义、教育意义或者史料价值的近代现代重要史迹、实物、代表性建筑。

【例题2·单选题】根据《文物保护法》，受国家保护的文物是（ ）。

　　A. 反映历史上各民族社会制度的代表性实物

　　B. 古建筑

　　C. 近代史迹

　　D. 历史上工艺美术品

【答案】A

【解析】选项B、C、D均缺少修饰词。

◆考法2：国家所有的文物

表8.2-2　国家所有的文物

国家所有文物	不可移动文物	古文化遗址、古墓葬、石窟寺属于国家所有
		纪念建筑物、古建筑、石刻、壁画、近现代代表性建筑等不可移动文物，分两种情况：国家指定保护的，属于国家所有；国家未指定保护的，不归国家所有
		不可移动文物的所有权不因土地所有权或者使用权的改变而改变
	可移动文物	（1）境内地下文物，属于国家所有； （2）国家机关、部队和国有企业、事业组织等收藏、保管的文物； （3）国家征集、购买的文物； （4）公民、法人和其他组织捐赠给国家的文物
		可移动文物的所有权不因其保管、收藏单位的终止或变更而改变
	水下文物	中国内水和领海中遗存的一切文物，属于国家所有
		遗存于外国领海以外的其他管辖海域以及公海区域内的起源于中国的文物，国家享有辨认器物物主的权利

【例题3·单选题】关于国家所有的文物的说法，正确的是（ ）。

　　A. 遗存于公海区域内的起源于中国的文物，属于国家所有

　　B. 国有不可移动文物的所有权因其所依附的土地所有权或者使用权的改变而改变

　　C. 古文化遗址、古墓葬、石窟寺属于国家所有

　　D. 属于国家所有的可移动文物的所有权因其保管、收藏单位的终止或者变更而改变

【答案】C

8.2.2 在各类历史文化遗产保护范围和建设控制地带施工

◆ **考法 1：在文物保护单位保护范围内和建设控制地带内进行工程建设的要求**

【文物保护单位】

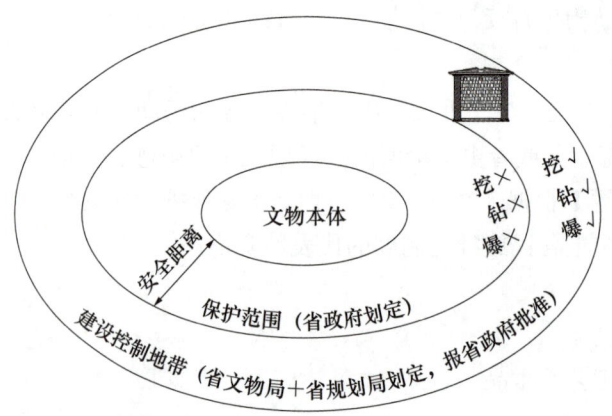

表 8.2-3 保护范围 vs 建设控制地带

文物保护单位	保护范围内	禁止	（1）不得进行其他建设工程； （2）不得进行爆破、钻探、挖掘等作业
		批准	因特殊情况确需进行的，必须保证文物安全，并经核定公布该文物保护单位的人民政府批准，在批准前应当征得上一级人民政府文物行政部门同意
	建设控制地带内	禁止	可以进行建设工程，但不得破坏文物保护单位的历史风貌
		批准	工程设计方案应当根据文物保护单位的级别，经相应的文物行政部门同意后，报城乡建设规划部门批准

【例题 1·单选题】建设工程选址，应当尽可能避开不可移动文物。因特殊情况不能避开的，对文物保护单位应当尽可能实施（　　）。

A. 原址保护
B. 迁移保护
C. 遗址保护
D. 异地重建

【答案】A

【例题 2·单选题】关于文物保护单位的"保护范围"和"建设控制地带"的说法，正确的是（　　）。

A. 文物保护单位的保护范围大于其建设控制地带
B. 文物保护单位的保护范围内，绝对禁止爆破、钻探、挖掘作业
C. 在省重点文物保护单位的保护范围内进行爆破作业的，须经国务院文物行政部门批准
D. 全国重点文物保护单位的建设控制地带内的工程设计方案，必须经省文物局同意后，由省规划部门批准

【答案】D

【解析】选项 B、C 错误，文保单位的保护范围内，不得进行爆破、钻探、挖掘作业。确有必要的，经"核定该文保单位的政府"批准可以进行，政府批准应当经上一级文物局同意。

◆考法 2：在历史文化名城名镇名村保护范围内进行工程建设的要求

【核定公布】

历史文化名城，由国务院核定公布。

历史文化街区、名村、名镇，由省政府核定公布。

【申报的条件】

（1）保存文物"特别"丰富；

（2）历史建筑"集中"成片；

（3）保留着传统格局和历史风貌；

（4）历史上曾经作为政治、经济、文化、交通中心或者军事要地，或者发生过"重要"历史事件，或者其传统产业、历史上建设的重大工程对本地区的发展产生过"重要"影响，或者能够"集中"反映本地区建筑的文化特色、民族特色。

【保护规划】

历史文化名城人民政府，名镇名村所在地县人民政府应当组织编制专门的保护规划，在核定公布后 1 年内编制完成，并纳入城市总体规划。

保护规划由省政府批准，保护规划期限与总体规划期限相一致。

建设工程选址应当尽可能避开不可移动文物，因特殊情况不能避开的，对不可移动文物尽可能实施原址保护。

【历史文化名城、名镇、名村、街区】

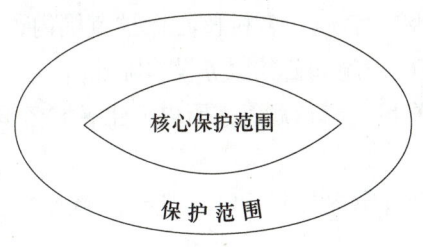

表 8.2-4　保护范围 vs 核心保护范围

历史文化名城、名镇、名村、街区	保护范围内	禁止	（1）开山、采石、开矿； （2）占用保护规划确定保留的园林绿地、河湖水系、道路； （3）修建爆炸性、易燃性、放射性、毒害性、腐蚀性物品的工厂仓库等； （4）在历史建筑上刻划、涂污
		批准	（1）影视摄制； （2）举办大型群众性活动； （3）改变保护规划保留的园林绿地、河湖水系、道路
	核心保护范围内	禁止	不得进行新建、扩建活动（一般），但是新建、扩建必要的基础设施和公共服务设施的除外（例外）
		批准	拆除历史建筑以外的建筑，应当经规划局＋文物局批准

【例题3·单选题】根据《文物保护法》，对保存文物特别丰富并且具有重大历史价值或者革命纪念意义的城市，有权核定公布其为历史文化名城的单位是（　　）。

　　A. 国务院

　　B. 国务院文物行政主管部门

　　C. 国务院住房城乡建设行政主管部门

　　D. 该市所在地省级人民政府

【答案】A

【例题4·单选题】根据《历史文化名城名镇名村保护条例》，可以申报历史文化名城、名镇、名村的是（　　）。

　　A. 保存文物比较丰富的城市

　　B. 能够反映本地区建筑的文化特色的镇

　　C. 保留着传统格局和历史风貌的村庄

　　D. 历史上建设的工程对本地区发展产生较大影响的城市

【答案】C

【解析】选项A错误，应为特别丰富；选项B错误，应为集中反映；选项D错误，应为重要影响。

【例题5·2024年二级真题·单选题】根据《历史文化名城名镇名村保护条例》，在历史文化街区、名镇、名村核心保护范围内，允许建设的工程是（　　）。

　　A. 新建影视摄制基地　　　　　　B. 新建商业综合体

　　C. 扩建办公楼　　　　　　　　　D. 扩建必要的基础设施

【答案】D

【解析】在历史文化街区、名镇、名村核心保护范围内，不得进行新建、扩建活动。但是，新建、扩建必要的基础设施和公共服务设施除外。

【例题6·2024年二级真题·单选题】在历史文化名城名镇名村保护范围内进行活动，符合要求的是（　　）。

　　A. 在保护范围内进行影视摄制活动，应当依照有关法律、法规的规定办理相关手续

　　B. 新建、扩建必要的基础设施和公共服务设施的，由政府城乡规划主管部门和文物主管部门共同核发建设工程规划许可证

　　C. 在保护范围内进行改变河湖水系自然状态的活动，应当制订保护方案，并办理相关手续

　　D. 经政府城乡规划主管部门批准，可以在保护范围内拆除历史建筑以外的建筑物、构筑物或者其他设施

【答案】C

【解析】选项A错误，在历史文化名城、名镇、名村保护范围内进行下列活动，应当保护其传统格局、历史风貌和历史建筑；制订保护方案，并依照有关法律、法规的规定办理相关手续：（1）改变园林绿地、河湖水系等自然状态的活动；（2）在核心保护范围内进

行影视摄制、举办大型群众性活动；（3）其他影响传统格局、历史风貌或者历史建筑的活动。选项 B、D 错误，在历史文化街区、名镇、名村核心保护范围内，新建、扩建必要的基础设施和公共服务设施的，政府城乡规划主管部门核发建设工程规划许可证、乡村建设规划许可证前，应当征求同级文物主管部门的意见。在历史文化街区、名镇、名村核心保护范围内，拆除历史建筑以外的建筑物、构筑物或者其他设施的，应当经政府城乡规划主管部门批准。

◆ **考法 3：对历史建筑的保护**

【历史建筑】

历史建筑的所有权人应当按照保护规划的要求，负责历史建筑的维护和修缮，当地政府可以从保护资金中予以补助。

历史建筑有毁损危险，所有权人不具备维护和修缮能力的，当地政府应当采取措施进行保护。

任何单位或者个人不得损坏或者擅自迁移、拆除历史建筑。

【例题 7·单选题】 某市政府 1994 年公布一批历史保护建筑，包括后来成为网红打卡胜地的武康大楼等。关于武康大楼的修缮和维护，说法正确的是（　　）。

    A. 应当由房屋所有权人负责维护和修缮

    B. 维护和修缮费用应当由当地政府承担

    C. 所有权人不具备维护和修缮能力的，当地政府应当收购

    D. 历史保护建筑房屋不能上市交易

【答案】 A

8.2.3　施工发现文物报告和保护

【考古调查、勘探】

进行大型基本建设工程，建设单位应当事先"报请"省、自治区、直辖市人民政府文物行政部门组织从事考古发掘的单位在工程范围内对有可能埋藏文物的地方进行考古调查、勘探。

【考古发掘】

确因建设工期紧张，对古文化遗址、古墓葬急需进行抢救性发掘的，由"省、自治区、直辖市人民政府文物行政部门"组织发掘，并同时补办审批手续。

【施工中发现文物的处置】

在建设工程或者在农业生产中，任何单位或者个人发现文物，应当保护现场，立即报告当地文物行政部门。文物行政部门应当在 24 小时内赶赴现场，7 日内提出处理意见。以上发现的文物，属于国家所有。

【例题 1·2022 年二级真题·单选题】 关于施工中发现文物的报告和保护的说法正确的是（　　）。

    A. 发现人发现文物后，应当在 12 小时内报告当地文物行政主管部门

    B. 文物行政主管部门接到报告后，应当在 48 小时内赶赴现场

C. 任何单位或者个人发现文物，应当保护现场

D. 文物行政主管部门接到报告后，应当在 10 日内提出处理意见

【答案】C

【例题2·2024年一级真题·多选题】根据《文物保护法》，关于需要配合建设工程进行考古发掘工作的说法，正确的有（　　）。

A. 应当由省、自治区、直辖市文物行政部门在勘探工作的基础上提出发掘计划，报国务院文物行政部门批准

B. 国务院文物行政部门在批准发掘计划前，应当征求社会科学研究机构及其他科研机构和有关专家的意见

C. 建设单位对配合建设工程进行的考古调查、勘探、发掘，应当予以协助

D. 确因有自然破坏危险，对古墓葬急需进行抢救发掘的，组织发掘的部门为建设工程所在地县级人民政府文物行政部门

E. 确因建设工期紧迫，对古文化遗址急需进行抢救发掘的，由省级文物行政部门组织发掘，并同时补办审批手续

【答案】A、B、C、E

【解析】选项 D 错误，确因建设工期紧迫或者有自然破坏危险，对古文化遗址、古墓葬急需进行抢救发掘的，由省、自治区、直辖市人民政府文物行政部门组织发掘，并同时补办审批手续。

本章模拟强化练习

1. 关于施工现场大气污染的防治，下列说法中正确的是（　　）。

A. 城市范围内主要路段的施工封闭围挡高度不小于 2.2m，一般路段不小于 2m

B. 施工现场出入口应设置车辆冲洗设施，并对驶出车辆进行清洗

C. 建设单位应当在施工现场公示扬尘污染防治措施、责任人、监管部门等信息

D. 超过 3 个月不能开工的建设用地，建设单位应当进行绿化、铺装或遮盖

E. 施工车辆排放超标的，应当强制报废

【答案】B、D

【解析】选项 E 错误，（1）国家对严重污染大气环境的工艺、设备和产品实行淘汰制度。（2）在用机动车排放大气污染物超过标准的，应当进行维修；经维修后仍不符合国家排放标准的，应当强制报废。（3）国家鼓励和支持高排放的机动车提前报废。

2. 关于施工现场排水管网设施的保护和拆改，以下说法正确的是（　　）。

A. 工程开工前，施工单位应查明工程建设范围内地下城镇排水与污水处理设施的相关情况

B. 建设单位应与施工单位、设施维护运营单位各自制定设施保护方案

C. 工程建设需要拆除、改动城镇排水与污水处理设施的，施工单位应制定拆除、改动方案

D. 建设单位承担重建、改建和采取临时措施的费用

【答案】D

3. 关于建筑垃圾处理的说法，正确的是（　　）。

A. 建筑垃圾与生活垃圾应当集中统一收集处置

B. 鼓励以前端收集为导向对建筑垃圾进行细化分类

C. 建筑垃圾再利用率不少于 50%

D. 施工现场不具备就地利用条件的，应按规定及时转运到建筑垃圾处置场所进行资源化处置和再利用

【答案】D

4. 关于建筑施工噪声的防治，正确的是（　　）。

A. 在噪声敏感建筑物集中区域施工作业，必须全部使用低噪声施工工艺和设备

B. 建设单位应当按照规定将施工噪声污染防治费用列入工程造价，在施工合同中明确施工单位的噪声污染防治责任

C. 施工单位对施工现场噪声自动监测数据的真实性和准确性负责

D. 因特殊需要必须夜间连续施工作业的，只需在施工现场显著位置公示即可

【答案】B

5. 关于历史文化遗产/文物的所有权，说法正确的是（　　）。

A. 中国境内地下、内水和领海中遗存的一切文物，属于国家所有

B. 中国境内的古建筑、石刻、壁画，属于国家所有

C. 具有科学价值的古脊椎动物化石和古人类化石同文物一样受国家保护

D. 国有不可移动文物的所有权因其所依附的土地所有权的改变而改变

E. 国有企业收藏、保管的文物，所有权因企业改制而改变

【答案】A、C

6. 根据《文物保护法》，下列不属于国家所有的文物的是（　　　）。

　　A. 国有企业、事业组织收藏的文物

　　B. 宅基地出土的文物

　　C. 施工现场发掘的文物

　　D. 遗存于公海的起源于中国的文物

【答案】D

7. 根据《名城名镇名村保护条例》，在历史文化街区、名镇、名村核心保护范围内，允许进行的建设工程是（　　　）。

　　A. 新建现代农业示范区　　　　　B. 扩建必要的商业街

　　C. 扩建必要的基础设施　　　　　D. 拆除危旧的历史建筑

【答案】C

第9章　建设工程劳动保障法律制度

本章考情分析

表9-1　本章近1年真题题型分析（分）

第9章	核心考点	2024年	
		单选	多选
9.1	劳动合同订立	1	—
	劳动合同的履行、变更、解除和终止	—	—
9.2	劳动用工管理（劳务派遣）	—	—
	工资支付保障	2	2
9.3	劳动安全卫生	—	—
	劳动保护	1	2
9.4	工伤认定	1	—
	工伤保险待遇	—	—
9.5	劳动争议调解	—	—
	劳动争议仲裁	1	2
合计		6	6
		12	

本章核心考点分析

9.1　劳动合同制度

核 心 考 点 提 纲

　9.1.1　劳动合同订立
　9.1.2　劳动合同的履行、变更、解除和终止

表 9.1-1　民事合同与劳动合同的区别

—	民事合同（兔子～兔子）	劳动合同（兔子～狮子）
宗旨	合同自由，国家被动干预	合同不自由，国家主动干预
	平等保护	强调保护劳动者
合同形式	灵活	必须书面
合同效力	有效、无效、效力待定、可撤销	有效、无效
合同变更	协商一致	协商一致
合同解除权	双方平等行使	劳动者辞职自由，单位非法定事由不得辞退劳动者
缔约过失责任制度	有	无
违约责任制度	有	国家一般不承认，两个例外
合同担保制度	保证、抵押、质押、留置、定金	禁止一切担保

9.1.1　劳动合同订立

◆考法 1：劳动合同的订立

【劳动关系与劳动合同】

劳动关系自用工之日起建立。用人单位最迟应当在用工之日起 1 个月内与劳动者订立劳动合同，否则应每月向劳动者支付 2 倍工资。满 1 年未签订书面合同的，视为已订立无固定期限合同。

注：有劳动合同，挂名不上班的，不具有劳动关系；无劳动合同，但是在上班的，有劳动关系。

【劳动合同规范化】

3 个不得：不得要求劳动者提供担保，不得收取财物，不得扣押劳动者身份证或其他证件。

鼓励用人单位依照国家部门的示范文本与劳动者订立电子合同。

【劳动合同条款】

表 9.1-2　劳动合同主要条款

应当约定（＝不能不约定）	可以约定（＝可以不约定）
劳动合同期限	试用期
工作内容和工作地点	培训
工作时间和休息休假	保守商业秘密
劳动报酬	福利待遇
社会保险	补充保险
劳动保护、劳动条件和职业危害防护等	—

【例题 1·2023 年二级真题·单选题】用人单位与劳动者建立劳动关系的时间是（　　）。

A. 劳动合同订立之日

B. 劳动合同备案之日

C. 劳动合同经行政主管部门批准之日

D. 用工之日

【答案】D

【例题 2·2023 年二级真题·多选题】根据《劳动合同法》，用人单位在招用劳动者以及订立劳动合同时，禁止的情形有（　　）。

A. 订立无终止时间的劳动合同　　　B. 要求劳动者提供担保

C. 向劳动者收取财物　　　　　　　D. 约定竞业限制

E. 扣押劳动者的执业资格证书

【答案】B、C、E

【例题 3·2023 年二级真题·多选题】下列条款中，劳动合同应当具备的条款有（　　）。

A. 试用期　　　　　　　　　　　　B. 社会保险

C. 劳动合同期限　　　　　　　　　D. 工作方法与要求

E. 工作内容和工作地点

【答案】B、C、E

◆ 考法 2：劳动合同的分类

根据不同的分类标准，可以把劳动合同分 3 种不同的类型：

（1）按就业方式的不同，可以分为全日制劳动合同和非全日制劳动合同。

（2）按劳动合同的期限可以分为：固定期限、无固定期限、完成工作任务为期限的劳动合同。下列情形，用人单位应当订立无固定期限劳动合同：

① 劳动者在该用人单位连续工作满十年的；

② 连续订立二次固定期限劳动合同，续订劳动合同的；

③ 用人单位初次实行劳动合同制度时，劳动者在该用人单位连续工作满 10 年且距法定退休年龄不足 10 年的。

用人单位自用工之日起满 1 年不与劳动者订立书面劳动合同的，视为用人单位和劳动者已订立无固定期限劳动合同。

（3）按劳动合同主体的数量可以分为个人劳动合同和集体劳动合同。

【例题 4·2024 年二级真题·单选题】根据《劳动合同法》，用人单位与劳动者明确合同终止时间的合同是（　　）。

A. 固定期限劳动合同　　　　　　　B. 无固定期限劳动合同

C. 集体合同　　　　　　　　　　　D. 以完成一定工作任务为期的劳动

【答案】A

【例题 5·2024 年二级真题·多选题】根据《劳动合同法》，按期限划分，劳动合同可以分为（　　）。

A. 固定期限劳动合同　　　　　　　B. 无固定期限劳动合同

C. 非全日制用工劳动合同 D. 以完成一定工作任务为期限的劳动合同

E. 零散用工劳动合同

【答案】A、B、D

【例题6·2024年二级真题·单选题】关于非全日制用工的说法，正确的是（　　　）。

　　A. 非全日制用工双方当事人可以订立口头协议

　　B. 非全日制用工以日计酬为主

　　C. 劳动者在不同用人单位每周工作时间不超过24小时的，为非全日制用工

　　D. 劳动者在同一用人单位每日工作时间不超过4小时的，为非全日制用工

【答案】A

【解析】非全日制用工，是指以"小时"计酬为主，劳动者在同一用人单位一般每天工作时间不超过4小时，每周工作时间累计不超过24小时的用工形式；选项A正确，劳动合同应当以书面形式订立，但非全日制用工双方当事人可以订立口头协议，这是例外情形。

【例题7·2022年二级真题·多选题】下列情形中，劳动者提出或者同意续订、订立劳动合同的，除劳动者提出订立固定期限劳动合同外，用人单位应当与劳动者订立无固定期限劳动合同的有（　　　）。

　　A. 乙连续2次与某施工企业订立期限为2年的劳动合同，续订劳动合同的

　　B. 丁应聘时要求订立无固定期限劳动合同的

　　C. 用人单位未及时缴纳社会保险，戊要求订立无固定期限劳动合同的

　　D. 甲在某施工企业连续工作超过10年的

　　E. 用人单位初次实行劳动合同制度时，丙在该用人单位连续工作满10年且距法定退休年龄不足10年的

【答案】A、D、E

◆ 考法3：试用期的相关规定

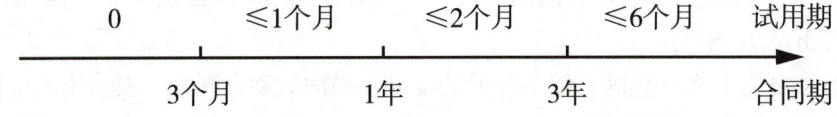

（1）同一单位与同一劳动者（终身）只能约定一次试用期。

（2）以下不得约定试用期：

①以完成一定工作任务为期限的；

②合同期不满三个月的；

③非全日制用工合同。

（3）试用期包含在劳动合同期限内。劳动合同仅约定试用期的，试用期不成立，该期限为劳动合同期限。

（4）劳动者试用期工资不得低于劳动合同约定工资的80%，并不得低于用人单位所在地的最低工资标准。

【例题 8 · 单选题】关于劳动合同试用期的说法，正确的是（　　）。

　　A. 初次订立劳动合同的，可以仅约定试用期，而不约定劳动合同期限

　　B. 试用期不包含在劳动合同期限之内

　　C. 同一用人单位与同一劳动者只能约定 1 次试用期

　　D. 劳动合同期限不满 1 年的，不得约定试用期

【答案】C

【例题 9 · 单选题】某公司新招录甲、乙、丙、丁四名员工，根据《劳动合同法》，关于该公司与新员工订立劳动合同的说法，正确的是（　　）。

　　A. 甲为财务主管，在订立劳动合同时约定由其提供 2 名担保人

　　B. 乙试用期 2 个月，单位待其试用期满与其订立书面劳动合同

　　C. 与丙约定转正工资 10000 元，试用期工资 6000 元

　　D. 因丁为公司高级管理人员，劳动合同约定其离职后 2 年内不得从事与公司竞争的业务

【答案】D

◆ **考法 4：劳动合同的生效与无效**

（1）下列劳动合同无效或者部分无效：

① 以欺诈、胁迫的手段或者乘人之危，使对方在违背真实意思的情况下订立或者变更劳动合同的；

② 用人单位免除自己的法定责任、排除劳动者权利的；

③ 违反法律、行政法规强制性规定的。

（2）对劳动合同的无效或者部分无效有争议的，由劳动争议仲裁机构或者人民法院确认。对于部分无效的劳动合同，只要不影响其他部分效力的，其他部分仍然有效。

（3）劳动合同无效，劳动者已付出劳动的，用人单位应当向劳动者支付劳动报酬。

【例题 10 · 多选题】根据《劳动合同法》，劳动合同无效或部分无效的情形有（　　）。

　　A. 劳动者死亡，或者被人民法院宣告死亡或者失踪的

　　B. 劳动合同订立时所依据的客观情况发生重大变化

　　C. 以欺诈胁迫的手段，使对方在违背真实意思的情况下订立劳动合同的

　　D. 劳动者被依法追究刑事责任的

　　E. 用人单位免除自己的法定责任、排除劳动者权利的

【答案】C、E

【解析】选项 A 为劳动合同终止情形；选项 C、E 为劳动全部和部分无效；选项 B、D 为劳动合同解除的情形（B 为预告解除，D 为随时解除）。

9.1.2　劳动合同的履行、变更、解除和终止

◆ **考法 1：劳动合同的履行**

用人单位如果变更名称、法定代表人、主要负责人或投资人等事项，不影响劳动合同的履行。

用人单位分立、合并的，原劳动合同继续有效，权利和义务由承继单位继续承担。

【例题 1·单选题】 关于劳动合同效力的说法，正确的是（　　）。

  A. 用人单位投资人发生变更，原劳动合同继续有效

  B. 存在用人单位免除自己的法定责任，排除劳动者权利条款的，劳动合同全部无效

  C. 用人单位发生合并或者分立，须与劳动者重新签订劳动合同

  D. 劳动合同双方当事人签字或者盖章时间不一致的，以在先的时间为劳动合同的生效时间

【答案】 A

【解析】 选项 B 错误，存在"用人单位免除自己的法定责任，排除劳动者权利"的条款无效，但部分无效，不影响其他部分效力的，其他部分仍然有效。选项 C 错误，用人单位发生合并或者分立等情况，原劳动合同继续有效，劳动合同由承继其权利和义务的用人单位继续履行。选项 D 错误，劳动合同双方当事人签字或者盖章时间不一致的，以最后一方签字或者盖章的时间为准；如果一方没有写签字时间，则另一方写明的签字时间就是合同生效时间。

◆ **考法 2：劳动合同的解除之劳动者辞职**

表 9.1-3　劳动者辞职

提前通知解除	【一般规则】劳动者提前 30 日书面通知单位，即可解除劳动合同
	【例外规则】在试用期内提前 3 日通知
随时通知解除	用人单位有法定过错行为的，侵害劳动者权益的 6 种情况下，允许劳动者行使随时解除权，并且可以主张经济补偿。具体包括： （1）未按照劳动合同约定提供劳动保护或者劳动条件的； （2）未及时足额支付劳动报酬的； （3）未依法为劳动者缴纳社会保险费的； （4）用人单位的规章制度违反法律、法规的规定，损害劳动者权益的； （5）因单位原因致使劳动合同无效的； （6）其他
无通知解除	用人单位违法危及劳动者人身安全时，允许劳动者立即解除且无需事先告知单位。包括： （1）用人单位以暴力、威胁或者非法限制人身自由的手段强迫劳动者劳动； （2）违章指挥、强令冒险作业危及劳动者人身安全的

【例题 2·单选题】 关于甲施工企业与其员工乙解除劳动合同的说法，正确的是（　　）。

  A. 甲要求乙加班，乙可以随时通知甲解除劳动合同

  B. 在试用期内，乙可以随时通知甲解除劳动合同

  C. 甲违章指挥危害乙人身安全的，乙通知甲后方可解除劳动合同

  D. 甲未按劳动合同约定支付给乙工资，乙可以随时通知甲解除劳动合同

【答案】 D

◆ 考法 3：劳动合同的解除之用人单位解除劳动合同

表 9.1-4　用人单位单方解除劳动合同的情形

即时解除（劳动者有过错）	预告解除（劳动者无过错）
—	提前 30 日或额外支付 1 个月代通知金
试用期被证明不符合录用条件	患病或非因工负伤，医疗期满不能从事原工作，也不能从事另外工作
严重违反单位规章制度	
严重失职，营私舞弊，给单位利益造成重大损害	不能胜任工作，经培训或调岗仍不能胜任
与其他单位同时建立劳动关系，拒不改正	客观情况发生重大变化，致使劳动合同无法履行，经协商仍不能变更劳动合同内容
以欺诈胁迫手段或乘人之危与单位订立劳动合同	
被追究刑事责任	

表 9.1-5　用人单位不得解除与优先留用的区分

不得预告解除或经济性裁员 （劳动者极度弱势）	经济性裁员时应当优先留用 （劳动者并不弱势）
职业危害作业劳动者未做离岗体检的	长期劳动合同
在本单位因工负伤或患上职业病，丧失劳动能力的	无固定期限劳动合同
患病或非因工负伤，在医疗期内的	家庭无其他就业人员，有需要扶养的老人或未成年人
女职工在孕期、产期、哺乳期的	
在本单位连续工作满 15 年，且距退休年龄不到 5 年的	

【例题 3·2024 年二级真题·单选题】根据《劳动合同法》，用人单位不必提前预告即可与劳动者解除劳动合同的情形是（　　　）。

A. 用人单位生产经营发生严重困难的

B. 劳动者在试用期间被证明不符合录用条件的

C. 劳动者患病不能从事原工作的

D. 劳动者受到行政处罚的

【答案】B

【例题 4·2024 年二级真题·多选题】某公司进入破产重整程序，需要裁员 30 人。根据《劳动合同法》，属于应当优先留用的人员有（　　　）。

A. 与该公司订立无固定期限劳动合同的

B. 家庭有未成年人的

C. 与该公司订立较长期限的固定期限劳动合同的

D. 新入职但负有工伤的

E. 家庭无其他就业人员，有需要抚养的老人的

【答案】A、C、E

【例题 5·2023 年二级真题·多选题】下列情形中，用人单位不得解除劳动合同的有（　　　）。

A. 在本单位因工负伤并被确认部分丧失劳动能力的

B. 患病在规定的医疗期内的

C. 女职工在哺乳期的

D. 劳动者被依法追究刑事责任的

E. 劳动者不能胜任工作，经过培训，仍不能胜任工作的

【答案】A、B、C

【解析】选项 D 错误，为即时解除；选项 E 错误，为非过错性预告解除。

【例题 6·2022 年二级真题·单选题】某单位职工小李因工负伤并被确认部分丧失劳动能力，关于其劳动合同解除，正确的是（　　　）。

A. 小李不能胜任工作的，单位有权与其解除劳动合同

B. 小李严重违反单位规章制度，单位有权与其解除劳动合同

C. 单位经济性裁员的，有权与小李解除劳动合同

D. 无论任何情形，单位均不得与小李解除劳动合同

【答案】B

【解析】随时解除＞不得解除＞预告解除。

◆ 考法 4：经济补偿金 vs 经济赔偿金

表 9.1-6　经济补偿金 vs 经济赔偿金

劳动合同终止		劳动者不同意续订	无需支付经济补偿
		单位不提出续订	应当支付经济补偿
劳动合同解除	协商解除	劳动者先提出	无需支付经济补偿
		单位先提出	应当支付经济补偿
	劳动者辞职	单位无过错	预告解除，无需支付经济补偿
		单位有过错	随时通知解除或无通知解除，应当支付经济补偿
	单位辞退劳动者	劳动者无过错（包括裁员）	预告解除，应当支付经济补偿
		劳动者有过错	随时解除，无需支付经济补偿

表 9.1-7　经济补偿金（n）vs 赔偿金（2n）

单位合法解除、合法终止劳动合同	【一般规则】用人单位应当支付经济补偿金（n）
	【例外规则 1】因劳动者试用期不符合录用条件，或存在严重过错损害单位利益等，用人单位依法随时解除的，无需支付经济补偿
	【例外规则 2】劳动合同到期，用人单位提出续订劳动合同，劳动者不愿意续订的，无需支付经济补偿
单位违法解除、违法终止劳动合同	【一般规则】劳动者要求继续履行劳动合同的，用人单位应当继续履行
	【例外规则】劳动者不要求继续履行，或确实无法继续履行的，用人单位应当支付赔偿金。赔偿金（2n）＝经济补偿金 ×2

【例题7·多选题】下列劳动合同终止的情形中，用人单位应当向劳动者支付双倍经济补偿的有（　　　）。（＝违法解除）

　　A. 劳动者因为单位实行"末位淘汰"被辞退的

　　B. 劳动者在规定的医疗期内被辞退的

　　C. 用人单位与劳动者协商一致解除合同的

　　D. 因用人单位被责令关闭导致劳动合同终止的

　　E. 用人单位未及时足额支付劳动报酬，劳动者解除劳动合同的

【答案】A、B

【例题8·2024年一级真题·单选题】甲安装工程公司拟与在公司工作了15年的王某解除合同，劳动合同解除前12个月王某的月平均工资为2.3万元，该公司职工月平均工资0.8万元，甲所在设区的市级人民政府公布的本地区上年度职工月平均工资为0.65万元。根据《劳动合同法》，甲应当向王某支付的经济补偿是（　　　）。

　　A. 34.5万元　　　　　　　　　　B. 12万元

　　C. 23.4万元　　　　　　　　　　D. 9.75万元

【答案】C

【解析】一般规则：

经济补偿按劳动者在本单位工作的年限，每满1年支付1个月工资的标准向劳动者支付。

例外规则：

劳动者月工资高于用人单位所在直辖市、设区的市级人民政府公布的本地区上年度职工月平均工资3倍的，向其支付经济补偿的标准按职工月平均工资3倍的数额支付，向其支付经济补偿的年限最高不超过12年。

故赔偿金额为：0.65×3×12＝23.4万元。

9.2　劳动用工和工资支付保障

核心考点提纲

　　⎧ 9.2.1　劳动用工管理（劳务派遣）
　　⎩ 9.2.2　工资支付保障

9.2.1　劳动用工管理（劳务派遣）

【劳务派遣】

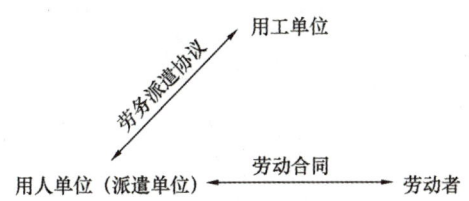

（1）劳务派遣关系涉及三方主体，两种合同关系。一种是劳务派遣前段时间与用工单位之间订立劳务派遣协议，另一种是派遣单位与被派遣劳动者之间订立的劳动合同。

（2）劳务派遣用工是补充形式，只能在临时性、辅助性或者替代性的工作岗位上实施。临时性岗位是指存续时间不超过 6 个月的岗位。

（3）劳务派遣单位应当与被派遣劳动者订立二年以上的固定期限劳动合同（可以依法约定试用期），按月支付劳动报酬；被派遣劳动者在无工作期间，劳务派遣单位应当按照最低工资标准，向其按月支付报酬。

（4）被派遣劳动者享有与用工单位的劳动者同工同酬的权利。用工单位不得将被派遣劳动者再派遣到其他用人单位，不得无理由将劳动者退回。

（5）被派遣劳动者在用工单位因工作遭受事故伤害的，劳务派遣单位应当依法申请工伤认定，用工单位协助工伤认定的调查核实工作。

被派遣劳动者因执行工作任务造成他人损害的，由用工单位承担侵权责任。

【例题 1·2024 年二级真题·多选题】有关劳务派遣，用工单位的义务有（　　）。

　　A. 执行国家劳动标准，提供相应的劳动条件和劳动保护

　　B. 支付加班费、绩效奖金

　　C. 用工单位不得将派遣劳动者派遣到其他用人单位

　　D. 实行正常的工资调整机制

　　E. 对在岗被派遣的劳动者进行工作岗位培训

【答案】A、B、C、E

【解析】选项 D 缺少前提条件，"连续用工的"，实行正常的工资调整机制。

【例题 2·2024 年二级真题·多选题】根据《关于进一步加强完善建筑劳务管理工作的指导意见》，关于建筑劳务用工管理的说法正确的有（　　）。

　　A. 施工企业可通过自有劳务人员或者劳务分包、劳务派遣等多种方式完成劳务作业

　　B. 按照"谁承包、谁负责"的原则，专业承包单位应当对所承包工程的劳务管理全面负责

　　C. 在施工现场配备专职或者兼职劳务用工管理人员、严格落实劳务人员实名制管理

　　D. 施工企业应当与自有劳务人员依法签订书面劳动合同，办理社会保险

　　E. 施工企业对自有劳务人员、新进入建筑市场的劳务人员，培训考核合格后方可上岗

【答案】A、C、D、E

【解析】选项 B 错误，按照"谁承包、谁负责"的原则，"施工总承包企业"应当对所承包工程的劳务管理全面负责。

9.2.2 工资支付保障

◆**考法 1：最低工资保障制度与工资支付保障**

【最低工资标准】

国家实行最低工资保障制度。最低工资的具体标准由省、自治区、直辖市人民政府规定，报国务院备案。用人单位应支付给劳动者的工资在剔除下列各项以后，不得低于当地最低工资标准：

（1）延长工作时间工资；

（2）中班、夜班、高温、低温、井下、有毒有害等特殊工作环境、条件下的津贴；

（3）法律、法规和国家规定的劳动者福利待遇等。

【劳动报酬条款】

劳动者在法定休假日、年休假、婚丧假期间、探亲假期间、产假期间和依法参加社会活动期间，用人单位应按劳动合同规定的标准支付工资。

非因劳动者原因造成单位停工、停产在一个工资支付周期内的，单位应按劳动合同规定的标准支付工资。

用人单位拖欠或者未足额支付劳动报酬的，劳动者可以依法向当地人民法院申请支付令。

【加班工资】

平时安排劳动者加班，应支付不低于 150% 的工资报酬；休息日安排劳动者加班，应支付不低于 200% 的工资报酬；法定节假日和年休假安排工作的，支付不低于 300% 的工资报酬。

【例题 1·2024 年二级真题·单选题】关于最低工资保障制度的说法，正确的是（　　）。

　　A. 最低工资的具体标准由国务院规定

　　B. 最低工资的具体标准包括特殊情况下延长工作时间工资

　　C. 最低工资的具体标准包括特殊工作环境条件下的津贴

　　D. 用人单位支付劳动者的工资不得低于当地最低工资的具体标准

【答案】D

【例题 2·2024 年一级真题·单选题】根据《工资支付暂行规定》，关于工资支付时间保障的说法，正确的是（　　）。

　　A. 工资必须在每月的前 5 个工作日内支付

　　B. 实行周、日、小时工资制的，工资可按周、日、小时支付

　　C. 如遇节假日，工资应当在节假日结束后的第一个工作日支付

　　D. 工资至少每 2 个月支付 1 次

【答案】B

【解析】选项 A 错误，工资必须在用人单位与劳动者约定的日期支付；选项 C 错误，如遇节假日或休息日，则应提前在最近的工作日支付；选项 D 错误，工资至少每月支付

一次。

【例题 3·单选题】根据人社部《工资支付暂行规定》，工资必须在约定的日期支付，遇到特殊情况的，应当（　　）。

  A. 终止劳动合同时，用人单位可以在终止劳动合同后分期支付劳动者工资

  B. 劳动者年休假期间，按照最低工资支付

  C. 非因劳动者原因造成单位停工期间，按照合同约定工资正常支付

  D. 劳动者在法定工作时间内依法参加社会活动期间，视同其正常提供了劳动并支付工资

【答案】D

【解析】劳动关系双方依法解除或终止劳动合同时，用人单位应在解除或终止劳动合同时一次付清劳动者工资。

◆ 考法 2：农民工工资支付保障制度

表 9.2-1 农民工工资保证金账户 vs 农民工工资专用账户

一	农民工工资保证金账户	农民工工资专用账户
开户	总承包单位在工程所在地	总承包单位在工程所在地
用途	担保农民工工资发放	发工人工资
功能	储户不可转账、不可提现（由银行根据资管协议和指令，进行转账操作）	
存入	开工前根据住建局要求存施工合同额 1%～3%	每个月建设单位按照进度款 10%～15% 作为人工费转入
支出	仅工程出现农民工工资拖欠时，银行根据人社局的指令和名单，直接转给被拖欠的农民工本人	每个月银行根据总承包单位的《工资支付表》，转给农民工本人工资卡； 总承包代发的，向分包提供代发工资凭证
销户	工程完工，公示 30 日确认无农民工工资拖欠，办理销户，保证金退还总包	工程完工，公示 30 日确认无农民工工资拖欠，办理销户，账户余额归总包所有

【农民工工资保证金账户】

【标准】

按施工合同额（或年度合同额）的 1%～3% 存。

【减存】

总承包单位在同一工资保证金管理地区有多个在建工程，存储比例可适当下浮，但不得低于 0.5%。

【免存】

① 施工合同额 < 300 万元，且②该工程总承包单位在签订施工合同前一年内承建的工程未发生工资拖欠的。

【使用】

工程发生农民工工资拖欠的，银行在收到人社局支付通知后，从保证金账户中将相应款项转账给被拖欠的农民工本人。

【监管】

专款专用（只能用于清偿或先行清偿被拖欠的农民工工资），工资保证金不得因支付农民工工资之外的原因被查封、冻结或者划拨。

【例题 4·单选题】关于农民工工资保证金的说法，正确的是（　　）。

A. 施工合同额低于 300 万元的，免除该工程存储农民工工资保证金

B. 工资保证金可以支付被拖欠的材料款

C. 工程发生农民工工资拖欠的，银行在收到人社部门《支付通知书》后，从工资保证金账户中转账给项目部，由项目部付清农民工被拖欠工资

D. 施工总承包单位在同一工资保证金管理地区有多个在建工程，存储比例可适当下浮但不得低于施工合同额的 0.5%

【答案】D

【农民工工资专用账户】

（1）工程总承包单位应当在工程建设项目所在地银行业金融机构开立专项用于支付农民工工资专用账户，并与建设单位、开户银行签订资金管理三方协议。

（2）人工费用是指建设单位向总包单位专用账户拨付的专项用于支付农民工工资的工程款。

（3）总承包单位应当按时将审核后的工资支付表报送开户银行，开户银行及时将工资直接支付到农民工本人工资卡上，并由总承包单位向分包单位提供代发工资凭证。

（4）农民工工资卡实行一人一卡、本人持卡，用人单位或者其他人员不得以任何理由扣押或者变相扣押。

【例题 5·多选题】关于工地农民工工资专用账户，说法正确的有（　　）。

A. 总承包、分包、开户银行签订资金管理三方协议

B. 建设单位按约定及时足额将工程款中的人工费划拨到农民工工资专用账户，拨付周期不超过 1 个月

C. 总承包根据工资支付表，每月按时将工资转账到农民工工资卡上。农民工工资卡实行"一人一卡、本人持卡"

D. 总承包或分包拖欠材料款的，材料供应商可以要求查封、冻结、划拨该农民工工资专用账户的资金

E. 工程完工，总承包单位公告 30 日后，可以申请注销该专用账户，账户内余额归建设单位所有

【答案】B、C

【解析】工程完工，总承包单位公告 30 日后，可以申请注销该专用账户，账户内余额归"总承包方"所有。

【拖欠农民工工资失信联合惩戒】

表 9.2-2　拖欠农民工工资失信联合惩戒

对象	惩戒措施	期限	信用修复
（1）克扣、无故拖欠农民工工资达到认定拒不支付劳动报酬罪数额标准的； （2）因拖欠农民工工资违法行为引发群体性事件、极端事件造成严重不良社会影响的	由相关部门在各自职责范围内依法依规实施联合惩戒。 在政府资金支持、政府采购、招标投标、生产许可、资质审核、融资贷款、市场准入、税收优惠、评优评先等方面予以限制	3 年	列入期间偿还拖欠工资的，自改正之日起满 6 个月，且作出守信承诺，可申请提前移出黑名单

9.3　劳动安全卫生和保护

核 心 考 点 提 纲

　　9.3.1　劳动安全卫生
　　9.3.2　劳动保护

9.3.1　劳动安全卫生

【用人单位的职业病防治管理措施】

（1）设置或者指定职业卫生管理机构或者组织，配备专职或者兼职的职业卫生管理人员，负责本单位的职业病防治工作；

（2）制定职业病防治计划和实施方案；

（3）建立、健全职业卫生管理制度和操作规程；

（4）建立、健全职业卫生档案和劳动者健康监护档案；

（5）建立、健全工作场所职业病危害因素监测及评价制度；

（6）建立、健全职业病危害事故应急救援预案。

【劳动者享有的职业卫生保护权利】

（1）获得职业卫生教育、培训；

（2）获得职业健康检查、职业病诊疗、康复等职业病防治服务；

（3）了解工作场所产生或者可能产生的职业病危害因素、危害后果和应当采取的职业病防护措施；

（4）要求用人单位提供符合防治职业病要求的职业病防护设施和个人使用的职业病防护用品，改善工作条件；

（5）对违反职业病防治法律、法规以及危及生命健康的行为提出批评、检举和控告；

（6）拒绝违章指挥和强令进行没有职业病防护措施的作业；

（7）参与用人单位职业卫生工作的民主管理，对职业病防治工作提出意见和建议。

【例题 1·2024 年二级真题·单选题】根据《职业病防治法》，劳动者享有的职业卫生保护权利是（　　　）。

A. 获得职业安全教育培训

B. 要求用人单位提供安全防护设施

C. 建立职业卫生管理制度和操作规程

D. 对职业病防治工作提出意见和建议

【答案】D

【解析】选项 A 错误，获得职业"卫生教育、培训"；选项 B 错误，要求用人单位提供"符合防治职业病要求的职业病"防护设施；选项 C 错误，属于用人单位的职业病防治管理措施。

9.3.2 劳动保护

◆ 考法 1：职业病防治管理制度

【职业病】

建筑行业职业病危害因素来源多、种类多，几乎涵盖所有类型的职业病，一般包括：接触各种粉尘，引起的尘肺病；电焊工电光性眼炎；直接操作振动机械引起的手臂振动病；油漆工、粉刷工接触有机材料散发的不良气体引起的中毒；接触强噪声引起的职业性耳聋；高温中暑等。

【职业病危害因素申报、监测、评价制度】

（1）用人单位工作场所存在职业病目录所列职业病的危害因素的，应当及时、如实向所在地安全生产监督管理部门申报危害项目，接受监督；

（2）用人单位应当实施由专人负责日常监测危害因素，并确保监测系统处于正常运行状态；

（3）用人单位应按照国务院安全生产监督管理部门的规定，定期对工作场所进行职业病危害因素检测、评价，其结果存入用人单位职业卫生档案，定期向所在地安全生产监督管理部门报告并向劳动者公布。

【产生严重职业病危害的作业岗位】

应当在其醒目位置，设置警示标识和中文警示说明。警示说明应当载明产生职业病危害的种类、后果、预防以及应急救治措施等内容。

【可能发生急性职业损伤的有毒、有害工作场所】

用人单位应当设置报警装置，配置现场急救用品、冲洗设备、应急撤离通道和必要的泄险区。（留意实务考案例）

【订立劳动合同中的告知义务】

订立劳动合同时，用人单位应当将工作过程中可能产生的职业病危害及其后果、职业病防护措施和待遇等如实告知劳动者，并在劳动合同中写明，不得隐瞒或者欺骗。用人单位违反告知义务的，劳动者有权拒绝从事存在职业病危害的作业。

【例题 1·2024 年二级真题·单选题】关于职业病防治管理的说法，正确的是（　　）。

A. 用人单位工作场所存在疾病危害因素的应当向所在地安全生产监督管理部门

申报危害项目接受监督

B. 安全生产监督管理部门应当定期对工作场所进行职业病危害因素检测、评价

C. 职业病危害因素检测、评价结果，应当由安全生产监督管理部门向社会公布

D. 产生职业病危害的用人单位，应当在醒目位置设置公告栏，公布有关职业病防治的规章制度和操作规程

【答案】D

【解析】选项 A 错误，用人单位工作场所存在"职业病目录"所列职业病的危害因素的，应及时如实申报；选项 B、C 错误，"用人单位"定期对工作场所进行职业病危害因素检测、评价，定期向所在地安全生产监督管理部门报告并向劳动者公布。

【例题 2 · 单选题】关于施工现场职业病危害因素警示、监测、防护与告知义务，说法正确的是（　　）。

A. 相关岗位警示说明仅载明产生职业病危害的种类

B. 对于可能发生急性职业损伤的有毒、有害工作场所，仅设置现场急救用品、冲洗设备

C. 施工现场的职业病危害因素无须日常监测，由项目部组织定期评估即可

D. 施工企业违反告知义务，未在劳动合同中写明相关岗位的职业病危害、防护措施和待遇的，劳动者有权拒绝从事有职业危害的作业

【答案】D

◆ 考法 2：女职工的特殊保护

表 9.3-1　女职工劳动保护

一般规定		禁止安排女职工从事矿山井下、第四级强度体力劳动和其他禁忌劳动
具体规定（不从事第三级（较重））	经期	不得安排从事 3～4 级高处、2～4 级低温、2～4 级冷水作业和第三级强度体力劳动
	孕期	不得安排从事第三级强度和孕期禁忌劳动。怀孕七个月以上，不得安排加班和上夜班（6 个月内可以）
	产期	产假不得少于 14 周（98 天）
	哺乳期	不得安排从事第三级强度和哺乳期禁忌劳动，不得安排加班和上夜班

【例题 3 · 2024 年二级真题 · 单选题】关于女职工特殊保护的说法，正确的是（　　）。

A. 女职工在孕期，用人单位不得延长劳动时间

B. 女职工不得从事矿山井下作业

C. 用人单位因女职工怀孕降低工资的，不得低于当地最低工资标准

D. 怀孕女职工在劳动时间内进行产前检查，所需时间不计入劳动时间

【答案】B

【解析】选项 A、D 错误，对怀孕 7 个月以上的女职工，用人单位不得延长劳动时间或者安排夜班劳动，并应当在劳动时间内安排一定的休息时间。怀孕女职工在劳动时间内

进行产前检查，所需时间计入劳动时间。

◆考法 3：未成年工的特殊保护

【未成年工劳动保护（16～18 岁）】

（1）不得安排从事矿山井下、有毒有害、第四级体力强度（极重）、其他禁忌。一般情况下，对未成年工实行缩短工作时间，禁止安排未成年工从事夜班工作和加班加点工作。

（2）用人单位对未成年工应当定期体检（① 安排工作岗位之前；② 工作满 1 年；③ 年满 18 周岁，距前一次的体检时间已超过半年）。

（3）对未成年工的使用和特殊保护实行登记制度。

【例题 4·多选题】关于未成年工劳动保护的说法，正确的有（　　　）。

A. 用人单位不得安排未成年工人从事建设工程施工的劳动

B. 用人单位在未成年工上岗前应当对其进行有关的职业安全卫生教育和培训

C. 用人单位不得安排未成年工从事矿山井下的劳动

D. 用人单位应当对未成年工不定期进行健康检查

E. 用人单位不得安排未成年工从事国家规定的第 3 级体力劳动强度的劳动

【答案】B、C

9.4 工伤保险制度

核 心 考 点 提 纲

9.4.1 工伤认定
9.4.2 工伤保险待遇

9.4.1 工伤认定

◆考法 1：认定工伤 vs 视同工伤 vs 不得认定或视同工伤

表 9.4-1 认定工伤 vs 视同工伤 vs 不得认定或视同工伤

认定工伤 （简记为：工作造成的伤害）	（1）工作时间和工作场所内，因工作原因受到事故伤害； （2）工作时间前后在工作场所内，从事与工作有关的预备性或者收尾性工作受到事故伤害的； （3）在工作时间和工作场所内，因履行工作职责受到暴力等意外伤害的； （4）患职业病的； （5）因工外出期间，由于工作原因受到伤害或者发生事故下落不明的； （6）在上下班途中，受到非本人主要责任的交通事故或者城市轨道交通、客运轮渡、火车事故伤害的
视同工伤 （简记为：不是工作造成的伤害）	（1）在工作时间和工作岗位，突发疾病死亡或者在 48 小时之内经抢救无效死亡的； （2）在抢险救灾等维护国家利益、公共利益活动中受到伤害的； （3）职工原在军队服役，因战、因公负伤致残，已取得革命伤残军人证，到用人单位后旧伤复发的

不认定或视同工伤	（1）故意犯罪的； （2）醉酒或吸毒的； （3）自残、自杀的

【例题 1·2024 年二级真题·单选题】 下列情形中，应当认定为工伤的是（　　）。

　　A. 因工外出期间，由于工作原因受到伤害的

　　B. 在工作场所内受到事故伤害的

　　C. 在工作岗位突发疾病的

　　D. 醉酒后驾车回家身亡的

【答案】 A

【解析】 选项 B、C 表述均不完整。

◆ **考法 2：工伤认定申请**

表 9.4-2　工伤认定申请

工伤认定申请	**【一般规则】** 事故伤害发生后 30 日内，由单位向社保行政部门申请工伤认定
	【例外规则】 单位未在规定的时限内提出，受伤害职工或其近亲属、工会组织在事故发生之日或被诊断、鉴定为职业病之日起 1 年内向社保行政部门申请工伤认定
工伤认定争议	职工或其近亲属认为是工伤，单位不认为是工伤的，由单位承担举证责任。 社会保险行政部门作出认定工伤或不予认定工伤，一方当事人不服的，可以依法申请行政复议或行政诉讼

【例题 2·2024 年一级真题·单选题】 社会保险行政部门受理工伤认定申请后，职工或者其近亲属认为是工伤，用人单位不认为是工伤，关于工伤认定证据的说法，正确的是（　　）。

　　A. 由职工或者其近亲属承担举证责任

　　B. 由社会保险行政部门依职权调查取证

　　C. 由用人单位承担举证责任

　　D. 由人民法院依职权调查取证

【答案】 C

【例题 3·单选题】 关于工伤认定的说法，正确的是（　　）。

　　A. 社会保险行政部门应当对事故伤害进行调查核实

　　B. 职工和用人单位对是否是工伤有争议的，实行谁主张、谁举证的原则

　　C. 工伤认定的决定，由用人单位转交职工本人

　　D. 工伤认定决定的时限可以因司法机关尚未作出结论而中止

【答案】 D

【解析】 选项 A 错误，社会保险行政部门受理工伤认定申请后，"根据审核需要可以"对事故伤害进行调查核实；选项 B 错误，职工或者其近亲属认为是工伤，用人单位不认为是工伤的，由"用人单位"承担举证责任；选项 C 错误，社会保险行政部门应当自受

理工伤认定申请之日起 60 日内作出工伤认定的决定，并书面通知申请工伤认定的职工或者其近亲属和该职工所在单位；选项 D 正确，作出工伤认定决定需要以司法机关或有关行政主管部门的结论为依据，在司法机关或有关部门尚未作出结论期间，作出工伤认定决定的时限中止。

9.4.2 工伤保险待遇

◆考法 1：工伤保险的特征

（1）工伤保险属于社会保险。投保人为用人单位，被保险人必须是与该用人单位存在劳动关系的职工。

（2）工伤保险所遭受的风险是职业伤害和危险（包括工作事故、通勤事故、职业病三类），这种危险具有客观性，危险的发生具有不确定性。

（3）工伤保险是一种强制性保险。职工应当参加工伤保险，由用人单位缴纳工伤保险费，职工不缴纳。

（4）工伤保险实行无过错责任原则。只要发生工伤事故，无论受伤职工是否有过错，都应享有工伤保险待遇。

【例题 1·单选题】关于工伤保险的特征，说法正确的是（　　）。

　　A. 工伤保险是非强制性的社会保险

　　B. 由用人单位和劳动者共同缴纳保费

　　C. 工伤保险实行过错责任原则

　　D. 工伤保险所保的风险是职业伤害和危险

【答案】D

【例题 2·单选题】工伤保险实行无过错责任，其含义是（　　）。

　　A. 如果事故责任原因属于第三人造成，则劳动者无法享受工伤保险待遇

　　B. 如果用人单位没有缴纳工伤保费，则工伤保险基金不予赔付

　　C. 无论劳动者是否存在过错，均不影响工伤认定

　　D. 无论劳动者是否存在故意，均不影响工伤认定

【答案】C

◆考法 2：工伤保险待遇

【工伤保险理赔】

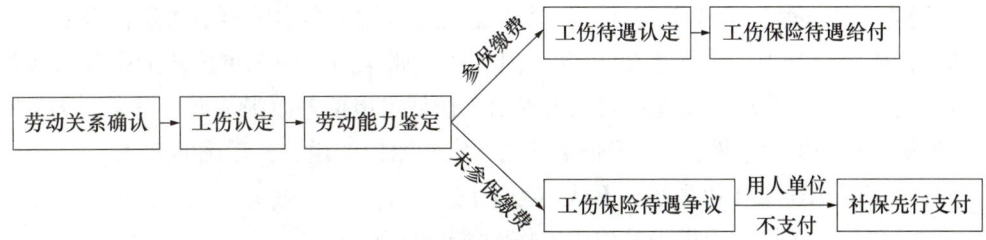

【治疗期间的停工留薪期】

一般不超过 12 个月，原工资福利待遇不变，由所在单位按月支付。

【劳动能力鉴定】

由用人单位和工伤职工或近亲属向设区的市级劳动能力鉴定委员会提出申请，分为劳动功能障碍（10个等级）和生活自理障碍等级评定（3个等级）。如果任一方不服鉴定结论，可以向省级劳动能力鉴定委员会申请重新鉴定（终局）。

【工伤待遇】

根据不同伤残等级，享受生活护理费（按月）＋一次性伤残补助金＋伤残津贴（按月）等。

【工亡待遇】

丧葬补助金＋供养亲属抚恤金（按月）＋一次性工亡补助金。

【人身损害民事侵权赔偿责任 vs 工伤赔偿责任】

表 9.4-3　人身损害民事侵权赔偿责任 vs 工伤赔偿责任

	人身损害民事侵权赔偿责任	工伤赔偿责任
法律依据	《民法典侵权责任编》	《劳动法》《工伤保险条例》
赔偿主体	侵权人或其他负有赔偿义务的人	用人单位＋工伤社会保险机构
赔偿范围	丧葬费＋死亡赔偿金（含被扶养人生活费）＋精神损害赔偿 产品侵权中还可能存在惩罚性赔偿	丧葬补助金＋工亡补助金＋供养亲属抚恤金（按月） 不存在精神损害赔偿、惩罚性赔偿
赔偿标准	死亡赔偿金＝受诉法院所在地上一年度城镇居民人均可支配收入 ×20 年 2025 年上海：186.19 万元	工亡补助金＝上一年度全国城镇居民人均可支配收入 ×20 年 2025 年全国：108.37 万元
伤残等级评定	司法鉴定机构	劳动能力鉴定委员会

【例题 3·单选题】关于工伤医疗停工留薪期的说法，正确的是（　　）。

　　A. 在停工留薪期内，原工资福利待遇适当减少

　　B. 停工留薪期一般不超过 12 个月

　　C. 工资由所在单位在停工留薪期结束后一次性支付

　　D. 停工留薪期满后仍需治疗的，工伤职工不再享受工伤医疗待遇

【答案】B

【解析】在停工留薪期内，原工资福利待遇不变，由所在单位"按月支付"。停工留薪期一般不超过 12 个月。停工留薪期满后仍需治疗的，"继续"享受工伤医疗待遇。

【例题 4·多选题】2024 年 7 月，张某在建筑工地发生高空坠落事故送往医院，经全力救助但仍成为植物人，张某于 2024 年 9 月死亡。张某所在施工单位认为张某系违章作业，不构成工伤。因此没有在规定期限内提出工伤认定申请，而张某近亲属认为张某构成工伤。根据《工伤保险条例》，关于张某工伤认定和赔偿的说法，正确的有（　　）。

　　A. 张某因违章作业受伤，不认定为工伤

　　B. 张某近亲属应承担张某构成工伤的举证责任

　　C. 张某近亲属可在张某死亡之日起两年内自行向社会保险行政部门提出工伤认定申请

D. 张某在医治期间，应由所在单位根据原工资标准按月支付工资

E. 张某近亲属可以主张丧葬补助金、供养亲属抚恤金和一次性工亡补助金

【答案】D、E

【解析】选项 C 错误，单位未在规定的时限内提出，受伤害职工或其近亲属、工会组织在事故发生之日或被诊断、鉴定为职业病之日起 1 年内向社保行政部门申请工伤认定。

9.5 劳动争议的解决

【概述】

劳动法是独立的法律部门，有独特的游戏规则，注意掌握：劳动合同不是民事合同，不适用《民法典合同编》；劳动仲裁不是民事仲裁，不适用《仲裁法》。

【劳动关系的认定】

劳动关系是指"劳动者"与"所在用人单位"之间的关系。不包括个人与个人之间的关系，也不包括个人因社保、工伤认定等与主管部门发生的纠纷。

劳动关系存在是申请劳动仲裁的前提。

【不属于劳动争议的纠纷】

（1）劳动者请求社会保险经办机构发放社会保险金的纠纷；

（2）劳动者与用人单位因住房制度改革产生的公有住房转让纠纷；

（3）劳动者对劳动能力鉴定委员会的伤残等级鉴定结论或者对职业病诊断鉴定委员会的职业病诊断鉴定结论的异议纠纷；

（4）家庭或者个人与家政服务人员之间的纠纷；

（5）个体工匠与帮工、学徒之间的纠纷；

（6）农村承包经营户与受雇人之间的纠纷。

【例题 1·2024 年二级真题·单选题】下列纠纷中，属于劳动争议的是（　　）。

A. 劳动者请求社会保险经办机构发放社会保险金的纠纷

B. 劳动者因为工伤，请求用人单位给予工伤保险待遇发生的纠纷

C. 劳动者对劳动能力鉴定委员会的伤残等级鉴定结论异议的纠纷

D. 家庭与家政服务人员之间的纠纷

【答案】B

【例题 2·多选题】下列纠纷中，属于劳动争议范围的有（　　）。

A. 劳动者与用人单位在履行劳动合同过程中发生的纠纷

B. 劳动者请求社会保险经办机构发放社会保险金的纠纷

C. 因除名、辞退和辞职、离职发生的纠纷

D. 劳动者与用人单位因住房制度改革产生的公有住房转让纠纷

E. 劳动者退休后，与尚未参加社会保险统筹的原用人单位因追索养老金、医疗费、工伤保险待遇和其他社会保险待遇而发生的纠纷

【答案】A、C、E

9.5.1 劳动争议调解

【劳动争议调解仲裁法的适用范围】

（1）因确认劳动关系发生的争议；

（2）因订立、履行、变更、解除和终止劳动合同发生的争议；

（3）因除名、辞退和辞职、离职发生的争议；

（4）因工作时间、休息休假、社会保险、福利、培训以及劳动保护发生的争议；

（5）因劳动报酬、工伤医疗费、经济补偿或者赔偿金等发生的争议；

（6）法律、法规规定的其他劳动争议。

【劳动争议调解组织】

包括：

（1）企业劳动争议调解委员会；

（2）依法设立的基层人民调解组织；

（3）在乡镇、街道设立的具有劳动争议调解职能的组织。

企业劳动争议调解委员会由职工代表和企业代表组成。职工代表由工会成员担任或者由全体职工推举产生，企业代表由企业负责人指定。企业劳动争议调解委员会主任由工会成员或者双方推举的人员担任。

【劳动争议调解协议书的生效与效力】

（1）经调解达成调解协议的，由调解委员会制作调解协议书；

（2）调解协议书由双方当事人签名或者盖章，经调解员签名并加盖调解委员会印章后生效；

（3）调解协议书一式三份，双方当事人和调解委员会各执一份；

（4）调解协议生效后，对双方当事人具有约束力，当事人应当履行。此处的"约束力"不是指调解协议具有强制执行的效果，指的仅仅是具有劳动合同的约束力。达成调解协议后，如果一方当事人在协议约定期限内不履行调解协议，另一方当事人一般不能请求人民法院强制对方执行，而只能依法申请仲裁。

【例题1·2024年二级真题·单选题】关于劳动争议调解的说法，正确的是（　　）。

A. 劳动争议调解的原则是公平、公正、公开

B. 只有当事人提出申请，劳动争议调解程序才能启动

C. 企业劳动争议调解委员会由职工代表、企业代表和行政主管部门代表组成

D. 经调解达成调解协议的，调解委员会应当制作调解协议书

【答案】D

【解析】选项A错误，《劳动争议调解仲裁法》规定，解决劳动争议，应当根据事实，遵循合法、公正、及时、着重调解的原则，依法保护当事人的合法权益。选项B错误，

劳动争议调解程序的启动有两种方式：一是当事人申请（主要方式）；二是调解委员会主动调解（主动调解不以当事人申请为前提，但不得违背当事人意愿）。选项 C 错误，企业劳动争议调解委员会由职工代表和企业代表组成。

9.5.2　劳动争议仲裁

【劳动纠纷处理方式】

可以和解、调解、仲裁、诉讼。

表 9.5-1　劳动仲裁 vs 民事仲裁

一	劳动仲裁	民事仲裁
属性	人社局下属事业单位（体制内）	民间社会团体（体制外）
程序	先裁后审	或裁或审
申请和受理	无需仲裁协议	需书面仲裁协议
管辖	法定、地域管辖	任意约定，无地域限制
时效	1 年	适用诉讼时效（3 年）

◆考法 1：劳动争议仲裁委员会的设立和组成

（1）劳动争议仲裁委员会按照统筹规划、合理布局和适应实际需要的原则设立。省、自治区人民政府可以决定在市、县设立；直辖市人民政府可以决定在区、县设立。直辖市、设区的市也可以设立一个或者若干个劳动争议仲裁委员会。劳动争议仲裁委员会不按行政区划层层设立。

（2）劳动争议仲裁委员会由劳动行政部门代表、工会代表和企业方面代表组成。劳动争议仲裁委员会组成人员应当是单数。

【例题 1·2024 年二级真题·单选题】下列关于劳动仲裁委员会和劳动仲裁员，说法正确的是（　　）。

　　A. 劳动仲裁委应当根据行政区划层层设立

　　B. 劳动仲裁委组成人数可以是双数

　　C. 劳动仲裁员应当是专职

　　D. 劳动仲裁委由劳动行政部门代表、工会代表和企业方面代表组成

【答案】D

【例题 2·2024 年一级真题·单选题】关于劳动争议仲裁委员会设立的说法，正确的是（　　）。

　　A. 按照行政区划层层设立

　　B. 省、自治区人民政府只能决定在设区的市设立

　　C. 直辖市人民政府可以决定在区、县设立

　　D. 设区的市仅能设立 1 个劳动争议仲裁委员会

【答案】C

◆ **考法 2：劳动争议仲裁裁决**

（1）仲裁审理时限及先行裁决。仲裁庭裁决劳动争议案件，应当自劳动争议仲裁委员会受理仲裁申请之日起 45 日内结束。案情复杂需要延期的，经仲裁委员会主任批准，可以延期并书面通知当事人，但是延长期限不得超过 15 日。逾期未作出仲裁裁决的，当事人可以就该劳动争议事项向人民法院提起诉讼。

（2）先予执行。仲裁庭对追索劳动报酬、工伤医疗费、经济补偿或者赔偿金的案件，根据当事人的申请，可以裁决先予执行，移送人民法院执行。劳动者申请先予执行的，可以不提供担保。

（3）作出裁决。裁决应当按照多数仲裁员的意见作出，少数仲裁员的不同意见应当记入笔录。仲裁庭不能形成多数意见时，裁决应当按照首席仲裁员的意见作出。裁决书由仲裁员签名，加盖劳动争议仲裁委员会印章。对裁决持不同意见的仲裁员，可以签名，也可以不签名。

【劳动纠纷解决】

【一般规则】

先裁后审。仲裁裁决为终局裁决，裁决书自作出之日起发生法律效力。

【例外规则】

下列争议，劳动仲裁对单位一方为终局裁决，单位不服裁决不得起诉：

（1）追索劳动报酬、工伤医疗费、经济补偿或者赔偿金，不超过当地月最低工资标准 12 个月金额的争议（小额劳动纠纷）；

（2）因执行国家的劳动标准在工作时间、休息休假、社会保险等方面发生的争议。

【例题 3·2024 年二级真题·单选题】关于劳动争议，劳动仲裁裁决说法正确的是（　　）。

　　A. 劳动者申请先行裁决的应当提供担保

　　B. 由劳动争议仲裁委员会执行裁决

　　C. 按照多数仲裁员的意见作出，少数仲裁员的不同意见可以不记入笔录

　　D. 仲裁庭逾期未做出裁决的，当事人可以就该争议事项向人民法院提起诉讼

【答案】D

【解析】选项 A 错误，劳动者申请先予执行的，可以不提供担保；选项 B 错误，劳动仲裁裁决由人民法院执行；选项 C 错误，裁决应当按照多数仲裁员的意见作出，少数仲裁员的不同意见应当记入笔录。

◆ **考法 3：劳动争议仲裁时效**

【一般规则】

劳动仲裁时效 1 年，自知道或应当知道其权利被侵害时起算。

【例外规则】

拖欠劳动报酬的纠纷不受仲裁时效限制，但最迟应在离职之日起 1 年内提出。

【例题 4·2024 年一级真题·多选题】根据《劳动争议调解仲裁法》，关于劳动争议仲裁时效的说法，正确的有（　　）。

A. 仲裁时效因当事人一方向对方当事人主张权利而中断

B. 劳动争议申请仲裁的时效期间为 3 年

C. 仲裁时效因对方当事人同意履行义务而中止

D. 劳动关系存续期间因拖欠劳动报酬发生争议的，劳动者申请仲裁不受仲裁时效期间的限制

E. 因拖欠劳动报酬发生争议且劳动关系终止的，应当自劳动关系终止之日起 1 年内提出

【答案】A、D、E

【解析】选项 A 正确、C 错误，仲裁时效，因当事人一方向对方当事人主张权利，或者向有关部门请求权利救济，或者对方当事人同意履行义务而中断（Replay）；因不可抗力或者有其他正当理由，当事人不能在规定的仲裁时效期间申请仲裁的，仲裁时效中止（Pause）。选项 D、E 正确、B 错误，劳动仲裁时效 1 年，自知道或应当知道其权利被侵害时起算。但拖欠劳动报酬的纠纷不受仲裁时效限制，但最迟应在离职之日起 1 年内提出。

【例题 5·单选题】甲公司拖欠王某项目提成 5000 元，于 2022 年 5 月 8 日双方发生争议，并于 2023 年 11 月 1 日终止劳动合同，2023 年 12 月 20 日，王某向当地劳动争议仲裁委员会递交了仲裁申请。对此，以下说法正确的是（　　　）。

A. 王某的申请已经超过仲裁申请时效

B. 王某应当先申请仲裁，不可以直接向法院提起诉讼

C. 王某应当与甲公司签订仲裁协议，方可申请仲裁

D. 如果劳动仲裁委支持了王某支付拖欠提成的请求，甲公司不同意仲裁结果，可在收到裁决书后 15 日内提起诉讼

【答案】B

本章模拟强化练习

1. 关于劳动合同订立的说法，正确的是（　　）。

　　A. 劳动关系自劳动合同订立之日起建立

　　B. 对正式职工不得签订以完成工作任务为期限的劳动合同

　　C. 在本单位连续工作不满 10 年的劳动者，无权要求签订无固定期限劳动合同

　　D. 用工满 1 个月未签订书面劳动合同的，应每月向劳动者支付双倍工资

【答案】D

2. 用人单位违法不与劳动者订立无固定期限劳动合同的，自（　　）向劳动者每月支付 2 倍的工资。

　　A. 用工之日起

　　B. 签订劳动合同之日起

　　C. 应当订立无固定期限劳动合同之日起

　　D. 用工满一年之日起

【答案】C

3. 甲用人单位与劳动者孙某订立 3 年的书面劳动合同，双方约定试用期。下列关于试用期，正确的是（　　）。

　　A. 双方约定试用期期限最长不超过 3 个月

　　B. 若孙某在试用期结束后不符合录用条件，可以延长试用期

　　C. 试用期间孙某不符合甲的录用条件，甲有权随时解除劳动合同

　　D. 孙某在试用期间的工资不低于用人单位所在地最低工资标准即可

【答案】C

4. 用人单位的下列事项发生变更，不影响劳动合同履行的有（　　）。

　　A. 名称变更　　　　　　　　　B. 投资人变更

　　C. 财务负责人变更　　　　　　D. 法定代表人变更

　　E. 劳动合同期限变更

【答案】A、B、C、D

【解析】《劳动合同法》规定，用人单位变更名称、法定代表人、主要负责人或者投资人等事项，不影响劳动合同的履行。

5. 关于劳动合同履行的说法，正确的是（　　）。

　　A. 用人单位可以根据单位实际情况，不执行劳动定额标准

　　B. 用人单位不得强迫或者变相强迫劳动者加班

　　C. 因为单位拖欠或未足额支付劳动报酬的，劳动者可以向当地劳动仲裁机构申请支付令

　　D. 因为单位发生合并或者分立等情况，原劳动合同自行终止

【答案】B

6. 下列属于无效或部分无效的劳动合同的有（　　）。

A. 欺诈胁迫或者乘人之危订立的

B. 用人单位免除自己责任，排除劳动者权利的

C. 因重大误解订立或显失公平的

D. 用人单位非法限制劳动者人身自由强迫劳动的

E. 劳动者严重失职、营私舞弊，给单位利益造成重大损害的

【答案】A、B

【解析】选项 A 正确、C 错误，法律只规定"欺诈胁迫、乘人之危"的劳动合同无效，但从未讲过"重大误解、显失公平"的劳动合同无效；选项 D、E 属于劳动合同解除的情形，并不是劳动合同无效的情形。订立时违法，合同无效。履行中违法，合同解除。

7. 根据《劳动合同法》的规定，下列属于用人单位可以即时解除劳动合同的情形是（　　）。

A. 劳动者尚在试用期内的

B. 劳动者在下班后不肯在工作群里回复工作指令的

C. 劳动者严重失职，营私舞弊，给用人单位利益造成重大损害的

D. 劳动者因违法被行政拘留，对单位声誉造成不利影响的

【答案】C

8. 甲、乙、丙、丁是某建筑公司的四名职工。甲，男，17 周岁；乙，女，矿井建设工程技术专业；丙，女，已怀孕 7 个月；丁，女，育有 10 个月的婴儿。根据《劳动法》，关于该公司工作岗位安排的做法，正确的是（　　）。

A. 安排甲从事油漆作业

B. 安排乙从事井下设备布置工作

C. 安排丁暂时顶替某职工夜间值班

D. 安排丙从事第二级体力劳动强度的工作

【答案】D

9. 根据《工伤保险条例》，职工发生事故伤害之日起 30 日内，用人单位不按规定向社会保险行政部门申请工伤认定，职工或其近亲属（　　）。

A. 应当就该事故伤害属于工伤承担举证责任

B. 应当直接向法院提起民事诉讼

C. 可以在 1 年内向社会保险行政部门提出投诉

D. 可以在 1 年内直接向社会保险行政部门提出工伤认定申请

E. 可以要求用人单位承担在此期间发生的工伤待遇及有关费用

【答案】D、E

【解析】单位的申请期间为自事故发生之日起 30 日内，单位不按规定申请工伤认定的，职工或其近亲属有权自事故发生之日起 1 年内申请；如果单位没有在上述 30 日内提交工伤认定申请的，在此期间发生的符合《工伤保险条例》规定的工伤待遇等有关费用由该用人单位负担。

10. 劳动者因劳动争议向人民法院提起诉讼的，应当依法先经过（　　）。

A. 和解   B. 调解

C. 投诉   D. 仲裁

【答案】D

【解析】劳动争议的解决方式为和解、调解、仲裁、诉讼。其中，和解、调解实行自愿原则，而劳动仲裁实行强制原则，非经劳动仲裁的，不得提起诉讼。

11. 陈某大学毕业后被某施工单位聘用，工作期间，陈某与公司因缴纳社会保险问题发生争议，关于该争议解决方法，下列选项正确的是（   ）。

    A. 陈某可提请仲裁，但必须在此之前先申请调解

    B. 陈某可提请仲裁，但在此之后不能够提起诉讼

    C. 陈某可直接向法院起诉

    D. 陈某可不与公司协商，而直接提起仲裁

【答案】D

12. 关于劳动争议与劳动仲裁的说法，正确的是（   ）。

    A. 农民工李某在工地上发生事故伤害向施工企业要求赔偿，但施工企业认为其与李某不存在劳动关系，此争议属于劳动争议

    B. 李某对劳动能力鉴定委员会作出的伤残等级鉴定不服，此争议属于劳动争议

    C. 李某可以与施工企业签订仲裁协议申请劳动仲裁，也可以直接向法院起诉

    D. 劳动关系存续期间发生劳动争议的，不受仲裁时效限制，但最迟应当在劳动关系终止后 1 年内提起劳动仲裁

【答案】A

第10章 建设工程争议解决法律制度

本章考情分析

表 10-1 本章近 1 年真题题型分析（分）

第 10 章	核心考点	2024 年	
		单选	多选
10.1	和解	—	—
	调解	1	—
10.2	仲裁协议	1	—
	仲裁的申请和受理	—	—
	仲裁庭的组成、开庭和裁决	1	2
	申请撤销仲裁裁决和不予执行裁决	—	—
10.3	民事诉讼的法院管辖	—	—
	民事审判组织、诉讼参加人	—	—
	民事诉讼证据的种类、保全和应用	—	—
	民事诉讼时效	—	—
	民事诉讼的审判程序	2	—
	民事诉讼的执行	—	2
10.4	行政复议范围	—	—
	行政复议的申请、受理和决定	1	—
10.5	行政诉讼的受案范围	—	—
	行政诉讼的法院管辖	1	—
	行政诉讼参加人	—	—
	行政诉讼证据	1	—
	行政诉讼的起诉、受理	—	—
	行政诉讼的审理、判决和执行	1	2
合计		9	6
		15	

本章核心考点分析

10.1 建设工程争议和解、调解制度

核 心 考 点 提 纲

$\begin{cases} 10.1.1 & 和解 \\ 10.1.2 & 调解 \end{cases}$

表 10.1-1 建设工程纠纷类型及解决方式

建设工程纠纷类型	解决方式
民事纠纷（合同纠纷、侵权纠纷等）	和解；调解；民事仲裁或民事诉讼
劳动纠纷	和解；调解；先劳动仲裁后诉讼
行政纠纷	行政复议（含和解、调解）、行政诉讼

【例题1·单选题】 下列纠纷，属于民事纠纷中侵权纠纷的是（   ）。

    A. 张某搭设的阳光房被城管认定为违建并强制拆除引起纠纷

    B. 项目经理扣罚施工员赵某1000元奖金引起争议

    C. 建设单位提供的设计图纸错误导致施工单位返工，施工单位提出索赔

    D. 道路施工中未设置明显警示标志和防护措施，导致路人李某骑自行车摔倒受伤

【答案】 D

【解析】 选项A为行政纠纷；选项B为劳动纠纷；选项C为施工合同履行中引起的纠纷；选项D为民事纠纷中的侵权纠纷。

民事纠纷是"平等主体的公民、法人、非法人组织之间因人身权益或财产权益等引起的纠纷"。

表 10.1-2 民事纠纷的解决方式

民事纠纷解决方式	性质	
生效的法院调解、判决	终局性	可以强制执行
生效的仲裁调解、裁决		
其他任何调解（包括行政机关调解、人民调解等）	非终局性	不可强制执行
任何和解（包括仲裁、诉讼过程中的和解）		

【小结】

（1）非终局的，有赖于当事人自觉履行；终局的，可以申请法院强制执行。

（2）非终局手段，可以申请法院对协议进行司法确认的方式，转化为终局。

（3）解决一个民事纠纷，非终局方式可以任意利用。但只能在一个地点，采用一个终局手段彻底了结

【例题2·单选题】 下列协议书中，具备强制执行力的是（   ）。

A. 人民调解委员会出具的调解书

B. 劳动监察大队对农民工工资纠纷出具的调解书

C. 专家组争议评审意见书

D. 当事人双方签收的仲裁机构调解书

【答案】D

【和解 vs 调解】

表 10.1-3　和解 vs 调解

	和解	人民调解	仲裁调解	法院调解
调解人	—	人民调解委员会	仲裁机构	法院
适用阶段	任何阶段	起诉、仲裁前	仲裁开始后、裁决作出前	诉讼开始后、判决作出前
是否收费	—	免费	调解结案的，案件受理费可以退一半	
达成协议的形式要求	可以口头	可以口头	应当书面	应当书面
是否具有终局效力 / 强制执行力	×	×	√	√

10.1.1　和解

（1）和解与调解的区别：和解是当事人双方自行和解，无需借助第三方；调解是在第三方主持下进行。

（2）"任何和解协议"都是非终局的。

（3）和解协议可以口头，可以书面。

（4）和解适用于民事纠纷任何阶段，包括：诉前和解，仲裁诉讼过程中的庭外和解，执行阶段的和解。

【例题 1·单选题】王某在施工中腿部受伤，项目部支付了医药费和治疗期间工资，双方就伤残补偿问题达成书面协议，约定再赔付 1 万元，王某不得起诉。但是王某收款后又起诉。以下关于达成协议的方式、协议效力以及王某诉讼权利的说法，正确的是（　　）。

A. 双方是通过调解方式达成协议

B. 协议书在双方签收后具有强制执行力

C. 王某如果起诉，法院不予受理

D. 该协议内容如果显失公平，法院可以根据王某请求予以变更或撤销

【答案】D

【例题 2·多选题】关于建设工程施工合同纠纷和解的说法，正确的是（　　）。

A. 和解可以在民事纠纷的任何阶段进行

B. 和解需借助第三人的介入

C. 和解成本高、效率低

D. 执行阶段义务人不履行和解协议的，重新调解

E. 和解达成的协议具有合同效力

【答案】A、E

【解析】选项C错误，和解成本低、效率高，是自愿原则在民事纠纷解决中的体现；选项D错误，在执行中，双方当事人可以自行和解达成协议，如义务人不履行和解协议的，人民法院可以根据当事人的申请，恢复对原生效法律文书的执行。

10.1.2 调解

◆考法1：人民调解

（1）人民调解委员会是依法设立的调解民间纠纷的基层群众性组织。人民调解不收取任何费用。

（2）经人民调解委员会调解达成调解协议的，"可以"制作调解协议书。当事人认为无需制作调解书的，"也可以"采用口头协议形式。

（3）调解协议，具有法律约束力，但其属于非终局手段，有赖于对方自愿履行，不能作为申请法院强制执行的依据。

（4）"双方"当事人认为有必要的，可自调解协议生效之日起30日内共同向人民法院申请对调解协议司法确认。

① 人民法院确认调解协议有效，从非终局转化为终局，人民调解协议书方具备强制执行效力；

② 人民法院确认调解协议无效的，当事人可以通过人民调解方式变更原调解协议或者达成新的调解协议，也可以向人民法院提起诉讼。

【例题1·单选题】下列关于人民调解的说法，正确的是（   ）。

A. 人民调解委员会是依法设立的基层政府工作部门

B. 人民调解收取费用不得超过1000元

C. 人民调解可以采用口头协议形式

D. 人民调解达成协议后，一方当事人认为有必要的，可以自行向人民法院申请对调解协议进行司法确认

【答案】C

【例题2·单选题】关于人民调解，说法正确的是（   ）。

A. 经人民调解委员会调解达成调解协议的应制作调解协议书

B. 经人民调解委员会调解达成的调解协议具有法律强制力

C. 人民调解协议须经司法确认才能生效

D. 人民调解活动应当遵循自愿、合法原则，但不包括公开原则

【答案】D

【例题3·单选题】人民调解协议生效后30日内，当事人双方共同向人民法院申请司法确认，法院确认调解协议有效后，一方当事人拒绝履行的，对方当事人就协议中未履行部分（   ）。

A. 仍可以起诉   B. 仍可以重新订立仲裁协议申请仲裁

C. 可以申请重新调解   D. 可以申请强制执行

【答案】D

◆ 考法 2：法院调解

表 10.1-4   法院调解

调解原则	自愿、合法、不公开	
不公开原则	【一般规则】法院审理民事案件，除当事人同意公开的外，调解过程及调解协议内容不公开	
	【例外规则】但为保护国家利益、社会公共利益、他人合法权益，人民法院认为确有必要公开的，可以公开	
法院调解书	【一般规则】调解书经双方当事人签收后，具有终局性和强制执行力，效力与判决书相同	
	【例外规则】但下列案件可以不制作调解书： （1）调解和好的离婚案件； （2）调解维持收养关系的案件； （3）能够即时履行的案件	
排除适用	特别程序、督促程序、公示催告程序的案件，身份关系的确认案件，不适用调解	

【例题 4·单选题】关于人民法院调解民事案件的说法，正确的是（   ）。

A. 除当事人同意公开的外，调解过程及调解协议内容均不公开

B. 所有民事案件都适用调解

C. 涉及国家利益、社会公共利益、他人合法权益的民事案件，不适用调解

D. 调解过程不公开，调解协议内容应当公开

【答案】A

【例题 5·单选题】关于人民法院调解民事案件的说法，正确的是（   ）。

A. 法院调解应当由合议庭主持

B. 调解书一经制作，即发生法律效力

C. 能够即时履行的案件，可以不制作调解书

D. 调解达成协议但一方反悔拒绝签收调解书的，法院应当重新调解

【答案】C

【解析】选项 A 错误，人民法院调解，可以由审判员一人主持，也可以由合议庭主持。

【法院调解 vs 仲裁调解】

表 10.1-5   法院调解 vs 仲裁调解

法院调解	制作法院调解书	双方签收生效
	3 类案件可以不制作调解书，将调解结果写进笔录	双方签字生效
仲裁调解	制作仲裁调解书	双方签收生效
	制作仲裁裁决书	作出生效

注：调解不成或在调解书签收前当事人反悔的，应当及时作出判决 / 作出仲裁裁决（不再调解）。

【诉讼和解 vs 仲裁和解】

表 10.1-6　诉讼和解 vs 仲裁和解

诉讼和解	原告申请撤诉	法院准许撤诉
	请求法院根据和解协议内容制作调解书	法院按调解结案
仲裁和解	申请人撤回仲裁申请	仲裁委员会准许撤回
	请求仲裁庭根据和解协议内容制作仲裁裁决书	仲裁委员会以裁决结案

10.2　仲裁制度

核 心 考 点 提 纲

- 10.2.1　仲裁协议
- 10.2.2　仲裁的申请和受理
- 10.2.3　仲裁庭的组成、开庭和裁决
- 10.2.4　申请撤销仲裁裁决和不予执行裁决

10.2.1　仲裁协议

【《仲裁法》的 3 项基本制度】

表 10.2-1　《仲裁法》的 3 项基本制度

协议管辖	没有仲裁协议的，仲裁委员会不予受理。仲裁无地域限制，当事人可以任意约定仲裁机构
或裁或审	当事人一旦达成仲裁协议，一方向法院起诉的，法院不予受理，但仲裁协议无效的除外
一裁终局	裁决作出后，当事人不得就同一纠纷再申请仲裁或者向法院起诉

【例题 1·单选题】关于我国仲裁基本制度，正确的是（　　　）。

A. 当事人对仲裁不服的，可以提起诉讼

B. 当事人达成有效仲裁协议，一方向法院起诉的，人民法院不予受理

C. 当事人没有仲裁协议而申请仲裁的，仲裁委员会应当受理

D. 仲裁协议不能排除法院对案件的司法管辖权

【答案】B

◆**考法 1：仲裁的适用范围（即仲裁协议处分的客体范围）**

表 10.2-2　《仲裁法》的适用范围

一般规则	平等主体的公民、法人和其他组织之间发生的"合同纠纷"和其他"财产权益纠纷"，可以仲裁
例外规则 1	下列纠纷不能仲裁： （1）婚姻、收养、监护、扶养、继承纠纷（家里人—家里人）； （2）依法应当由行政机关处理的行政争议（民—官）；

例外规则 2	劳动纠纷仲裁（伙计—老板）、农业承包合同纠纷仲裁（村民—村集体），实行先裁后审，不适用《仲裁法》

【例题 1·2024 年二级真题·单选题】根据《仲裁法》，下列纠纷中，能够约定仲裁的是（　　）。

　　A. 融资租赁合同纠纷　　　　　B. 婚姻纠纷

　　C. 继承纠纷　　　　　　　　　D. 监护纠纷

【答案】A

◆考法 2：仲裁协议的形式与内容要求

表 10.2-3　仲裁协议的形式与内容要求

形式要求	（1）可以是合同中订明的仲裁条款，也可以是合同外另行单独签订的仲裁协议； （2）可以在纠纷发生前，也可以在纠纷发生后达成仲裁协议； （3）应当采用书面形式，口头方式无效
内容要求	必要内容欠缺的后果
（1）明确请求仲裁的意思表示	既约定仲裁又约定诉讼的，属于仲裁意思不明确。此时，仲裁协议无效，只能起诉
（2）仲裁事项	约定不明的，可以协议补充。达不成补充协议的，仲裁协议无效
（3）选定的仲裁委员会	

【例题 2·2022 年二级真题·多选题】关于仲裁协议的说法，正确的有（　　）。

　　A. 合同无效的，仲裁协议无效

　　B. 约定发生争议可以提交仲裁也可以提交诉讼的仲裁协议有效

　　C. 仲裁协议应当采用书面形式

　　D. 仲裁协议可以是合同中的仲裁条款

　　E. 仲裁协议可以是独立的仲裁协议书

【答案】C、D、E

◆考法 3：仲裁协议的效力

表 10.2-4　仲裁协议的效力

对当事人的约束力	（1）当事人约定仲裁的，只能将争议提交仲裁解决，不得向法院起诉； （2）仲裁协议对当事人的效力范围通常仅限于签订仲裁协议的当事人，而不及于第三人
对仲裁机构的约束力	仲裁机构不得对超出协议约定的争议事项仲裁（超裁）
对法院的排斥力	（1）法院知道当事人甲乙之间有仲裁协议的，甲起诉，法院不得受理； （2）法院不知道当事人甲乙之间有仲裁协议的，甲起诉，法院受理案件后，乙在首次开庭前出示仲裁协议的，法院应当驳回甲的起诉

【仲裁协议的独立性】

仲裁协议独立存在。合同变更、解除、终止或者无效，以及未生效、被撤销等，均不影响仲裁协议的效力。

【例题3·单选题】 某施工合同系挂靠承揽，其中仲裁条款中仅约定工程价款纠纷提交仲裁。后来，双方就质量和价款均产生了争议。关于本案，说法正确的是（　　）。

　　A. 合同无效，仲裁协议也无效

　　B. 仲裁委员会对价款纠纷应当予以受理

　　C. 仲裁委员会有权裁决施工合同范围内的所有争议

　　D. 仲裁委员会应当要求双方补充协议，否则不予仲裁

【答案】 B

◆ **考法4：无效的仲裁协议**

【无效的仲裁协议】

（1）约定的仲裁事项超出法律规定的仲裁范围的（例如婚姻家庭纠纷、行政争议处理，都不可以约定仲裁）；

（2）无民事行为能力人或限制民事行为能力人订立的仲裁协议；

（3）一方采取胁迫手段，迫使对方订立仲裁协议的；

（4）口头的仲裁协议无效；

（5）既约定诉讼又约定仲裁的，仲裁协议无效。

【了解——民事合同 vs 劳动合同 vs 仲裁协议】

表10.2-5　民事合同 vs 劳动合同 vs 仲裁协议

	民事合同	劳动合同	仲裁协议
适用	《民法典合同编》	《劳动合同法》	《仲裁法》
效力类型	有效、无效、效力待定、可撤销	有效、无效	有效、无效
具体规定	（1）欺诈、胁迫，重大误解、乘人之危致使显失公平等为可撤销民事合同；（2）限制民事行为人订立的民事合同，效力待定	（1）欺诈胁迫、乘人之危的劳动合同无效；（2）16周岁以下童工订立劳动合同，违法、无效	（1）胁迫签订的仲裁协议无效；（2）限制民事行为能力人订立的仲裁协议无效

【例题4·单选题】 根据《仲裁法》，仲裁协议有效，是仲裁机构受理案件的最关键前提条件。关于仲裁协议效力，以下说法正确的是（　　）。

　　A. 仲裁协议仅对协议双方具有约束力，对第三人不产生效力

　　B. 施工合同中就同一事项约定可以仲裁也可以去法院起诉的，该约定有效

　　C. 限制民事行为能力人签订的仲裁协议效力待定

　　D. 一方当事人胁迫对方签订的仲裁协议可撤销

【答案】 A

【例题5·多选题】 根据《仲裁法》的规定，下列情形中的仲裁协议，属于无效的有（　　）。

A. 施工单位挂靠他人资质与建设单位签订建设工程合同，并在合同中约定仲裁条款

B. 王某甲与王某乙兄弟签订仲裁协议，约定父母去世后的房产归属提交某仲裁委员会仲裁

C. 丁某与甲企业在建材买卖合同中约定发生争议在交货地北京仲裁，现在得知北京有 3 家仲裁机构，且不能达成补充协议

D. 陈某（70 岁，有严重精神病史尚未康复）与保险公司发生纠纷要求退保，保险公司要求按约定在北仲仲裁

E. 某市政府部门与施工企业签订 PPP 项目协议，并在协议中约定争议解决方式为仲裁

【答案】B、C、D、E

【解析】选项 E，某市政府部门与施工企业签订 PPP 项目协议是行政协议中的"政府与社会资本合作协议"，因此约定的仲裁条款无效。

◆ 考法 5：仲裁协议效力纠纷

【仲裁协议效力纠纷（每年都考）】

当事人对仲裁协议效力有异议的，应当在仲裁庭首次开庭前提出（开庭后不能提，提了也继续审）。当事人既可以请求仲裁委员会作出《决定》，也可以请求法院作出《裁定》。

当事人一方甲请求仲裁委员会作出《决定》，另一方乙请求法院作出《裁定》的，由仲裁机构所在地中级法院作出《裁定》（一般规则）。

仲裁协议约定的仲裁机构不明确的，由仲裁协议签订地或被申请人住所地的中级人民法院管辖（例外规则）。

当事人在仲裁庭首次开庭前没有对仲裁协议的效力提出异议，而后向人民法院申请确认仲裁协议无效的，人民法院不予受理。

仲裁机构对仲裁协议的效力已经作出《决定》，当事人向法院申请确认仲裁协议效力或者申请撤销仲裁机构《决定》的，人民法院不予受理。

【例题 6·2022 年二级真题·单选题】关于仲裁协议效力确认的说法，正确的是（　　）。

A. 当事人对仲裁协议效力有异议的，应当在举证期限内提出

B. 当事人对仲裁协议效力有异议，一方向仲裁委员会提出，另一方向人民法院提出的，由人民法院裁定

C. 仲裁委员会对仲裁协议效力的确认，应当采用裁定的方式作出

D. 当事人向人民法院申请确认仲裁协议效力的案件，由仲裁协议约定的仲裁机构所在地、仲裁协议签订地、申请人住所地或者被申请人住所地的高级人民法院管辖

【答案】B

【解析】选项 C 错误，仲裁委员会对仲裁协议效力的确认，应当采用《决定》的方式作出。

10.2.2　仲裁的申请和受理

◆ **考法 1：仲裁的申请**

【申请仲裁的条件】

（1）有仲裁协议；

（2）有具体的仲裁请求和事实、理由；

（3）属于仲裁委员会的受理范围。

【仲裁申请书内容】

（1）当事人的姓名、性别、年龄、职业、工作单位和住所，法人或者其他组织的名称、住所和法定代表人或者主要负责人的姓名、职务；

（2）仲裁请求和所根据的事实、理由；

（3）证据和证据来源、证人姓名和住所。

【例题 1·2024 年二级真题·多选题】 某公司因工程款纠纷申请仲裁。仲裁申请书应当载明的事项有（　　）。

　　A. 该公司的名称、住所

　　B. 提出申请所依据的仲裁规则

　　C. 该公司的法定代表人姓名、职务

　　D. 仲裁请求和所根据的事实、理由

　　E. 证据和证据来源、证人姓名和住所

【答案】 A、C、D、E

◆ **考法 2：仲裁的受理**

【例题 2·2024 年二级真题·多选题】 关于仲裁程序的说法，正确的有（　　）。

　　A. 当事人可以委托律师和其他代理人进行仲裁活动

　　B. 申请人未提交答辩书的，仲裁程序延期进行

　　C. 当事人达成有效仲裁协议，一方向人民法院起诉未声明有仲裁协议，人民法院受理后，另一方在首次开庭前提交仲裁协议的，人民法院应当驳回起诉

　　D. 仲裁委员会收到仲裁申请书后认为不符合受理条件的，可以口头通知当事人并说明理由

　　E. 当事人达成有效仲裁协议，一方向人民法院起诉未声明有仲裁协议，人民法院受理后，另一方在首次开庭前未对人民法院受理该案提出异议的，视为放弃仲裁协议

【答案】 A、C、E

【解析】 选项 A 正确，当事人、法定代理人可以委托律师和其他代理人进行仲裁活动，委托律师和其他代理人进行仲裁活动的，应当向仲裁委员会提交授权委托书；选项 B 错误，被申请人未提交答辩书的，不影响仲裁程序的进行；选项 C、E 正确，指的是仲裁协议对法院的效力。

10.2.3 仲裁庭的组成、开庭和裁决

◆考法1：仲裁程序选择与仲裁庭组建

表 10.2-6　仲裁程序选择与仲裁庭组建

分类	适用	仲裁庭组成
简易程序	【一般规则】由当事人协商选择；	独任庭
普通程序	【例外规则】不能协商一致的，由仲裁委主任指定	合议庭

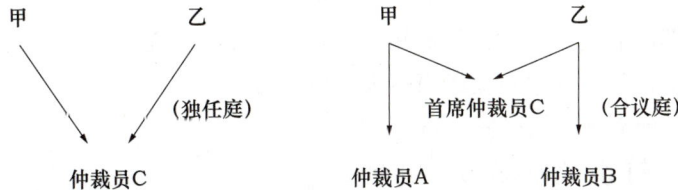

【仲裁员回避情形】

（1）是本案当事人或当事人、代理人的近亲属；

（2）与本案有利害关系；

（3）与本案当事人、代理人有其他关系，可能影响公正仲裁的；

（4）私自会见当事人、代理人，或接受当事人、代理人请客送礼的。

【例题1·2022年二级真题·单选题】根据《仲裁法》，关于仲裁庭组成的说法，正确的是（　　）。

　　A. 当事人未在仲裁规则规定的期限内选定仲裁员的，由仲裁委员会主任指定

　　B. 采用简易程序审理仲裁案件，由3名仲裁员组成仲裁庭

　　C. 首席仲裁员必须由仲裁委员会主任指定

　　D. 当事人约定3名仲裁员组成仲裁庭的，必须各自选定1名仲裁员

【答案】A

【例题2·2024年二级真题·单选题】下列需要仲裁员回避的情形是（　　）。

　　A. 与上一场案件是同一个代理人的

　　B. 仲裁员私下接受当事人请客送礼的

　　C. 与本案有利害关系的

　　D. 与本案当事人或者当事人、代理人是近亲属

　　E. 有其他关系，可能影响公正裁决的

【答案】B、C、D、E

◆考法2：仲裁审理（简记：仲裁＝要开庭但不公开审理）

表 10.2-7　仲裁庭审

一般规则	应当开庭审理
例外规则	当事人协议不开庭的，可以不开庭，仲裁庭根据仲裁申请书、答辩书以及其他材料进行书面审理并作出裁决

一般规则	仲裁不公开进行
例外规则	当事人协议公开的，可以公开进行，但涉及国家秘密的除外
其他规则	（1）申请人无正当理由不到庭，或中途退庭的，视为撤回仲裁申请。被申请人无正当理由不到庭，或中途退庭的，可以缺席裁决。 （2）仲裁过程中，当事人自行和解达成协议的，可以撤回仲裁申请，也可以请求仲裁庭根据和解协议制作裁决书。 （3）仲裁庭可以主持调解。调解达成协议的，可以制作调解书也可以制作裁决书。调解不成的，仲裁庭应当及时作出裁决

【例题3·单选题】关于仲裁开庭和审理的说法，正确的是（ ）。

A. 仲裁是否开庭审理必须经当事人达成一致

B. 仲裁审理案件应当公开进行

C. 当事人可以协议仲裁不开庭审理

D. 仲裁庭不能做出缺席裁决

【答案】C

◆ 考法3：仲裁和解与仲裁调解

表 10.2-8　仲裁和解与仲裁调解

仲裁和解 （申请人、被申请人双方庭外和解）	请求根据和解协议作裁决（终局）	裁决作出即终局，不能再申请仲裁
	撤回仲裁申请（非终局）	反悔的，可根据原仲裁协议重新发动仲裁
仲裁调解 （仲裁机构主持）	制作仲裁调解书（终局）	双方签收生效（签收前当事人反悔的，仲裁庭应当及时作出裁决）
	制作仲裁裁决书（终局）	作出生效

【例题4·2023年二级真题·单选题】关于仲裁和解的说法，正确的是（ ）。

A. 当事人仲裁和解的，应当开庭进行

B. 当事人自行达成和解协议的，仲裁庭应当制作撤案决定书

C. 当事人达成和解协议撤回仲裁申请反悔的，需要另行签订仲裁协议

D. 当事人自行达成和解协议的，可以撤回仲裁申请

【答案】D

【例题5·2023年二级真题·单选题】关于仲裁过程中的调解，下列说法正确的是（ ）。

A. 仲裁庭在作出裁决前，应当先行调解

B. 调解达成协议的，仲裁庭只能制作调解书

C. 在调解书签收前一方当事人反悔的，仲裁庭应当及时做出裁决

D. 调解书生效后，一方当事人不履行的，对方当事人可以向仲裁委员会申请强制执行

【答案】C

◆ 考法 4：仲裁裁决

（1）合议庭中，裁决应当按照多数仲裁员意见作出（一般规则）。不能形成多数意见时，按照首席仲裁员的意见作出（例外规则）。

简记为：两种意见按多数，三种意见按首席。

（2）裁决书由仲裁员签名，加盖仲裁委员会印章（一般规则）。对裁决持不同意见的仲裁员，可以签名也可以不签名（例外规则）。

（3）先行裁决（分阶段裁决）：仲裁庭仲裁纠纷时，其中一部分事实已经清楚，可就该部分先行裁决。

（4）补正裁决：对裁决书中的文字、计算错误或仲裁庭已裁决但在裁决书中遗漏事项，仲裁庭应补正。

【例题 6·单选题】仲裁委员会就某施工合同纠纷案件进行仲裁，首席仲裁员甲认为应当裁定合同无效，仲裁员乙和丙认为应当裁定合同有效，则仲裁庭应当（　　　）。

　　A. 按甲的意见作出裁决

　　B. 请示仲裁委员会主任，并按其意见作出裁决

　　C. 按乙和丙的意见作出裁决

　　D. 重新组成仲裁庭，经评议后作出裁决

【答案】C

【例题 7·单选题】关于仲裁开庭与裁决的说法，错误的是（　　　）。

　　A. 当事人协议不开庭的，仲裁庭可以根据仲裁申请书、答辩书以及其他材料作出裁决

　　B. 被申请人在开庭审理时未经仲裁庭许可中途退庭的，仲裁庭不可缺席审理并作出裁决

　　C. 仲裁裁决是由仲裁庭作出的具有强制执行效力的法律文书

　　D. 申请仲裁裁决强制执行时效的中断适用法律有关诉讼时效中断的规定

【答案】B

◆ 考法 5：仲裁裁决的强制执行

【地点】

当事人申请执行仲裁裁决案件，不是向仲裁机构提出申请，而是向"被执行人住所地中级法院或被执行财产所在地中级法院"申请（简记为：人／财，中级）。

【时间】

申请执行的期间为 2 年（可以中止、中断），自仲裁裁决书规定的履行期限的最后一日起计算。法律文书规定分期履行的，从最后一期履行期限届满之日起计算；法律文书未规定履行期间的，从法律文书生效之日起计算。

【例题 8·单选题】根据《仲裁法》，关于仲裁裁决强制执行的说法，正确的是（　　　）。

　　A. 仲裁委员会根据需要可以设立仲裁裁决执行机构

　　B. 申请仲裁裁决强制执行的期间为一年

　　C. 当事人申请执行仲裁，应当由被执行人财产所在地基层人民法院管辖

D. 仲裁裁决书未规定履行期间的，申请仲裁裁决强制执行的期限，从仲裁裁决书生效之日起计算

【答案】D

10.2.4 申请撤销仲裁裁决和不予执行裁决

【仲裁的翻案（有 2 个程序：撤销仲裁裁决；不予执行仲裁裁决）】

仲裁裁决一经作出即为终局，当事人不得就同一纠纷再起诉或重新申请仲裁。但在法定的六种情形下，当事人有确切证据证明该裁决为错案的，可以通过向法院申请撤销或不予执行来推翻生效的仲裁裁决。

表 10.2-9　仲裁的翻案

一	仲裁的翻案	
	撤销仲裁裁决	不予执行仲裁裁决
发动方式	任何一方当事人均可申请	被申请人（被执行人）提出
申请时间	收到裁决书之日起 6 个月内	收到执行通知书之日起 15 日内
地点	仲裁委员会所在地的中级人民法院	执行法院
理由	（1）没有仲裁协议作出裁决； （2）仲裁庭超裁或无权仲裁； （3）仲裁庭组成或仲裁程序违法； （4）仲裁裁决所依据的证据是伪造的； （5）对方当事人隐瞒了足以影响公正裁决的证据； （6）仲裁员索贿受贿、徇私舞弊、枉法裁决。 （不包括其他例如：证据是否充分、事实认定是否有错、适用法律是否有错等）	
法院审查	法院组成合议庭审查，在 2 个月内作出撤销裁决或者驳回申请的裁定。法院也可通知仲裁庭在一定期限内重新仲裁，并裁定中止撤销程序	法院组成合议庭审查，立案之日起 2 个月内审查完毕并作出裁定，有特殊情况需要延长的，经本院院长批准，可延长一个月
翻案的后果	纠纷回到最原始状态，就好像仲裁从未发生过，甚至连仲裁协议都未签过。双方可以和解、调解、诉讼，也可重签仲裁协议申请仲裁	

【例题 1·2022 年一级真题·多选题】关于仲裁裁决不予执行和撤销的说法，正确的有（　　）。

A. 当事人向人民法院申请不予执行被驳回后，又以相同事由申请撤销仲裁裁决的，人民法院不予支持

B. 当事人向仲裁机构隐瞒了足以影响公正裁决的证据的，经人民法院由审判员独任或者组成合议庭审查核实，裁定不予执行

C. 仲裁裁决被人民法院依法裁定不予执行的，当事人就该纠纷应当向法院提起诉讼

D. 当事人申请撤销裁决的，应当在收到裁决书之日起 1 年内提出

E. 案外人有证据证明仲裁案件当事人虚假仲裁，损害其合法权益的，可以根据法律相关程序的要求，申请不予执行仲裁裁决

【答案】A、E

【解析】选项 B 错误，仲裁翻案向仲裁委员会所在地中级人民法院提出，且人民法院组成"合议庭"审查核实当事人提出翻案的相应证据来裁定不予执行。选项 C 错误，翻案成功后，连带仲裁裁决和仲裁协议一并消灭。纠纷回到最原始状态，就好像仲裁从未发生过，甚至连仲裁协议都未签过。双方可以和解、调解、诉讼，也可重签仲裁协议申请仲裁。

10.3 民事诉讼制度

核心考点提纲

- 10.3.1 民事诉讼的法院管辖
- 10.3.2 民事审判组织、诉讼参加人
- 10.3.3 民事诉讼证据的种类、保全和应用
- 10.3.4 民事诉讼时效
- 10.3.5 民事诉讼的审判程序
- 10.3.6 民事诉讼的执行

10.3.1 民事诉讼的法院管辖

【民事诉讼管辖（去哪里告?）】

包括：级别管辖、地域管辖、移送管辖和指定管辖等。

◆考法 1：级别管辖

【级别管辖】

是确定各级人民法院之间审理第一审民事案件的分工和权限的管辖制度。

表 10.3-1 级别管辖

基层人民法院	第一审民事案件由基层法院管辖，除法律另有规定
中级人民法院	（1）重大涉外案件； （2）在本辖区有重大影响的案件； （3）最高法院确定由中院管辖
高级人民法院	在本辖区有重大影响的第一审民事案件

备注：所谓"重大"案件，根据案件性质、争议金额、繁简程度、影响范围等因素确定

【例题 1·2023 年二级真题·单选题】关于民事诉讼级别管辖的说法，正确的是（　）。

A. 划分同级人民法院之间审判第一审民事案件的分工和权限

B. 各地人民法院确定的级别管辖争议标的数额标准是相同的

C. 群体性纠纷案件，一般由中级人民法院管辖

D. 主要根据案件的性质、影响和诉讼标的金额等确定

【答案】D

【解析】选项 A 指地域管辖。选项 B 错误，《最高人民法院关于调整中级人民法院管辖第一审民事案件标准的通知》（法发〔2021〕27 号）对应由中院、高院管辖的第一审民事案件的具体标准作了规定。选项 C 错误，《民事诉讼法》第 18 条规定，基层人民法院管辖第一审民事案件，但本法另有规定的除外。这意味着，除非案件具有特殊的性质或影响，一般的民事案件，包括群体性纠纷案件，由基层法院进行初审。此外，基层人民法院与社区联系更紧密，更了解当地情况，因此在处理群体性纠纷案件时可能更具优势。且基层法院通常更便于当事人参加诉讼，也有助于提高司法效率。因此，群体性纠纷案件通常由基层法院管辖。

表 10.3-2　各地人民法院确定的级别管辖争议标的数额标准

法院级别	双方当事人住所地均在，或者均不在本省	一方当事人住所地在本省，另一方不在
高院	≥50 亿元	≥50 亿元
中院	≥5 亿元	≥1 亿元
基层	<5 亿元	<1 亿元

◆考法 2：地域管辖

【地域管辖】

是按照法院辖区来确定同级法院之间受理第一审民事案件的分工和权限的一种管辖制度。

表 10.3-3　地域管辖

一般地域管辖	"原告就被告"，由被告住所地法院管辖
例外规则	（1）对不在中国境内居住的人、下落不明的人提起身份关系诉讼； （2）对被监禁的人提起诉讼。实行"被告就原告"，由原告住所地管辖
特殊地域管辖 1（合同诉讼管辖）	因合同纠纷提起的诉讼，由被告住所地或合同履行地法院管辖
特殊地域管辖 2（专属管辖）	（1）因不动产纠纷提起的诉讼，由不动产所在地法院管辖。 不动产纠纷并非与不动产有关的一切纠纷，而是指因不动产的"权利确认、分割、相邻关系"等引起的"物权纠纷"。 农村土地承包经营合同纠纷、房屋租赁合同纠纷、建设工程施工合同纠纷、政策性房屋买卖合同纠纷，按照不动产纠纷确定管辖。 简记为：不动产物权＋4 类不动产合同。 不动产已经登记的，由不动产登记地法院管辖；未登记的，由不动产实际所在地法院管辖。 （2）因港口作业纠纷提起的诉讼，由港口所在地法院管辖。 （3）因继承遗产纠纷提起的诉讼，由被继承人死亡时住所地或者主要遗产所在地法院管辖
特殊地域管辖 3	因侵权行为提起的诉讼，由侵权行为地或者被告住所地人民法院管辖

协议管辖	合同或其他财产权益纠纷的当事人可以协议选择被告住所地、合同履行地、原告住所地、合同签订地、标的物所在地等与争议有实际联系的地点的人民法院管辖，但不得违反级别管辖和专属管辖。 协议管辖应采用书面形式，仅适用于第一审程序

【例题 2·多选题】地域管辖是以法院与（　　）之间的隶属关系和关联关系来确定。

A. 当事人

B. 诉讼争议金额

C. 标的物

D. 法律事实

E. 案件影响力

【答案】A、C、D

【解析】选项 B、E 是确定级别管辖的的条件。

◆ 考法 3：一般地域管辖

【例题 3·单选题】根据《民事诉讼法》，确定被告住所地的做法，正确的是（　　）。

A. 被告是公民的，其户籍所在地与经常居住地不一致的，由户籍所在地法院管辖

B. 公民的经常居住地是指起诉前连续居住满 2 年的地方，但公民住院就医的除外

C. 被告是法人或其他组织的，其住所地为注册登记地

D. 同一诉讼的几个被告住所地、经常居住地在两个以上人民法院辖区的，各该人民法院都有管辖权

【答案】D

【解析】《民事诉讼法》第 22 条规定，对公民提起的民事诉讼，由被告住所地人民法院管辖。被告住所地与经常居住地不一致的，由"经常居住地"人民法院管辖。公民的住所地是经常居住地（离开住所地至起诉时连续住满 1 年的地方）。法人或者非法人组织的住所地是指法人或者非法人组织的主要办事机构所在地，主要办事机构所在地不能确定的，以注册地或登记地为住所。

◆ 考法 4：特殊地域管辖 1：合同诉讼的管辖

【例题 4·多选题】民事诉讼特殊地域管辖中，合同当事人对履行地点没有约定时，关于履行地确定的说法正确的有（　　）。

A. 交付不动产时，不动产所在地为合同履行地

B. 争议标的为给付货币的，给付货币一方所在地为合同履行地

C. 即时结清的合同，标的物所在地为合同履行地

D. 其他标的，履行义务一方所在地为合同履行地

E. 合同没有实际履行的，当事人双方住所地为合同履行地

【答案】A、D

【解析】合同履行地的确定，常常成为管辖争议的焦点。《民诉法解释》对以下几种情形的合同履行地的确定做了解释。合同约定履行地点的，以约定的履行地点为合同履行

地。合同对履行地点没有约定或者约定不明确，① 争议标的为给付货币的，"接收"货币一方所在地为合同履行地；② 交付不动产的，不动产所在地为合同履行地；③ 其他标的，"履行义务"一方所在地为合同履行地。即时结清的合同，"交易行为地"为合同履行地。合同没有实际履行，当事人双方住所地都不在合同约定的履行地的，由被告住所地人民法院管辖。

◆ **考法 5：特殊地域管辖 2：专属管辖**

【例题 5·2024 年二级真题·单选题】建设工程施工合同纠纷的管辖法院是（　　）。

　　A. 建设工程所在地人民法院　　　　B. 发包人住所地人民法院

　　C. 承包人住所地人民法院　　　　　D. 发包人和承包人约定的人民法院

【答案】A

【例题 6·多选题】以下适用民事诉讼专属管辖的包括（　　）。

　　A. 不动产纠纷　　　　　　　　　　B. 合同纠纷

　　C. 港口作业纠纷　　　　　　　　　D. 侵权纠纷

　　E. 继承遗产纠纷

【答案】A、C、E

◆ **考法 6：协议管辖**

【例题 7·2023 年二级真题·多选题】根据《民事诉讼法》，合同纠纷的当事人可以书面协议选择管辖的法院有（　　）。

　　A. 被告住所地　　　　　　　　　　B. 合同履行地

　　C. 合同签订地　　　　　　　　　　D. 第三人住所地

　　E. 原告住所地

【答案】A、B、C、E

【例题 8·单选题】甲市的施工单位与乙市的供应单位就位于丙市的某污水处理项目订立供货合同，合同在丁市签订，并约定合同发生争议，在丁市起诉。工程完工后，因货款纠纷供应单位提起诉讼。则关于本案管辖说法正确的是（　　）。

　　A. 可以在甲市或丙市起诉　　　　　B. 只能在丙市起诉

　　C. 只能在丁市起诉　　　　　　　　D. 可以选择在甲、乙、丙、丁市起诉

【答案】C

【解析】本案中，双方在供货合同中约定在合同签订地法院起诉，合法有效，因此，只能在该法院起诉。

◆ **考法 7：移送管辖、指定管辖**

【管辖权争议处理】

表 10.3-4　管辖权争议处理

移送管辖	法院发现受理的案件不属于本院管辖的，应当裁定移送有管辖权的法院，受移送的法院应当受理。 受移送法院认为案件也不属于本院管辖的，应当报请上级法院指定管辖，不得再自行移送（简记为：皮球只能踢一次）

指定管辖	有管辖权的法院，因特殊原因自己不能行使管辖权的，由上级法院指定管辖。 法院之间因管辖权发生争议，由争议双方协商解决；协商解决不了的，报请它们的共同上级法院指定管辖
管辖权并存	两个以上法院都有管辖权的诉讼，原告可以向其中任何一个法院起诉；原告向两个以上有管辖权的法院都起诉的，由最先立案的法院管辖
管辖权异议	法院受理后，当事人对管辖权有异议，应当在提交答辩状期间（首次开庭前）提出。异议成立，法院裁定将案件移送有管辖权的法院；异议不成立的，裁定驳回。当事人未提出异议而应诉答辩或反诉的，视为受诉法院有管辖权（一般规则），但违反级别管辖和专属管辖的除外（例外规则）

【例题9·单选题】关于人民法院管辖权的说法，正确的是（　　）。

A. 原告向两个以上有管辖权的人民法院起诉的，由最先受理的人民法院管辖

B. 有管辖权的人民法院由于特殊原因，不能行使管辖权的，移送上级人民法院直接管辖

C. 两个以上人民法院都有管辖权的诉讼，原告可以向其中一个人民法院起诉

D. 人民法院之间因管辖权发生争议，报请共同上级人民法院直接管辖

【答案】C

【解析】选项A错误，两个以上人民法院都有管辖权的诉讼，原告可以向任一法院起诉，由最先立案的法院管辖；选项B错误，有管辖权的人民法院由于特殊原因，不能行使管辖权的，由上级人民法院指定管辖；选项D错误，人民法院之间因管辖权发生争议，由争议双方协商解决，协商解决不了的，报请其共同上级人民法院指定管辖。

◆ 考法8：管辖权异议

【例题10·单选题】关于民事诉讼管辖权异议的说法，正确的是（　　）。

A. 当事人未提出管辖异议，并应诉答辩的，视为受诉人民法院有管辖权，但违反级别管辖和专属管辖规定的除外

B. 人民法院受理案件后，当事人对管辖权有异议的，可以在诉讼进行的任何阶段提出

C. 人民法院审查后，认为异议成立的，判决将案件移送有管辖权的人民法院

D. 对人民法院就级别管辖异议作出的裁定，当事人不得上诉

【答案】A

【解析】选项C错在"判决"移交，应该是"裁定"移交。法院判决，是实体问题，是针对当事人权益的处分（判决被告赔偿原告2万元，判决被告向原告赔礼道歉，判决本案诉讼费用原告、被告各承担一半）。裁定是针对程序问题（裁定驳回起诉，裁定先予执行财产保全，裁定案件移交等等）。一个案件，可能有多个裁定，但一定只有一个判决。当事人对一审判决不服的，15日内上诉；对法院裁定不服的，10日内上诉。

10.3.2　民事审判组织、诉讼参加人

【民事诉讼当事人（谁可以告？告谁？）与代理人】

表10.3-5　民事诉讼当事人与代理人

当事人	原告、被告、共同诉讼人、第三人
诉讼代理人（1~2名）	（1）律师、基层法律服务工作者； （2）自然人当事人的近亲属或者单位当事人的员工； （3）当事人所在社区、单位以及有关社会团体推荐的公民。 （简记为：律师代理＋公民代理）
一般代理	参加法庭辩论、代提交、代签收法律文书等
特别代理	（1）代为承认、放弃、变更诉讼请求； （2）进行和解； （3）代为提起反诉或者上诉。
注意	仅注明"全权代理"未作具体授权的，视为一般代理

【例题1·多选题】根据《民事诉讼法》，下列人员中，属于民事诉讼当事人的有（　　）。

A. 原告　　　　　　　　　　B. 被告

C. 鉴定人　　　　　　　　　D. 第三人

E. 审判员

【答案】A、B、D

◆ **考法1：共同诉讼**

表10.3-6　共同诉讼

	普通共同诉讼	必要共同诉讼
概念	当事人一方或双方为两人以上，诉讼标的同种类，并经当事人同意，法院认为可以合并审理	当事人一方或者双方为两人以上，诉讼标的同一，法院必须合并审理并且在裁判中对诉讼标的合一确定
特征	诉讼标的同种类，可分之诉，可以合并审理	诉讼标的同一，不可分之诉，必须合并审理
内部关系	各共同诉讼人之间行为独立，其中一人的诉讼行为对其他共同诉讼人不发生效力	其中一人诉讼行为经其他共同诉讼人承认，对其他共同诉讼人发生效力

特别注意：

（1）普通共同诉讼有多个诉讼标的，其本质是若干独立可分之诉，法院主要出于同案同判和提高效率考虑将案件合并审理，经当事人同意，可以合并审理，并分别判决；

（2）必要共同诉讼基于同一个诉讼标的，其本质是一个诉讼，法院必须合并审理，并合一判决；

（3）普通共同诉讼的合并审理是将若干诉讼标的合并，是诉的客体的合并；必要共同诉讼的合并审理是将若干当事人合并，是诉的主体的合并。

【例题 2·多选题】甲向工商银行某支行借款 100 万元，乙承担连带保证责任，甲到期未能归还借款，银行向法院起诉甲乙二人，要求其履行债务，以下说法正确的是（　　）。

　　A. 本案属于诉的主体的合并　　　　B. 本案属于诉的客体的合并

　　C. 本案属于必要共同诉讼　　　　D. 本案属于普通共同诉讼

　　E. 银行只能对甲、乙分别起诉，法院不得合并审理

【答案】A、C

【解析】本案中，甲、乙二人一同被银行起诉，将甲乙两个当事人合并到同一事实程序中的情况属于诉的主体合并。且乙承担的是连带保证责任，甲、乙二人为必要的共同诉讼人。

　◆**考法 2：第三人**

【有独三】

　　对当事人双方的诉讼标的，第三人认为有独立请求权的，有权提起诉讼。

【无独三】

　　对当事人双方的诉讼标的，第三人虽然没有独立请求权，但案件处理结果同他有法律上的利害关系的，可以申请参加诉讼，或者由人民法院通知他参加诉讼。

【例题 3·单选题】关于民事诉讼中第三人，说法正确的是（　　）。

　　A. 第三人属于狭义的民事诉讼当事人

　　B. 人民法院判决承担民事责任的第三人，有当事人的诉讼权利和义务

　　C. 对当事人双方的诉讼标的，第三人认为有独立请求权的，只能参加诉讼，不得提起诉讼

　　D. 对当事人双方的诉讼标的，第三人虽然没有独立请求权，但案件处理结果同他有法律上的利害关系的，只能由人民法院通知其参加诉讼

【答案】B

　◆**考法 3：诉讼代理人**

【例题 4·2024 年二级真题·多选题】张某与甲建筑公司发生劳务纠纷，准备起诉甲公司。根据《民事诉讼法》，下列人员中，可以作为张某诉讼代理人的有（　　）。

　　A. 其在中学工作的同学

　　B. 其做公务员的邻居

　　C. 其所在街道的基层法律服务工作者

　　D. 其从事送外卖工作的哥哥

　　E. 其在甲公司工作的工友

【答案】C、D

【解析】自然人张某的近亲属 D 可以作为诉讼代理人，选项 E 只能作为甲公司的诉讼代理人，不能作为张某的诉讼代理人。所以要深刻理解"诉讼代理人可以是自然人当事人的近亲属或者单位当事人的员工"这句话的含义。

【例题 5·单选题】民事诉讼活动中，诉讼代理人代为承认、放弃、变更诉讼请求的，

必须有委托人的授权，该授权属于（　　　　）。

　　A. 一般授权　　　　　　　　　　B. 特别授权

　　C. 无条件授权　　　　　　　　　D. 全面授权

【答案】B

【例题6·单选题】关于民事诉讼代理的表述中，正确的是（　　　　）。

　　A. 当事人可以委托其亲友担任诉讼代理人

　　B. 建设行政主管部门、法官可向当事人推荐诉讼代理人

　　C. 当事人委托诉讼代理人，应当向法院提交其签字盖章的授权委托书并注明代理权限

　　D. 诉讼代理人"全权代理"诉讼时，可以代为和解或变更诉讼请求

【答案】C

10.3.3　民事诉讼证据的种类、保全和应用

◆考法1：证据种类

【证据种类】

民事诉讼证据共8种，包括：当事人的陈述、书证、物证、视听资料、电子数据、证人证言、鉴定意见、勘验笔录。

【例题1·多选题】当事人提交给法院的以下材料中，不属于民事诉讼证据的有（　　　　）。

　　A. 建筑工程法规　　　　　　　　B. 建筑材料检验报告

　　C. 工程竣工验收现场录像　　　　D. 双方往来的电子邮件

　　E. 代理意见

【答案】A、E

【解析】证据是摆事实而不是讲道理；选项B属于书证，选项C属于视听资料，选项D属于电子数据。

◆考法2：证据证明责任

【证明责任】

当事人对自己主张的事实负有证明责任（"谁主张谁证明"，一般规则），但法律另有规定的除外（例外规则）。

一方陈述，对方认可的，无须证明。有争议才需要证明。

【其他无须证明事项】

（1）自然规律以及定理、定律；

（2）众所周知的事实；

（3）根据法律规定推定的事实；

（4）根据已知事实和日常生活经验法则推定出的另一事实；

（5）已生效的法院判决书和仲裁裁决书中所确认的事实，但当事人有证据足以推翻的除外；

（6）已为有效公证文书所证明的事实，但当事人有证据足以推翻的除外。

【例题2·单选题】民事诉讼中，当事人对自己主张的事实，需要提供证据证明的是（　　）。

　　A．一方当事人进行陈述，对方当事人明确否认的

　　B．自然规律或众所周知的事实

　　C．根据已知事实和日常生活经验法则可以推知的事实

　　D．已为生效法院判决书、仲裁裁决书、公证文书确认的事实

【答案】A

◆考法3：证据的认定

【质证】

证据应当在法庭上出示，由"当事人"围绕着证据的"真实性、合法性、关联性"互相质证（一般规则）。涉及国家秘密、商业秘密、个人隐私的证据，不得公开质证（例外规则）。未经质证的证据，不得作为定案的根据。

书证应当提交原件，物证应当提交原物（一般规则）。确有困难的，法院也可以准许提供经核对无误的复制品、照片、副本、节录本（例外规则）。

证人应当出庭作证（一般规则）。确有困难的，可以视频在线作证（例外规则）。

当事人对鉴定意见有异议的，鉴定人应当出庭作证。

【例题3·2024年二级真题·单选题】下列人员中，不能作为民事诉讼的证人作证的是（　　）。

　　A．因健康原因不能出庭的

　　B．因路途遥远，交通不便不能出庭的

　　C．不能正确表达意思的

　　D．因自然灾害等不可抗力不能出庭的

【答案】C

【解析】选项A、B、D指的是经人民法院许可，可以通过书面证言、视听传输技术或者视听资料等方式作证的证人。

10.3.4　民事诉讼时效

【民事诉讼时效概念（什么时间告？）】

（1）超过诉讼时效，权利人仍可以起诉，人民法院不得主动释明／主动适用诉讼时效的规定；债务人提出诉讼时效抗辩的，人民法院经过审理，确认债权人的请求已经超过诉讼时效的，判决驳回其诉讼请求。

（2）诉讼时效法定，因此当事人约定延长、缩短诉讼时效，或对诉讼时效利益的预先放弃，均为无效。

（3）诉讼时效期间届满，权利人的实体权利仍然存在，所以义务人同意履行的，不得以诉讼时效期间届满为由抗辩；义务人已经自愿履行的，不得请求返还。（不得反悔）

表 10.3-7　民事诉讼时效概念

一般规则 （普通诉讼时效）	例如工程款拖欠，3 年。 从权利人知道或应当知道其权利受到损害之日起计算
例外规则 （特殊诉讼时效）	例如国际货物买卖合同和技术进出口合同，4 年
最长保护期限	从权利实际被侵害之日起超过 20 年的，法院不予保护 知道被侵害 ↓ 3年诉讼时效 20年权利保护期 ↑ 实际被侵害
排除规则 （不适用诉讼时效）	（1）请求停止侵害、排除妨碍、消除危险； （2）不动产物权和经过登记的动产物权的权利人请求返还财产； （3）请求支付抚养费、赡养费或扶养费； （4）其他（存款、债券、出资缴付请求权等）

【几个关键点】

表 10.3-8　诉讼时效与除斥期间的区别

一	诉讼时效	除斥期间
前提	债权请求权	合同单方解除权、可撤销合同撤销权、保证期间、承包人优先受偿权
期间	由法律明文规定	法律规定，或法律授权当事人约定
	可变期间（可以依法中止、中断、延长）	不变期间（不可中止、中断、延长）
适用	法院不主动释明，也不主动适用，须债务人提出后方审查是否超过	无需当事人提出，法院主动审查适用
后果	超过诉讼时效，债权人无法胜诉。 但债权本身依然存在，变成"自然权利"而已	超过除斥期间，解除权、撤销权、优先权等消灭。当事人以后无权再主张

【诉讼时效中止和中断】（简记为：不能请求导致中止，提出请求导致中断）

表 10.3-9　诉讼时效中止和中断

一	事由		特征	限制
时效中止（Pause）	不可抗力	客观的	不能请求	仅适用于诉讼时效届满前最后 6 个月
	其他外力阻碍			
时效中断（Replay）	起诉或仲裁	主观的	提出请求	—
	债权人请求履行			
	债务人同意履行			

【例题 1·单选题】根据《民法典》，关于民事诉讼时效，说法正确的是（　　）。

　　A. 超过诉讼时效期间，权利人不得提起诉讼

　　B. 不动产或经过登记的动产，权利人请求返还财产的，诉讼时效最长为 20 年

　　C. 普通民事诉讼时效为 3 年

　　D. 当事人约定工程款按进度分期支付的，诉讼时效应当自每一期履行期限届满之日起分别计算

【答案】C

【解析】当事人约定同一债务分期履行的，诉讼时效期间自最后一期履行期限届满之日起计算，如施工合同项下工程款的分期支付。

【例题 2·2024 年二级真题·单选题】在诉讼时效期间的最后 6 个月内，能够导致诉讼时效中止的是（　　）。

　　A. 权利人向义务人提出履行请求　　B. 义务人同意履行义务

　　C. 权利人提起诉讼或者申请仲裁　　D. 不可抗力

【答案】D

【解析】选项 A、B、C 均为诉讼时效中断的情形，从中断、有关程序终结时起，诉讼时效期间重新计算。且诉讼时效中断不限于诉讼时效期间的最后 6 个月内。

【例题 3·2024 年二级真题·单选题】甲建设单位拖欠乙施工企业工程款，乙发函催告甲付款，乙的催告行为产生的法律效果是（　　）。

　　A. 诉讼时效的中止　　　　　　　　B. 诉讼时效的延长

　　C. 诉讼时效的中断　　　　　　　　D. 改变法定时效期间

【答案】C

10.3.5　民事诉讼的审判程序

◆考法 1：起诉条件（能不能告?）

表 10.3-10　起诉条件

起诉条件	反例
原告与本案有直接利害关系	（1）网红认为作家作品伤害民族感情，代表 14 亿人起诉要求赔偿； （2）劳务分包单位"20 名工人"以自己名义起诉总包单位，要求支付拖欠的"劳务作业款"300 万元
有明确的被告	发现卫生间被暗藏摄像头，但不知道是谁装的
有具体的诉讼请求、事实和理由	（1）认为自己有损失，但不确定自己损失了多少； （2）工程量纠纷，不认可上家单位的计量，但也不清楚自己究竟干了多少活
属于法院受理范围和管辖范围	（1）父母起诉儿女要求"常回家看看"； （2）恋爱分手等感情纠纷； （3）某女因整容失败，起诉要求"枪毙主治医生"

【例题 1·单选题】根据《民事诉讼法》，以下起诉符合条件，法院应当受理的是（　　）。

A. 某项目施工中不慎损坏一座高僧墓，现已修复，但高僧生前弟子们仍起诉施工企业，要求精神损害赔偿

B. 王某路过一个高层住宅，不知道哪个窗口飞出一个烟灰缸将他砸得头破血流，王某起诉二楼以上共 30 户住户

C. 甲乙合伙做工程，约定各占项目一半股份。后来甲表示项目亏损，乙起诉甲要求"按项目利润 50% 分成"

D. 劳务分包赵某在工作群里跟另一分包"亮剑"吵架被踢出群，起诉要求"重新加群，亮剑在群里公开道歉"

【答案】B

【例题 2·2023 年二级真题·多选题】根据《民事诉讼法》，起诉必须符合的条件有（　　）。

A. 有完整的证据目录和证据材料

B. 有具体的诉讼请求和事实、理由

C. 有明确的被告

D. 原告是与本案有直接利害关系的公民、法人和其他组织

E. 属于人民法院受理民事诉讼的范围和受诉人民法院管辖

【答案】B、C、D、E

◆考法 2：诉讼中止和终结

表 10.3-11　诉讼中止和终结

诉讼中止（暂停，待中止情形消失后恢复审理）	诉讼终结（结束审理）
（1）一方当事人死亡，需要等待继承人表明是否参加诉讼的； （2）一方当事人丧失诉讼行为能力，尚未确定法定代理人的； （3）作为一方当事人的法人或者其他组织终止，尚未确定权利义务承受人的； （4）一方当事人因不可抗拒的事由，不能参加诉讼的； （5）本案必须以另一案的审理结果为依据，而另一案尚未审结的； （6）其他	（1）原告死亡，没有继承人，或者继承人放弃诉讼权利的； （2）被告死亡，没有遗产，也没有应当承担义务的人的； （3）离婚案件一方当事人死亡的； （4）追索赡养费、扶养费、抚养费以及解除收养关系案件的一方当事人死亡

【例题 3·2024 年二级真题·多选题】下列情形中，应当中止民事诉讼程序的有（　　）。

A. 原告死亡，继承人放弃诉讼权利的

B. 作为一方当事人的法人终止，尚未确定权利义务承受人的

C. 一方当事人死亡，需要等待继承人表明是否参加诉讼的

D. 离婚案件一方当事人死亡的

E. 被告死亡，没有遗产，也没有应当承担义务的人的

【答案】B、C

【解析】选项 A、D、E 为诉讼终结的情形。

【法院受理和立案】

法院对符合条件的起诉，受理并立案后，根据不同情形，依法确定审理程序、审判组织、审理方式。

$$受理案件\begin{cases}普通程序\begin{cases}合议制\\独任制（基层法院＋事实清楚、权利义务关系明确）\end{cases}\begin{matrix}6个月＋6个月，\\可上诉\end{matrix}\\简易程序—独任庭\begin{cases}小额诉讼程序（2个月＋1个月，一审终审）\\非小额诉讼程序（3个月＋1个月，可以上诉）\end{cases}\end{cases}$$

◆ **考法 3：民事审判组织之合议制**

【民事审判组织：合议制、独任制】

【排除适用独任制的情形（应组成合议庭审理的案件）】

（1）涉及国家利益、社会公共利益的案件；

（2）涉及群体性纠纷，可能影响社会稳定的案件；

（3）人民群众广泛关注或者其他社会影响较大的案件；

（4）属于新类型或者疑难复杂的案件；

（5）法律规定应当组成合议庭审理的案件；

（6）其他。

简记为：大案、要案、新案、疑难案件，只能合议庭。合议庭评议案件，实行少数服从多数的原则。评议应当制作笔录，由合议庭成员签名。评议中的不同意见，必须如实记入笔录。

【例题 4·多选题】 人民法院审理第一审民事案件，合议庭的组成可以是下列哪一种形式（　　）。

A. 三名陪审员　　　　　　　　B. 一名陪审员，两名审判员

C. 两名陪审员，一名审判员　　D. 三名审判员

E. 两名陪审员，两名审判员

【答案】 B、C、D

【解析】 合议制是由审判员、人民陪审员共同组成合议庭或者由审判员组成合议庭进行审理的审判组织形式。合议庭的成员人员，必须是单数。

【例题 5·单选题】 以下民事案件中，不得由审判员一人独任审理的是（　　）。

A. 疑难复杂的案件　　　　　　B. 群体性纠纷案件

C. 第二审民事案件　　　　　　D. 依简易程序审理的案件

【答案】 A

【解析】 选项 B 表述不完整，缺少"可能影响社会稳定的案件"，选项 C 错误，中级人民法院对第一审适用简易程序审结或者不服裁定提起上诉的，事实清楚、权利义务关系明确，经双方当事人同意的第二审民事案件适用于独任制。

◆ 考法 4：民事审判组织之回避制度

【回避制度】

回避制度，是指在民事诉讼活动中，审判人员及其他有关人员与正在审理的案件有利害关系时，应当依法退出案件审理的制度。

【适用的对象】

参与本案审理的审判人员、法官助理、书记员、司法技术人员、翻译人员、鉴定人、勘验人。

【自行回避 vs 申请回避】

表 10.3-12　自行回避 vs 申请回避

自行回避（法定原因）	申请回避（审判人员不正当行为）
（1）是本案当事人或者当事人近亲属的； （2）本人或者其近亲属与本案有利害关系的； （3）担任过本案的证人、鉴定人、辩护人、诉讼代理人、翻译人员的； （4）是本案诉讼代理人近亲属的； （5）本人或者其近亲属持有本案非上市公司当事人的股份或者股权的； （6）与本案当事人或者诉讼代理人有其他利害关系，可能影响公正审理的	（1）接受本案当事人及其受托人宴请，或者参加由其支付费用的活动的； （2）索取、接受本案当事人及其受托人财物或者其他利益的； （3）违反规定会见本案当事人、诉讼代理人的； （4）为本案当事人推荐、介绍诉讼代理人，或者为律师、其他人员介绍代理本案的； （5）向本案当事人及其受托人借用款物的； （6）有其他不正当行为，可能影响公正审理的

【回避申请方式】

口头、书面均可，应说明理由。

【回避申请时间】

在法庭辩论终结前提出。

【回避决定】

（1）院长的回避由审委会决定；

（2）审判人员的回避由院长决定；

（3）其他工作人员的回避由审判长或独任审判员决定。

【回避救济】

申请人不服，可复议一次。（复议期间不停止工作）

【例题 6·多选题】为保证案件的公正处理，根据《民事诉讼法》，审判人员以及下列工作人员中（　　）若与审理的案件有利害关系，应当回避。

　　A. 出庭的证人　　　　　　　　　B. 原被告的诉讼代理人

　　C. 法官助理、书记员　　　　　　D. 司法技术人员、勘验人、鉴定人

　　E. 法院翻译人员

【答案】C、D、E

【例题 7·单选题】下列关于回避的说法，正确的是（　　）。

　　A. 法院院长的回避，由上级人民法院决定

　　B. 审判人员的回避，由审判委员会决定

C. 审判长的回避，由法院院长决定

D. 书记员、翻译人员的回避，由审判委员会决定

【答案】C

【例题 8 · 单选题】孙某起诉朱某借款合同一案，朱某得知人民陪审员唐某私下会见孙某代理律师李某，故申请唐某回避，以下说法正确的是（　　）。

A. 人民陪审员唐某的回避由审判委员会决定

B. 人民陪审员唐某就回避决定申请复议

C. 朱某应在法院判决前提出对唐某的回避申请

D. 朱某申请回避必须说明理由

【答案】D

◆ 考法 5：民事审判组织之公开审判制度

表 10.3-13　民事审判组织之公开审判制度

—	审理过程	判决结果	裁判文书
一般规则	公开	公开宣告	公众可查阅
例外规则 1	涉及国家秘密、个人隐私的，法定不公开	公开宣告	涉及国家秘密、商业秘密和个人隐私的内容，不可查阅
例外规则 2	离婚案件、涉及商业秘密的案件，依申请不公开	公开宣告	

法院审判 vs 法院调解			
—	调解过程	调解结果	法院调解书
一般规则	不公开	不公开	公众不可查阅
例外规则	涉及国家利益、公共利益、第三人利益，法院认为需要公开的，可以公开		

【例题 9 · 单选题】关于民事案件开庭审理的说法，正确的是（　　）。

A. 除涉及国家秘密、商业秘密或者个人隐私的案件外人民法院均应当公开审理

B. 原告无正当理由拒不到庭的，人民法院应当缺席判决

C. 人民法院对公开审理或者不公开审理的案件一律公开宣告判决

D. 人民法院宣判前，原告申请撤诉的，一律不予准许

【答案】C

【解析】选项 B 错误，原告经传票传唤，无正当理由拒不到庭的，或者未经法庭许可中途退庭的，可以按撤诉处理，被告反诉的，可以缺席判决。被告经传票传唤，无正当理由拒不到庭的，或者未经法庭许可中途退庭的，可以缺席判决。选项 D 错误，宣判前，原告申请撤诉的，是否准许，由人民法院裁定。人民法院裁定不准许撤诉的，原告经传票传唤，无正当理由拒不到庭的，可以缺席判决。

◆ 考法 6：普通程序、简易程序和小额诉讼程序

表 10.3-14　普通程序 vs 简易程序 vs 小额诉讼程序

一	适用		审判组织、审限
普通程序	是否适用普通程序，由法院决定		合议庭或独任庭 ≤6 个月＋6 个月
简易程序	【法定简易程序】基层法院（及其派出法庭）审理事实清楚、权利义务关系明确、争议不大的简单的民事案件		可以口头起诉； 审判员一人独任审理； ≤3 个月＋1 个月
	【约定简易程序】当事人可以约定适用		
简易程序之 小额诉讼程序	【法定小额诉讼程序】标的额≤50% 本省份上年度平均工资		可以口头起诉； 审判员一人独任审理； ≤2 个月＋1 个月； 一审终审，不得上诉
	【约定小额诉讼程序】50% 本省份上年度平均工资≤标的额≤2 倍本省份上年度平均工资，双方可约定适用		
排除适用 小额诉讼程序	（1）人身关系、财产确权案件； （2）涉外案件； （3）需要评估、鉴定或者对诉前评估、鉴定结果有异议的案件； （4）一方当事人下落不明的案件； （5）对方当事人提出反诉的案件； （6）其他		

【例题 10·2023 年二级真题·单选题】关于小额诉讼程序的说法，正确的是（　　）。

　　A. 小额诉讼程序适用于审理事实清楚、权利义务关系明确、争议不大的简单金钱给付民事案件

　　B. 小额诉讼程序是普通程序的一种

　　C. 小额诉讼程序适用于标的额为全国上年度就业人员年平均工资 50% 以下的案件

　　D. 小额诉讼程序实行两审终审

【答案】A

【例题 11·2024 年二级真题·多选题】下列不适用小额诉讼程序的有（　　）。

　　A. 涉外案件　　　　　　　　　　B. 有反诉要求

　　C. 需要鉴定的内容　　　　　　　D. 不适宜简易程序的

　　E. 财产确权的

【答案】A、B、C、E

◆ 考法 7：二审程序

【两审终审制度】

表 10.3-15　两审终审制度

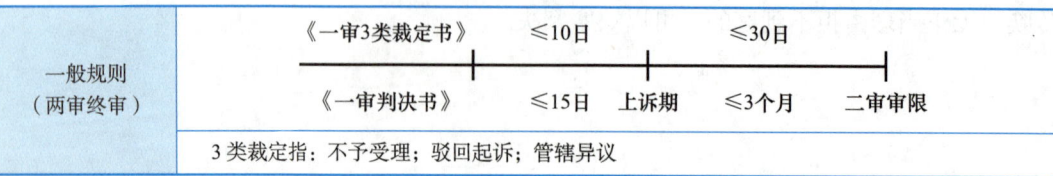

一般规则 （两审终审）	《一审3类裁定书》　≤10日　　　≤30日 《一审判决书》　≤15日　上诉期　≤3个月　二审审限
	3 类裁定指：不予受理；驳回起诉；管辖异议

294

例外规则 （一审终审）	（1）最高人民法院的一审判决、裁定，为终审； （2）适用特别程序的案件（例如司法确认调解协议案件；实现担保物权案件等），一审终审； （3）小额诉讼程序，一审终审

表 10.3-16　二审法院审理结果

事实	适用法律	审理结果
清楚	正确	以判决、裁定方式驳回上诉，维持原判决、裁定
错误	—	以判决、裁定方式依法改判、撤销或变更
—	错误	
基本事实不清	—	裁定撤销原判决，发回原审法院重审；或查清事实后改判
遗漏当事人或违法缺席判决等严重违反法定程序		裁定撤销原判决，发回原法院重审

注：对于发回原审法院重审的案件，原审法院仍将按照一审程序进行审理。因此，当事人对重审案件的判决、裁定，仍然可以上诉。原审人民法院对发回重审的案件作出判决后，当事人提起上诉的，第二审人民法院不得再次发回重审。（即：为提高审判效率，发回重审只能一次）

【例题 12·2022 年二级真题·多选题】 关于民事诉讼第二审程序的说法，正确的有（　　）。

　　A. 第二审人民法院作出的具有给付内容的判决，具有强制执行力

　　B. 第二审人民法院审理对裁定的上诉案件，审限为 3 个月

　　C. 当事人提起上诉的，上诉状应当直接向第二审人民法院提出

　　D. 原审法院对发回重审的案件作出判决后，当事人提起上诉的，第二审人民法院不得再次发回重审

　　E. 第二审人民法院对上诉案件，可以由审判员独任审理

【答案】 A、D

【解析】 选项 B 错误，第二审人民法院审理对判决的上诉案件，审限为 3 个月；审理对裁定的上诉案件，审限为 30 日。选项 C 错误，上诉状应当通过原审人民法院提出，并按照对方当事人或者代表人的人数提出副本。当事人直接向第二审人民法院上诉的，第二审人民法院应当在 5 日内将上诉状移交原审人民法院。选项 E 不建议选，第二审人民法院对于上诉案件，通常应当组成合议庭进行审理。然而，第一审适用简易程序审理结案的案件，或者不服民事裁定的案件提起上诉的，如果事实清楚、权利义务关系明确，经双方当事人同意的第二审民事案件才可由审判员一人独任审理。

【例题 13·2024 年二级真题·单选题】 以下实行二审终审的民事案件是（　　）。

　　A. 小额诉讼案件　　　　　　　　　B. 实现担保物权的案件

　　C. 司法确认调解协议的案件　　　　D. 建设工程施工合同案件

【答案】 D

10.3.6　民事诉讼的执行

◆ **考法 1：执行依据、执行申请、执行管辖**

【执行依据】

（1）人民法院作出的判决书、裁定书和调解书；

（2）仲裁机构作出的裁决书和调解书；

（3）公证机关依法赋予强制执行效力的债权文书。

【执行申请】

申请执行的期间为 2 年。申请执行时效的中止、中断，适用法律有关诉讼时效中止、中断的规定。

【执行管辖】

表 10.3-17　执行案件的管辖

执行依据	执行法院
生效法院调解、判决	一审法院或（同级的）被执行财产所在地法院
生效仲裁调解、裁决	被执行人住所地或被执行财产所在地中级人民法院
经过司法确认的人民调解协议等	被执行人住所地或被执行财产所在地基层法院

【例题 1·2022 年二级真题·单选题】关于当事人申请执行人民法院作出的生效判决、裁定等的说法，正确的是（　　）。

　　A. 申请执行的期间为 3 年

　　B. 法律文书规定分期履行的，申请执行的期间从规定的最后一次履行期间的最后 1 日起计算

　　C. 人民法院自收到申请执行书之日起超过 6 个月未执行的，申请执行人可以向上一级人民法院申请执行

　　D. 对法律文书确定的行为义务的执行，执行法院自收到申请执行书之日起超过 6 个月未依法采取相应执行措施的，上一级人民法院应当决定由本院执行

【答案】C

【解析】选项 A 错误，申请执行的期间为 2 年；选项 B 错误，法律文书规定分期履行的，从规定的每次履行期间的最后 1 日起计算；选项 C 正确、D 错误，人民法院自收到申请执行书之日起超过 6 个月未执行的，申请执行人可以向上一级人民法院申请执行。上一级人民法院经审查，可以责令原人民法院在一定期限内执行，也可以决定由本院执行或者指令其他人民法院执行。

◆ **考法 2：执行中止和执行终结**

表 10.3-18　执行中止和终结

执行中止（pause）	执行终结（end）
申请人表示可以延期执行的	申请人撤销申请

执行中止（pause）	执行终结（end）
案外人对执行标的提出确有理由异议的	据以执行的法律文书被撤销
一方当事人死亡，需要等待继承人继承权利或承担义务的	被执行人死亡，无遗产可供执行，也无义务承担人
单位当事人终止，尚未确定权利义务承受人	追索赡养费、抚养费、抚育费的权利人死亡的
其他	被执行人因生活困难无力偿还借款，无收入来源，又丧失劳动能力

【例题 2·2022 年二级真题·多选题】下列民事案件执行过程中出现的情形中，人民法院应当裁定终结执行的有（　　）。

　　A. 据以执行的法律文书被撤销的

　　B. 案外人对执行标的提出确有理由异议的

　　C. 作为被执行人的公民死亡，无遗产可供执行，又无义务承担人的

　　D. 作为一方当事人的法人或者其他组织终止，尚未确定权利义务承受人的

　　E. 作为被执行人的公民因生活困难无力偿还借款，无收入来源，又丧失劳动能力的

【答案】A、C、E

【解析】选项 B、D 错误，这两个选项是执行中止的情形。

◆ 考法 3：执行回转

（1）执行回转，是对作为执行依据的法律文书确有错误而设立的补救制度，旨在恢复原状，维护当事人合法权益。

（2）根据《民事诉讼法》，执行完毕后，据以执行的判决、裁定和其他法律文书确有错误，被人民法院撤销的，如法院制作的先予执行裁定书、判决书、裁定书、调解书或仲裁裁决、公证债权文书等生效并执行完毕后因确有错误被依法撤销，对已被执行的财产，人民法院应当作出裁定，责令取得财产的人返还；拒不返还的，强制执行。

【例题 3·2024 年二级真题·多选题】民事判决执行完毕后，据以执行的判决确有错误被人民法院撤销，关于补救措施的说法，正确的有（　　）。

　　A. 已被执行的财产无法返还的，不再执行回转

　　B. 人民法院应当作出裁定，责令取得财产的人返还

　　C. 取得财产的人拒不返还的，强制执行

　　D. 应当提起执行异议之诉

　　E. 应当在判决被撤销后 6 个月内提出

【答案】B、C

【解析】选项 D 错误，执行异议之诉的期限是需要自裁定送达之日起的 15 日内向法院提起，而执行回转是执行完毕之后，所以不存在异议之诉。选项 E 错误，关于申请执行回转的期限，法律暂无明确规定，因此具体的时间点需要根据具体情况来确定。

10.4 行政复议制度

核 心 考 点 提 纲

　　10.4.1　行政复议范围
　　10.4.2　行政复议的申请、受理和决定

10.4.1　行政复议范围

表 10.4-1　行政复议范围

可以复议	不能复议
（1）对行政机关作出的行政处罚决定不服； （2）对行政机关作出的行政强制措施、行政强制执行决定不服； （3）申请行政许可，行政机关拒绝或者在法定期限内不予答复，或者对行政机关作出的有关行政许可的其他决定不服； （4）对行政机关作出的确认自然资源的所有权或者使用权的决定不服； （5）对行政机关作出的征收征用决定及其补偿决定不服； （6）对行政机关作出的赔偿决定或者不予赔偿决定不服； （7）对行政机关作出的不予受理工伤认定申请的决定或者工伤认定结论不服； （8）认为行政机关侵犯其经营自主权或者农村土地承包经营权、农村土地经营权； （9）认为行政机关滥用行政权力排除或者限制竞争； （10）认为行政机关违法集资、摊派费用或者违法要求履行其他义务； …… （13）认为行政机关不依法订立、履行或者违法变更、解除政府特许经营协议、土地房屋征收补偿协议等行政协议； （14）认为行政机关在政府信息公开工作中侵犯其合法权益	（1）国防、外交等国家行为； （2）行政法规、规章或者行政机关制定、发布的具有普遍约束力的决定、命令等规范性文件； （3）行政机关对行政机关工作人员的奖惩、任免等决定； （4）行政机关对民事纠纷作出的调解

　　【例题1·2024年二级真题·单选题】下列情形中，可以申请行政复议的是（　　　）。

　　　A. 行政机关对行政机关工作人员的奖惩决定

　　　B. 行政机关对民事纠纷作出的调解

　　　C. 行政机关制定的具有普遍约束力的决定

　　　D. 认为行政机关侵犯其经营自主权

　　【答案】D

10.4.2　行政复议的申请、受理和决定

　　◆考法1：复议前置

　　【一般规则】

【例外规则：复议前置的案件】

（1）对当场做出的行政处罚决定（即简易程序作出的处罚）不服的；

（2）对行政机关侵犯其已经依法取得的自然资源所有权或者使用权的决定不服的；

（3）认为行政机关未履行行政职责、不作为的；

（4）申请政府信息公开，行政机关不予公开的；

（5）法律、行政法规规定的其他情形。

对上述复议前置情况，行政机关在作出行政行为时应当向行政相对人履行告知义务。

【例题 1·2024 年一级真题·单选题】 对下列行政行为不服，申请人应当先向行政复议机关申请行政复议。对行政复议决定不服，方可以向人民法院提起行政诉讼的是（　　）。

　　　A. 行政机关作出的确认自然资源所有权的决定

　　　B. 行政机关作出的行政强制执行决定

　　　C. 申请政府信息公开，行政机关不予公开

　　　D. 行政机关作出的吊销资质证书处罚决定

【答案】 C

◆ **考法 2：复议申请期限、形式及管辖**

表 10.4-2　行政复议的当事人

复议申请人	依法申请行政复议的公民、法人或者其他组织。 有权申请行政复议的公民死亡的，其近亲属可以申请行政复议。 有权申请行政复议的法人或者其他组织终止的，其权利义务承受人可以申请行政复议
复议被申请人	（1）两个以上行政机关以共同的名义作出同一行政行为的，共同作出行政行为的行政机关是被申请人； （2）行政机关委托的组织作出行政行为的，委托的行政机关是被申请人； （3）作出行政行为的行政机关被撤销或者职权变更的，继续行使其职权的行政机关是被申请人

表 10.4-3　行政复议申请时限（什么时间告）

一般规则	自知道或应当知道该行政行为之日起 60 日内提出行政复议申请
	可以书面提出申请，也可以口头提出申请。 申请人对两个以上行政行为不服的，应当分别申请行政复议
例外规则	相对人不知道行政行为的内容的，从他知道之日起计算。 但因不动产提出的复议申请，如果行政机关做出行政行为已经过了 20 年的，不得申请（其他的，自行政行为作出之日已经过了 5 年的，不得申请）
复议请求	可以一并请求行政赔偿
	可以一并请求附带审查规范性文件，包括： （1）国务院部门的规范性文件； （2）县以上政府及其部门的规范性文件； （3）乡镇政府的规范性文件； （4）法律法规规章授权组织的规范性文件。 但行政复议机关不可以对"法律、法规、规章"等立法性文件进行审查

表 10.4-4　行政复议管辖（去哪里告）

一般规则	对县级以上地方各级政府工作部门的行政行为不服的，向该部门的本级人民政府申请行政复议
例外规则	对海关、金融、外汇管理、税务、国家安全等实施垂直领导部门的行政行为不服的，向其上一级主管机关申请行政复议
一般规则	对各级地方政府作出的行政行为不服，向上一级地方政府申请
例外规则	（1）对省政府作出的行政行为不服的，向省政府提起行政复议； （2）对国务院部委作出的行政行为不服的，向该部委提起行政复议

【例题 2·2024 年二级真题·单选题】公民、法人或者其他组织认为行政行为侵犯合法权益的、提出行政复议申请的期限一般是自知道或者应当知道该行政行为之日起（　　）内。

  A. 15 日   B. 30 日

  C. 60 日   D. 90 日

【答案】C

【例题 3·2024 年二级真题·单选题】关于行政复议申请的说法，正确的是（　　）。

  A. 有权对某一行政行为申请行政复议的公民死亡的，该行政行为不得再被申请行政复议

  B. 因不动产提出的行政复议申请自行政行为作出之日起超过 20 年的，行政复议机关不予受理

  C. 作出行政行为的行政机关被撤销的，不得再对其作出的行政行为申请复议

  D. 申请人申请行政复议，应当书面提出

【答案】B

【例题 4·2023 年二级真题·单选题】关于行政复议的说法，正确的是（　　）。

  A. 当事人可向具体行政行为的作出机关申请复议

  B. 行政复议原则上采用开庭审理的办法

  C. 行政复议机关应当审查申请行政复议的具体行政行为是否合法、合理

  D. 对行政复议决定不服的，不得再向人民法院提起行政诉讼

【答案】C

10.5　行政诉讼制度

核心考点提纲

  10.5.1　行政诉讼的受案范围

  10.5.2　行政诉讼的法院管辖

  10.5.3　行政诉讼参加人

  10.5.4　行政诉讼证据

  10.5.5　行政诉讼的起诉、受理

  10.5.6　行政诉讼的审理、判决和执行

10.5.1 行政诉讼的受案范围

【行政诉讼范围（能不能告）】

表 10.5-1 行政诉讼范围

法院受理范围	法院不受理范围
（1）对行政拘留等各类行政处罚不服的； （2）对查封、扣押、冻结等各类行政强制措施和行政强制执行不服的； （3）申请行政许可，行政机关拒绝或者在法定期限内不予答复的； （4）对行政机关作出的关于确认自然资源的所有权或者使用权的决定不服的； （5）对征收、征用决定及其补偿决定不服的； （6）申请行政机关履行保护人身权、财产权等合法权益的法定职责，行政机关拒绝履行或者不予答复的； （7）认为行政机关侵犯其经营自主权或者农村土地承包经营权的； （8）认为行政机关滥用行政权力排除或者限制竞争的； （9）认为行政机关违法集资、摊派费用或者违法要求履行其他义务的； （10）认为行政机关没有依法支付抚恤金、最低生活保障待遇或者社会保险待遇的； （11）认为行政机关不依法履行、违法变更、解除政府特许经营协议、土地房屋征收补偿协议等协议的； （12）认为行政机关侵犯其他人身权、财产权等合法权益的	（1）公安、国家安全等机关依照《刑事诉讼法》明确授权实施的行为（如刑事拘留）； （2）行政机关的调解行为以及法律规定的仲裁行为； （3）行政指导行为； （4）驳回当事人对行政行为提起申诉的重复处理行为； （5）行政机关作出的不产生外部法律效力的行为； （6）行政机关为作出行政行为而实施的准备、论证、研究、层报、咨询等过程性行为； （7）行政机关根据人民法院的生效裁判、协助执行通知书作出的执行行为，但行政机关扩大执行范围或采取违法方式实施的除外； （8）上级行政机关基于内部层级监督关系对下级行政机关作出的听取报告、执法检查、督促履责等行为； （9）行政机关针对信访事项作出的登记、受理、交办、转送、复查、复核意见等行为； （10）对公民、法人或者其他组织权利义务不产生实际影响的行为

【例题 1·多选题】公民、法人或者其他组织提起的下列诉讼中，属于行政诉讼受案范围的有（　　）。

    A. 认为行政机关滥用行政权力排除或者限制竞争的

    B. 认为行政机关不依法履行政府特许经营协议的

    C. 对行政机关的行政指导行为不服的

    D. 申请行政机关履行保护人身权的法定职责，行政机关拒绝履行的

    E. 对行政机关针对信访事项作出的复核意见不服的

【答案】A、B、D

【解析】选项 A、B、D 分别对应表 10.5-1 中左边"法院受理范围"中的 8、11、6，而选项 C、E 分别对应表 10.5-1 中右边"法院不予受理范围"中的 3、9。

10.5.2 行政诉讼的法院管辖

【行政诉讼的管辖（去哪里告）】

表 10.5-2　行政诉讼的管辖

一	级别管辖
一般规则	基层法院
例外规则	以下由中级人民法院管辖： （1）对国务院部门或县以上政府所作的行政行为提起诉讼； （2）海关处理的案件； （3）本辖区内重大、复杂的案件等
一	地域管辖
一般规则	最初作出行政行为的行政机关所在地（即被告住所地）法院
例外规则	（1）经过复议的案件，可以由复议机关所在地法院管辖； （2）限制人身自由的案件，可以由被告住所地或原告住所地法院管辖； （3）因不动产纠纷提起的行政诉讼，由不动产所在地法院管辖； （4）原告向两个有管辖权的法院起诉的，由最先立案的法院管辖

【例题1·2024年一级真题·单选题】 下列行政诉讼案件中，由中级人民法院受理一审的案件是（　　）。

　　A. 知识产权案件　　　　　　　　B. 省公安厅作为被告的案件

　　C. 乡镇人民政府作为被告的案件　　D. 县级人民政府作为被告的案件

【答案】 D

【例题2·单选题】 根据《行政诉讼法》，因不动产提起的行政诉讼，由（　　）人民法院管辖。

　　A. 原告住所地

　　B. 被告住所地

　　C. 由原告选择被告住所地或不动产所在地

　　D. 不动产所在地

【答案】 D

10.5.3 行政诉讼参加人

诉讼当事人包括原告、公益诉讼起诉人、被告、第三人、共同诉讼人。

诉讼当事人与诉讼代理人共同构成诉讼参加人。

【行政诉讼的当事人】

表 10.5-3　行政诉讼的当事人

原告	行政相对人，或者其他与行政行为有利害关系的人
被告	（1）两个以上行政机关共同作出行政行为的，为共同被告。 （2）行政机关委托的组织作出的行政行为，以委托的行政机关作为被告。

被告	（3）经复议的行政案件，复议机关决定维持原行政行为的，以作出原行政决定的机关和复议机关为共同被告；复议机关改变原行政行为的，复议机关是被告。 （4）行政行为经上级机关批准作出的，以生效法律文书上署名的机关作为被告。 （5）行政机关被撤销或者职权变更的，继续行使其职权的行政机关是被告

【例题1·多选题】根据《行政诉讼法》，以下（　　　　）是行政诉讼中的原告。

A. 行政诉讼代理人

B. 行政行为的相对人

C. 行政机关

D. 与行政行为有利害关系的公民、法人或其他组织

E. 行政机关工作人员

【答案】B、D

【解析】行政诉讼的原告是指认为自己的合法权益受到行政主体的行政行为侵犯或者实质影响而向人民法院提起诉讼的人，包括公民、法人或者其他组织。《行政诉讼法》规定，行政行为的相对人以及其他与行政行为有利害关系的公民、法人或者其他组织，有权提起诉讼。

【例题2·单选题】行政公益诉讼中的公益诉讼起诉人是（　　　　）。

A. 社会组织

B. 检察机关

C. 人民团体

D. 与诉讼有利害关系的公民、法人和其他组织

【答案】B

【解析】《最高人民法院、最高人民检察院关于检察公益诉讼案件适用法律若干问题的解释》规定，人民检察院以公益诉讼起诉人身份提起公益诉讼，依照民事诉讼法、行政诉讼法享有相应的诉讼权利，履行相应的诉讼义务，但法律、司法解释另有规定的除外。

【例题3·2024年二级真题·单选题】下列主体中，不能作为行政诉讼被告的是（　　　　）。

A. 某区区长　　　　　　　　　　B. 某大学

C. 某居委会　　　　　　　　　　D. 某造价师协会

【答案】A

【解析】行政诉讼被告是指原告指控其行政行为违法，侵犯原告合法权益，并经人民法院通知应诉的具有国家行政职权的机关和组织。从定义可知选项A不能成为行政诉讼被告。

【例题4·单选题】关于行政诉讼中被告的确定，正确的是（　　　　）。

A. 两个以上行政机关作出同一具体行政行为的，可以任一行政机关为被告

B. 行政机关委托的组织所作的具体行政行为，受委托的组织是被告

C. 经复议的行政案件，以复议机关为被告

D. 行政机关被撤销或者职权变更的，继续行使其职权的行政机关是被告

【答案】D

【解析】选项 C 错误，分两种情况：（1）复议机关维持原行政行为的，以作出原行政行为的机关＋复议机关为共同被告；（2）复议机关改变原行政行为的，以复议机关为被告。

【例题 5·2024 年二级真题·单选题】关于行政诉讼第三人说法正确的是（　　）。

A. 人民法院判决减损了第三人权益的，第三人无权提起上诉

B. 与行政案件处理结果有利害关系的第三人仅能由人民法院通知其参加诉讼

C. 应当追加被告而原告不同意追加的，人民法院应当通知其以第三人身份参加诉讼

D. 应当追加的原告既不参加诉讼又不肯放弃实体权利的，人民法院不得追加其为第三人

【答案】C

【解析】选项 A 错误，人民法院判决第三人承担义务或者减损第三人权益的，第三人有权依法提起上诉。选项 B 错误，与行政案件处理结果有利害关系的第三人，可以申请参加诉讼，或者由人民法院通知其参加诉讼。选项 C 正确、D 错误，应当追加的原告，已明确表示放弃实体权利的，可不予追加；既不愿意参加诉讼，又不放弃实体权利的，应追加为第三人，其不参加诉讼，不能阻碍人民法院对案件的审理和裁判。

10.5.4 行政诉讼证据

【行政诉讼中的举证责任倒置】

被告（行政机关）应当提供其作出行政行为的证据和依据的规范性文件。被告不提供或逾期提供证据的，视为没有证据。在诉讼过程中，被告不得自行向原告、第三人或证人收集证据。

原告可以提供证明被告违法的证据。但原告提供的证据即便不成立，也不免除被告的举证责任。

只有特定情况下，原告需要举证：

（1）被告不履行法定职责的案件中，原告应证明其向被告提出过申请；

（2）行政赔偿、补偿案件中，原告应当证明其受到的损害。

【例题 1·2024 年一级真题·单选题】关于行政诉讼举证责任的说法，正确的是（　　）。

A. 原告应当提供其向被告提出异议的证据

B. 在诉讼过程中，被告可以自行向原告、第三人和证人收集证据

C. 原告应当提供证明行政行为违法的证据

D. 被告对作出的行政行为负有举证责任

【答案】D

【例题 2·单选题】关于行政诉讼证据的质证，说法正确的是（　　）。

A. 涉及国家秘密、商业秘密和个人隐私的证据，可以不公开质证

B. 违反法定程序收集的证据材料不得作为认定案件事实的根据

C. 以违反法律强制性规定的手段获取的证据材料不得作为认定案件事实的根据

D. 以利诱、欺诈、胁迫、暴力等手段获取的证据材料不得作为认定案件事实的根据

【答案】D

【解析】选项 A 错误，对涉及国家秘密、商业秘密和个人隐私的证据，应当质证，但不得在公开开庭时出示；选项 B、C、D 均围绕"以非法手段取得的证据"，不得作为认定案件事实的根据。但选项 B、C 表述不完整，（1）"严重违反"法定程序收集的证据材料；（2）以违反法律强制性规定的手段获取"且侵害他人合法权益"的证据材料；（3）以利诱、欺诈、胁迫、暴力等手段获取的证据材料属于"以非法手段取得的证据"。

10.5.5　行政诉讼的起诉、受理

【起诉程序】

（1）对属于人民法院受案范围的行政案件，公民、法人或者其他组织① 可以先向行政机关申请复议，对复议决定不服的，再向人民法院提起诉讼；② 也可以直接向人民法院提起诉讼。

（2）① 公民、法人或者其他组织不服复议决定的，可以自收到复议决定书之日起 15日内向法院提起诉讼；② 复议机关逾期不作决定的，申请人可以在复议期满之日起 15日内向法院提起诉讼。

【起诉时间、条件】

表 10.5-4　起诉时间、条件

一般规则	（1）自知道或应当知道作出行政行为之日起 6 个月内提出； （2）可以书面提出申请，也可以口头提出申请
例外规则	相对人不知道行政行为的内容的，从他知道之日起计算。但因不动产提起诉讼的案件自行政行为作出之日起超过 20 年，其他案件自行政行为作出之日起超过 5 年提起诉讼的，人民法院不予受理
具体诉讼请求	（1）请求判决撤销或者变更行政行为； （2）请求判决行政机关履行特定法定职责或者给付义务； （3）请求判决确认行政行为违法； （4）请求判决确认行政行为无效； （5）请求判决行政机关予以赔偿或者补偿； （6）请求解决行政协议争议； （7）请求一并审查规章以下规范性文件； （8）请求一并解决相关民事争议

【例题 1·2024 年二级真题·单选题】关于行政诉讼起诉的说法，正确的是（　　）。

A. 对属于人民法院受案范围的行政案件应当先向行政机关申请复议，对复议决定不服的，方可向法院提起诉讼

B. 自行政行为作出之日起超过 3 年提起诉讼，人民法院不予受理

C. 起诉的具体诉讼请求可以包括请求一并审查规章以下规范性文件

D. 不得请求判决行政机关予以赔偿

【答案】C

【例题 2·多选题】招标投标争议提起行政诉讼应当符合的条件是（　　）。

A. 原告只能是行政行为的相对人　　B. 有明确的被告

C. 有具体的诉讼请求　　D. 有具体的事实根据

E. 未提起行政复议

【答案】B、C、D

【解析】原告是行政行为的相对人以及其他与行政行为有利害关系的公民、法人或者其他组织，并不一定是具体行政行为的行政相对人。

10.5.6　行政诉讼的审理、判决和执行

◆考法 1：行政诉讼审理的一般规定

表 10.5-5　行政诉讼审理的一般规定

一般规则	法院公开审理行政案件
例外规则	但是，涉及国家秘密、个人隐私和法律另有规定的，不公开审理
一般规则	法院审理行政案件，不适用调解
例外规则	但是行政赔偿、补偿案件，以及行政机关行使自由裁量权的案件可以调解
一般规则	行政诉讼期间，不停止行政行为的执行
例外规则	但有下列情形之一的，裁定停止执行： （1）被告认为需要停止执行的； （2）原告或者利害关系人申请停止执行，法院认为该行政行为的执行会造成难以弥补的损失，并且停止执行不损害国家利益、社会公共利益的； （3）法院认为该行政行为的执行会给国家利益、社会公共利益造成重大损害的； （4）法律、法规规定停止执行的

【例题 1·2024 年二级真题·单选题】下列行政诉讼案件中，可以适用调解的是（　　）。

A. 对行政机关作出的关于确认山岭使用权的决定不服的

B. 认为行政机关侵犯其经营自主权的

C. 认为行政机关限制竞争的

D. 请求行政赔偿的

【答案】D

【例题 2·2024 年一级真题·多选题】行政诉讼期间发生的下列情形中，人民法院应当裁定停止执行行政行为的有（　　）。

A. 原告认为需要停止执行的

B. 被告认为需要停止执行的

C. 该行政行为的执行会给当事人造成重大损害的

D. 该行政行为具有人身强制属性的

E. 人民法院认为该行政行为的执行会给国家利益造成重大损害的

【答案】B、E

◆ **考法 2：行政诉讼审理的普通程序和简易程序**

表 10.5-6　行政诉讼审理的普通程序和简易程序

一	适用范围	审判组织
普通程序	由法院决定是否适用	合议庭
法定简易程序	法院审理下列行政案件，认为事实清楚、权利义务关系明确、争议不大的，可以适用简易程序： （1）被诉行政行为是依法当场作出的； （2）案件涉及款额 2000 元以下的； （3）属于政府信息公开案件的	审判员一人独任审理
同意简易程序	上述以外的案件，需要当事人各方均同意适用简易程序的，才可以适用	
排除适用简易程序	发回重审的行政案件；按照审判监督程序再审的行政案件	

【例题 3·2024 年一级真题·单选题】 人民法院认为事实清楚、权利义务关系明确、争议不大的第一审行政案件，可以适用简易程序的是（　　）。

A. 属于政府信息公开的案件

B. 发回重审的案件

C. 按照审判监督程序再审的案件

D. 被诉行政行为经过听证程序的案件

【答案】A

◆ **考法 3：行政诉讼判决**

行政诉讼判决可分为以下几种类型：

表 10.5-7　行政诉讼判决

行政判决的类型	行政行为情形
驳回诉讼请求判决	行政行为证据确凿，适用法律、法规正确，符合法定程序的
撤销或部分撤销，并可以判决被告重新作出行政行为	（1）主要证据不足的； （2）适用法律、法规错误的； （3）违反法定程序的； （4）超越职权的； （5）滥用职权的； （6）明显不当的
履行判决	法院经过审理，查明被告不履行法定职责的，判决被告在一定期限内履行
变更判决	行政处罚明显不当，或其他行政行为涉及对款额的确定、认定确有错误的，法院可以判决变更。但不得加重原告的义务或减损原告的权益

行政判决的类型	行政行为情形
确认判决 （法院判决确认违法，但不撤销行政行为）	（1）行政行为依法应当撤销，但撤销会给国家利益、社会公共利益造成重大损害的； （2）行政行为程序轻微违法，但对原告权利不产生实际影响的

【例题4·2024年二级真题·单选题】根据《行政诉讼法》，下列情形中，人民法院应当判决撤销或部分撤销行政行为的是（　　　）。

　　A. 行政行为证据确凿，适用法律法规正确，符合法定程序的

　　B. 行政机关超越职权作出行政行为的

　　C. 行政行为程序轻微违法，但对原告权利不产生实际影响的

　　D. 行政行为对款额的确定确有错误的

【答案】B

【解析】选项A错误，应当判决"驳回原告诉讼请求，维持原行政行为"；选项C错误，应当作出"确认行政行为违法"的判决（但不撤销行政行为）；选项D错误，应当判决"变更数额"。

本章模拟强化练习

1. 下列属于民商事仲裁制度特点的是（　　）。

    A. 仲裁以不开庭审理为原则

    B. 仲裁活动必须严格按照法律规定的程序和方式进行

    C. 仲裁庭独立进行仲裁，不受任何行政机关、社会团体和个人干涉

    D. 仲裁裁决一经做出即发生法律效力

    E. 仲裁当事人可以选择仲裁的审理方式、开庭形式

【答案】C、D、E

2. 关于仲裁协议，说法正确的是（　　）。

    A. 仲裁协议可以采用口头形式，但需双方认可

    B. 仲裁协议不能排除法院的司法管辖权

    C. 当事人既约定仲裁又约定诉讼的，应当采用仲裁方式解决争议

    D. 仲裁协议独立存在，不受合同变更、撤销、终止、无效等的影响

【答案】D

3. 根据《仲裁法》，下列仲裁协议有效的是（　　）。

    A. 约定同一争议事项可以仲裁也可以起诉

    B. 约定部分事项仲裁，部分事项起诉

    C. 限制民事行为能力人签订的仲裁协议

    D. 一方当事人胁迫对方签订的仲裁协议

【答案】B

4. 关于仲裁协议效力异议及其处理的说法，正确的是（　　）。

    A. 当事人对仲裁协议效力有异议的，应当在仲裁裁决作出前提出

    B. 当事人一方请求仲裁委员会作出《决定》，另一方请求法院作出《裁定》的，由仲裁委员会决定

    C. 施工合同当事人向法院申请确认仲裁协议效力的案件，由工程所在地的基层法院管辖

    D. 仲裁机构对仲裁协议效力已经作出《决定》，当事人向法院申请撤销仲裁机构《决定》的，法院不予受理

【答案】D

5. 根据《仲裁法》，关于仲裁庭组成的说法，正确的是（　　）。

    A. 仲裁庭必须由 3 名及 3 名以上的单数仲裁员组成

    B. 仲裁庭可由当事人双方各选定两名仲裁员组成

    C. 首席仲裁员可以由当事人双方共同选定

    D. 首席仲裁员不可能由仲裁委员会主任指定

【答案】C

6. 关于仲裁庭组成的说法，正确的是（　　）。

A. 重大、复杂的仲裁案件，当事人不可以约定简易程序

B. 首席仲裁员可以由仲裁委员会秘书长直接指定

C. 当事人未在仲裁规则规定的期限内选定仲裁员的，由仲裁委员会主任指定

D. 仲裁员与当事人相互认识的，应当回避

【答案】C

7. 下列关于民事仲裁裁决的说法，正确的是（　　）。

A. 申请人无正当理由不到庭的，可以缺席裁决

B. 合议庭有不同意见的，应当依照首席仲裁员的意见作出裁决

C. 仲裁裁决书须经全体仲裁员签名并加盖公章方为有效

D. 仲裁庭仲裁纠纷时，其中一部分事实已经清楚，可就该部分先行裁决

【答案】D

8. 关于建设工程施工合同的诉讼管辖，说法正确的是（　　）。

A. 因施工合同纠纷提起的诉讼只能由工程所在地人民法院管辖

B. 当事人也可以通过协议约定在其他法院起诉

C. 法院受理案件后，当事人对管辖有异议的，应当在一审判决作出前提出

D. 建设工程勘察、设计、监理等合同也适用专属管辖

【答案】A

9. 关于建设工程合同诉讼中有关证据质证的说法，正确的是（　　）。

A. 证据应当在法庭上出示，由法官与提供证据一方当事人进行质证

B. 投标人串通投标的证据属于商业秘密或隐私，不得在公开开庭时出示

C. 建设工程招标投标过程、合同签章、施工工程量、催款记录等，只要经过公证，公证书确认的事实就不可被推翻

D. 当事人对鉴定意见有异议的，鉴定人应当出庭作证

【答案】D

10. 以下关于证据，说法正确的是（　　）。

A. 无民事行为能力人，不能作证

B. 当事人的陈述，应当作为认定事实的根据

C. 当事人申请鉴定，只能由人民法院指定

D. 当事人对鉴定意见有异议或者人民法院认为鉴定人有必要出庭的，鉴定人应当出庭作证

【答案】D

【解析】选项 A 错误，凡是知道案件情况的单位和个人，都有义务出庭作证。不能正确表达意思的人，不能作证；选项 B 错误，人民法院对当事人的陈述，应当结合本案的其他证据，审查确定能否作为认定事实的根据。当事人拒绝陈述的，不影响人民法院根据证据认定案件事实。选项 C 错误，当事人申请鉴定的，由双方当事人协商确定具备资格的鉴定人；协商不成的，由人民法院指定。

11. 根据《民法典》，以下事件导致民事诉讼时效中止的是（　　）。

A. 债权人向仲裁机构申请仲裁

B. 债权人要求保证人承担保证责任

C. 在诉效时效期间最后 6 个月内发生不可抗力

D. 债务人向债权人请求将还款期限再宽限半年

【答案】C

12. 按照合同约定，2022 年 1 月 1 日发包方应该向承包方支付工程款，但没有支付。2024 年 5 月 1 日至 6 月 30 日之间，当地发生了特大洪水，导致承包方不能行使请求权，则在此期间（   ）。

A. 诉讼时效中止　　　　　　　　B. 诉讼时效中断

C. 诉讼时效不中止　　　　　　　D. 诉讼时效终止

【答案】C

【解析】工程款诉讼时效为 3 年。诉讼时效中止应同时满足两个条件：（1）该外力事件足以阻碍行为人，使之想行使请求权而不能行使；（2）该事件发生在诉讼时效的最后 6 个月内。本案不符合第二个条件。

13. 关于小额诉讼程序的说法，正确的是（   ）。

A. 小额诉讼程序的案件应当在立案之日起 2 个月内审结

B. 小额诉讼程序是普通程序的一种

C. 小额诉讼程序仅适用于标的额为全省年平均工资 50% 以下的案件

D. 小额诉讼程序实行两审终审

【答案】A

14. 根据《民事诉讼法》，关于执行管辖，说法正确的是（   ）。

A. 发生法律效力的民事判决、裁定可以由与一审法院同级的被执行财产所在地法院执行

B. 生效刑事判决、裁定中的财产部分，只能由一审法院执行

C. 生效的仲裁裁决书，应当由被执行人所在地的基层法院执行

D. 当事人双方签收的仲裁调解书，可以由仲裁委员会执行

【答案】A

15. 关于行政复议申请的说法，正确的是（   ）。

A. 申请人申请行政复议，不可以口头提出

B. 不服行政机关作出的行政处罚的，可以在 90 日内申请行政复议

C. 当事人应当向被申请部门的上一级主管部门申请行政复议

D. 申请行政复议，可以一并请求行政赔偿，一并请求附带审查行政行为所依据的规范性文件

【答案】D

16. 当事人不服行政行为，必须先申请行政复议，未经复议不可以向法院提起行政诉讼的，有哪些（   ）。

A. 对行政处罚决定不服的

B. 对行政机关侵犯其已经依法取得的自然资源所有权或者使用权的决定不服的

C. 认为行政机关不履行法定职责、不作为的

D. 申请政府信息公开，行政机关不予公开的

E. 对行政机关作出的赔偿决定或者不予赔偿决定不服

【答案】B、C、D

【解析】选项 A 错误，只有对"当场"做出的行政处罚决定不服，才属于复议前置的情形。

17. 下列选项中对于行政诉讼管辖，说法正确的是（   ）。

A. 海关处理的案件由中级人民法院受理

B. 经复议机关改变原具体行政行为的，可以由复议机关所在地人民法院管辖

C. 限制人身自由的行政诉讼，只能由被告所在地法院管辖

D. 因不动产提起的行政诉讼，由不动产所在地的法院管辖

E. 原告向两个以上有管辖权的法院提起诉讼的，由两个法院协议解决管辖

【答案】A、B、D

18. 根据《行政诉讼法》，下列关于行政诉讼参加人，说法"错误"的是（   ）。

A. 当事人一方或者双方为二人以上，因同一行政行为发生的行政案件为共同诉讼

B. 当事人一方人数众多的共同诉讼，应当由法院指定代表人进行诉讼

C. 公民、法人或者其他组织同被诉行政行为有利害关系但没有提起诉讼的，可以作为第三人申请参加诉讼

D. 人民法院判决第三人承担义务或者减损第三人权益的，第三人有权依法提起上诉

【答案】B

【解析】《行政诉讼法》第 27 条规定，当事人一方或者双方为二人以上，因同一行政行为发生的行政案件，或者因同类行政行为发生的行政案件，人民法院认为可以合并审理并经当事人同意的，为共同诉讼。因此选项 A 的说法正确。《行政诉讼法》第 28 条规定，当事人一方人数众多的共同诉讼，"可以"由当事人推选代表人进行诉讼。代表人的诉讼行为对其所代表的当事人发生效力，但代表人变更、放弃诉讼请求或者承认对方当事人的诉讼请求，应当经被代表的当事人同意。因此选项 B 的说法错误。《行政诉讼法》第 29 条第 1 款规定，公民、法人或者其他组织同被诉行政行为有利害关系但没有提起诉讼，或者同案件处理结果有利害关系的，可以作为第三人申请参加诉讼，或者由人民法院通知参加诉讼。因此选项 C 的说法正确。《行政诉讼法》第 29 条第 2 款规定，人民法院判决第三人承担义务或者减损第三人权益的，第三人有权依法提起上诉。因此选项 D 的说法正确。

19. 关于行政诉讼的举证责任，说法正确的是（   ）。

A. "谁主张、谁举证"，原告应当提交证据证明被告违法

B. 原告不承担任何举证责任

C. 被告不提供或逾期提供证据的，视为其当初作出行政行为时没有证据

D. 被告在诉讼过程中可以自行补充收集证据，证明其当初作出行政行为的合法性

【答案】C

20. 关于行政诉讼审理，说法正确的是（　　　）。

　　A. 诉讼期间，一律不停止行政行为的执行

　　B. 人民法院公开审理行政案件，当事人申请不公开的，可以不公开

　　C. 人民法院审理行政案件，一律不组织调解

　　D. 人民法院审理行政案件，分为普通程序和简易程序

【答案】D